博雅对外汉语精品教材

报刊教材系列

# 新编 读报纸 学中文

## ——汉语报刊阅读 中级·下

Reading Newspapers, Learning Chinese:
A Course in Reading Chinese Newspapers and Periodicals

Intermediate · New Edition

吴成年◎主编

吴成年 马 岚 薛 萌 邓嘉琪◎编著

北京大学出版社
PEKING UNIVERSITY PRESS

图书在版编目（CIP）数据

新编读报纸学中文．汉语报刊阅读中级．下/吴成年主编．—北京：北京大学出版社，2016.10
（博雅对外汉语精品教材）
ISBN 978-7-301-25645-9

Ⅰ.①新… Ⅱ.①吴… Ⅲ.①汉语–阅读教学–对外汉语教学–教材 Ⅳ.①H195.4

中国版本图书馆 CIP 数据核字 (2015) 第 073491 号

| | |
|---|---|
| 书　　　名 | 新编读报纸学中文——汉语报刊阅读　中级·下<br>XIN BIAN DU BAOZHI XUE ZHONGWEN |
| 著作责任者 | 吴成年　主编 |
| 责 任 编 辑 | 欧慧英 |
| 标 准 书 号 | ISBN 978-7-301-25645-9 |
| 出 版 发 行 | 北京大学出版社 |
| 地　　　址 | 北京市海淀区成府路 205 号　100871 |
| 网　　　址 | http://www.pup.cn　　新浪微博：@北京大学出版社 |
| 电 子 信 箱 | zpup@pup.cn |
| 电　　　话 | 邮购部 62752015　发行部 62750672　编辑部 62752028 |
| 印 刷 者 | 北京虎彩文化传播有限公司 |
| 经 销 者 | 新华书店<br>889 毫米 ×1194 毫米　大 16 开本　17.25 印张　386 千字<br>2016 年 10 月第 1 版　2022 年 12 月第 2 次印刷 |
| 定　　　价 | 60.00 元 |

未经许可，不得以任何方式复制或抄袭本书之部分或全部内容。
**版权所有，侵权必究**
举报电话：010-62752024　电子信箱：fd@pup.pku.edu.cn
图书如有印装质量问题，请与出版部联系，电话：010-62756370

# 前　言

　　《新编读报纸学中文——汉语报刊阅读》（中级·下）是专为中级汉语水平的学习者（掌握了 2500 个左右的词语、1000 个左右的汉字，已学习 1000 学时的汉语，相当于在中国汉语教学环境中已学习 1 学年）编写的报刊课教材。本教材的编写吸收了当前报刊课程的研究成果，借鉴了已有报刊课教材和其他类型课程教材的优点，以期切合报刊教学的需求。其特点如下：

　　一、选材注重趣味与新意。在编写这套教材之前，我们先后对 350 名中级汉语水平的来华留学生发放了有关报刊话题的调查问卷，通过调查，提炼出学生比较感兴趣的话题，优先编入教材；同时又选入了一些反映中国近年出现的新事物的报道，如中国梦、人民币国际化、城镇化、中国大妈、网络新词语等，力求使教材内容既别具趣味又充满新意。

　　二、有意控制教材的难度。一是控制课文的篇幅，主课文篇幅控制在 700～1500 字左右；二是注重对超纲词比例的控制，全书纲内普通词占 92.3%，超纲词占 7.7%；三是每课词语表有英日韩三种语言的翻译，并配有生词的用例，便于学生理解和学习；四是设有"背景知识""课文导入""报刊长句"等版块，帮助学生学习课文和相关话题。

　　三、注重学生汉语报刊阅读能力的训练。每课课后的"快速阅读"是三篇标明字数、限时当堂阅读的文章。学生通过完成这些阅读任务，可以不断培养主动跨越阅读障碍的能力，并提高阅读速度。排序题、概括段意题主要训练学生的语篇组织能力和语篇概括能力。注重阅读能力培养的同时，兼顾听、说、写等能力的培养。课堂语言点的操练、话题讨论、每周的报刊发言、报刊摘要与观点的写作等，可使学生听、说、读、写四种能力得到综合的训练和全面的提高。

　　四、突出重要语言点的学习。每篇课文设有重要语言点 3～5 个，以变换字体、变色形式标出，便于教师和学生查找。重要语言点的例句主要来源于报刊文章中的语料，解释力求简单、易懂，注意用法的介绍。

　　五、重视对课文内容的复习。练习一至七紧扣课文，帮助学生复习课文、生词和重要语言点。共设四套测试题，可以检查学生对所学知识的掌握情况，了解他们所达到的阅读水平，并为教师编写阶段性考试试卷提供参考。

　　本教材生词和课文部分配有录音，便于学生进行听力训练与朗读训练。

此外，为方便广大教师规范合理地组织教学，本教材还配有教师教学参考用书电子版与生动的PPT。欢迎大家免费下载，网址为www.pup.cn下载专区。

美国留学生魏宁，澳大利亚留学生任梦琪，日本留学生沟口景子、一条松园，韩国留学生郭素莲、张舒斌，分别参与了本教材部分生词的英文、日文和韩文翻译，李怡萱、长谷部佳惠、张舒斌则分别对生词的英文、日文和韩文翻译进行了校对。对于他们的热心帮助，在此深表谢意。

"读报纸学中文"系列教材于2012年荣获"北京师范大学教育教学成果奖"一等奖。《新编读报纸学中文——汉语报刊阅读》是北京师范大学"十二五"规划教材成果及北京师范大学教改项目"任务型汉语报刊课教学实践与教材建设研究"成果之一。教材编写过程中得到北京师范大学汉语文化学院领导、同事的鼓励和帮助，以及家人的大力支持；教材得以顺利出版，则有赖于北京大学出版社一如既往地热心支持，在此一并致谢。

最后，感谢国内外同仁、朋友对本教材的关注及指正。同时，欢迎使用本教材的老师和学生多提宝贵意见，如有问题，可直接发送邮件至wucn2008@sina.com。

北京师范大学汉语文化学院　吴成年<br>2016年10月

# 目　录

| | | | |
|---|---|---|---|
| **第一课** | **留学中国，异常热闹的背后** | | 1 |
| 快速阅读 | 阅读一 | 来自美国学生的数量快速上升 | 11 |
| | 阅读二 | 巴基斯坦妈妈带着女儿来中国留学 | 12 |
| | 阅读三 | 越来越多外国学生来华深造，交流项目日渐丰富 | 13 |
| **第二课** | **旅游和假日消费正在成为新时尚** | | 15 |
| 快速阅读 | 阅读一 | 景区要给游客更多文化体验 | 24 |
| | 阅读二 | "先旅游后付款"行得通吗 | 25 |
| | 阅读三 | 旅游走向国际化　关键要保留民族原生态文化和生态 | 25 |
| **第三课** | **家庭"四大件"的变化** | | 27 |
| 快速阅读 | 阅读一 | 家庭年关消费新选择 | 36 |
| | 阅读二 | 农村与城市消费差别逐渐缩小 | 37 |
| | 阅读三 | 居民文化消费现状调查：八成被访者最盼去旅游 | 38 |
| **第四课** | **面对全新的网络时代** | | 41 |
| 快速阅读 | 阅读一 | 包容一下"喜大普奔"有什么不可以 | 49 |
| | 阅读二 | 为网络信息安全装上防盗门 | 50 |
| | 阅读三 | 面对互联网巨变，监管不能缺位 | 52 |
| **第五课** | **婚恋嫁娶：让爱做主** | | 53 |
| 快速阅读 | 阅读一 | 香港"新世代"婚恋观 | 62 |
| | 阅读二 | 在速配相亲中寻找美丽缘分 | 63 |
| | 阅读三 | "裸婚"一族的买房账 | 64 |
| **第一～五课测试题** | | | 67 |
| **第六课** | **渴望清洁的水** | | 75 |
| 快速阅读 | 阅读一 | 地球一小时：全球共此时　发挥你的环保力量 | 85 |
| | 阅读二 | 环保组织倡导家庭节能节水从"洗碗革命"开始 | 85 |
| | 阅读三 | 英媒：伦敦治霾经验可为中国提供借鉴 | 86 |
| **第七课** | **加入世界贸易组织之后** | | 88 |
| 快速阅读 | 阅读一 | 改革开放以来的外贸发展 | 96 |
| | 阅读二 | 人民币跨境贸易结算助力"贸易强国梦" | 97 |
| | 阅读三 | 加快培育中国国际竞争新优势 | 98 |
| **第八课** | **中国城市化是进入快车轨道的列车** | | 100 |
| 快速阅读 | 阅读一 | 对国人在城市化进程中生存状态的思考——评杜海军作品 | 109 |
| | 阅读二 | 德国小城变身"国家公园"（城镇化在国外） | 110 |

　　　　　　阅读三　新型城镇化"新"在五大方面······111

**第九课　中国梦的世界意义**······113
　　快速阅读　阅读一　让世界理解中国梦······123
　　　　　　阅读二　中国梦富有感召力······124
　　　　　　阅读三　山东截肢女孩曾获救助　大学毕业后帮助残疾患者······125

**第十课　中国领衔发展实现全球"共赢"**······128
　　快速阅读　阅读一　"草根理财"、移动支付成国民信息消费新趋势······138
　　　　　　阅读二　"中国大妈"是怎样炼成的······139
　　　　　　阅读三　高房价成北漂离京主因　"逃离"者多在当地已购房······140

**第六～十课测试题**······143

**第十一课　当今中国人的道德水平：下降，还是上升**······152
　　快速阅读　阅读一　"敬老之星"蔡观超······162
　　　　　　阅读二　道德情感并非人类所独有······163
　　　　　　阅读三　公共交通上的座位之争······165

**第十二课　我是一个特需要吹捧的人——冯小刚对答浙江大学生**······167
　　快速阅读　阅读一　《爸爸去哪儿》策划人：我的梦，就是圆别人的梦······177
　　　　　　阅读二　奥运冠军田亮：做一个慈祥的爸爸我很享受······178
　　　　　　阅读三　另一个角度看"粉丝"······180

**第十三课　后单位制时代：没有"铁饭碗"的应变**······182
　　快速阅读　阅读一　他们为啥不休假······191
　　　　　　阅读二　从"考碗热"到"留学热"　职场青年求突破······193
　　　　　　阅读三　农林高校硕士毕业生为啥回家"务农"······194

**第十四课　20世纪十大文化偶像评选结果揭晓**······197
　　快速阅读　阅读一　莫言：我狂不起来······206
　　　　　　阅读二　越了解越喜欢中国······208
　　　　　　阅读三　与中国的一世情缘——访意大利汉学家阿德里亚诺·
　　　　　　　　　　马达罗······209

**第十五课　谁是城里人**······211
　　快速阅读　阅读一　新生代农民工消费观念开放　手头难结余······223
　　　　　　阅读二　新生代农民工的婚恋生活······224
　　　　　　阅读三　农民工变身童话作家······225

**第十一～十五课测试题**······228

**第一～十五课总测试题**······238

**参考答案**······248

**词语总表**······263

# 第一课　留学中国，异常热闹的背后

## 背景知识

近年来，全球"汉语热"正在兴起。截至 2015 年 12 月 1 日，全球 134 个国家（地区）建立了 500 所孔子学院和 1000 个孔子课堂。英国已经建立 29 所孔子学院和 108 个孔子课堂，数量排在欧洲第一位，50% 以上的中小学开设了中文课程。美国已在 48 个州共设立了 108 所孔子学院和 349 个孔子课堂，有 1 万余所大中小学开设有中文课程，汉语已成为美国第二大外语。汉语在韩国、日本、法国、德国等国也已成为第二外语，并成为澳大利亚的第一大外语，也是加拿大的第三大官方语言。目前全球学习汉语的外国人超过 1 亿人。

## 词语表

**1　异常　　yìcháng　　（副）**
异常紧张 / 他在面试时异常紧张。

非常，特别
extraordinarily, extremely
非常に, とても
대단히, 엄청

**2　前景　　qiánjǐng　　（名）**
教育前景 / 那两个国家的贸易合作有着良好的前景。

将要出现的景象和情况
prospects
先行き, 見通し
전망

**3　逐步　　zhúbù　　（副）**
逐步接受 / 他一开始不同意我的看法，后来逐步接受了。

一步一步地
gradually
次第に
한걸음 한걸음, 점차

**4　日益　　rìyì　　（副）**
日益增长 / 人们的收入正在日益增长。

一天比一天更加
increasingly (to increase day by day)
日増しに
날로

5. 如此　　rúcǐ　　（代）
天天如此／事已如此，后悔也没有用了。

像这样
so, like this
このようである
이와같다, 이러하다

6. 以便　　yǐbiàn　　（连）
你应该多参加活动，以便多交朋友。

为了
in order to
～しやすいように，～するために
～하도록, ～하기 위하여

7. 培养　　péiyǎng　　（动）
培养兴趣／许多家长认为应该从孩子小的时候培养他们的兴趣。

按照一定目的长期地教育和训练，使成长
to train up, to educate, to cultivate
（人材を）育てる
양성하다, 배양하다

8. 创办　　chuàngbàn　　（动）
创办学校／他创办的这所学校吸引了很多学生。

开始举办
to start, to found, to set up (a club, school, business etc.)
つくる, 創設する
설립하다

9. 机构　　jīgòu　　（名）
政府机构／今年的工作重点是推进机构改革。

指机关、团体等工作单位，也指其内部组织
an organization (here refers to governmental institutions)
機関
기구, 기관이나 단체등의 업무 단위

10. 投资　　tóu zī
投资教育／现在很多有钱人都给电影投资。

为达到一定目的而投入的钱财
to invest
投資する
투자하다

11. 开拓　　kāituò　　（动）
开拓市场／我们的新产品还需要开拓市场。

开辟；扩展
to open up (a market)
開拓する
개척하다

12. 聘请　　pìnqǐng　　（动）
聘请专家／我们公司聘请了几位专家来进行设计。

请人承担工作或担任职务
to recruit, to employ
（ある職務に）招く
초빙하다

| 13 | 归来 | guīlái | （动） | 从别处回到原来的地方 |
| | 她刚从国外留学归来。 | | | to return |
| | | | | よその土地から帰って来る |
| | | | | 돌아오다 |

| 14 | 促进 | cùjìn | （动） | 使向前发展 |
| | 促进发展／各国都在努力地促进国内经济发展。 | | | to promote |
| | | | | 促進する |
| | | | | 촉진하다 |

| 15 | 领域 | lǐngyù | （名） | 学术思想或社会活动的范围 |
| | 研究领域／在数学领域，他是个专家。 | | | field, area (here used in the abstract sense) |
| | | | | 分野，方面 |
| | | | | 영역，방면 |

| 16 | 增强 | zēngqiáng | （动） | 增进；加强 |
| | 增强实力／学校教育应增强学生解决问题的能力。 | | | to strengthen, to enhance |
| | | | | 深める，強める |
| | | | | 강화하다 |

| 17 | 建交 | jiànjiāo | | 建立外交关系 |
| | 中国与美国在1979年建交。 | | | to establish diplomatic relations |
| | | | | 国交を樹立する |
| | | | | 외교 관계를 맺다 |

| 18 | 对象 | duìxiàng | （名） | 行动或思考时作为目标的人或事物 |
| | 调查对象／这次调查对象是所有住在北京的人。 | | | the object (of an action) |
| | | | | 対象 |
| | | | | 대상 |

| 19 | 贸易 | màoyì | （名） | 商业活动 |
| | 贸易中心／香港是中国的一个贸易中心。 | | | trade |
| | | | | 貿易 |
| | | | | 무역 |

| 20 | 伙伴 | huǒbàn | （名） | 泛指共同参加某种组织或从事某种活动的人 |
| | 贸易伙伴／泰国是中国的贸易伙伴。 | | | partner (in business or trade) |
| | | | | 仲間 |
| | | | | 동료，파트너 |

| 21 | 加强 | jiāqiáng | （动） | 使更坚强或更有效 |
| | 加强管理／公司现在需要加强管理。 | | | to strengthen |
| | | | | 強化する |
| | | | | 강화하다 |

| 22 | 众多 | zhòngduō | （形） | 多，很多 |

众多选择 / 现在不管买什么，人们都有众多选择。

many, numerous

多い

매우 많다

| 23 | 经贸 | jīngmào | （名） | 经济贸易 |

经贸关系 / 发展经贸关系对两国都有好处。

economy and trade (short form – here used as an adjectival expression – 'economic and trading')

経済貿易

경제 무역

| 24 | 频繁 | pínfán | （形） | 次数多，连续不断 |

日益频繁 / 现在，国家间的交往日益频繁。

frequent

頻繁である

빈번하다

## 专名

| 泰国 | Tàiguó | | | 国家名 |

Tailand

タイ

태국

## 课文导入

1. 你们国家的学生一般选择去哪些国家留学？

2. 你为什么选择到中国留学？

## 留学中国，异常⁽¹⁾热闹的背后

**本报记者　姜乃强**

　　中国社会稳定，经济发展前景⁽²⁾看好，高等教育质量逐步⁽³⁾提高，中国正日益⁽⁴⁾受到国际社会的重视。所有这一切，成为吸引海外学生来中国留学的主要原因。

　　**在**不少韩国人**看来**，当今中国的发展变化很大。韩国高丽大学的一位教授认为：中国是一个了不起的国家，发展速度惊人，未来十到二十年间，中国将发展成为亚洲地区的经济强国。**正因如此**⁽⁵⁾，不少韩国学生来到中国留学，学习汉语，**以便**⁽⁶⁾将来从事与中国有关的工作。

　　如今，在中国北京、上海等城市的众多大学里，有来自世界各国的留学生，其中韩国学生居各国留学生之首。目前，在韩国各类学校学习中文的学生有13万余人。许多企业办起了"汉语班",以培养⁽⁷⁾熟悉中国业务的人才。由民间创办⁽⁸⁾的各种"中国语学院"更是热闹。在韩国中央政府机构⁽⁹⁾,有400多名公务员正在学习汉语。

越来越多的韩国企业看好中国市场,有的来中国投资⁽¹⁰⁾,有的把自己的产品打入中国市场。为了开拓⁽¹¹⁾中国市场,不少韩国企业非常喜欢聘请⁽¹²⁾从中国归来⁽¹³⁾的留学生,这又使更多的韩国学生选择留学中国。

在日本和泰国也是如此。作为中国近邻的日本,是来华留学生的第二大生源国。两国在政治、经济、文化和历史上有着多方面的联系。近年来,两国在留学生方面的相互交流,对促进⁽¹⁴⁾中日两国在各个领域⁽¹⁵⁾的发展,增强⁽¹⁶⁾彼此的信任,起到了重要作用。目前,日本来华留学生人数相对稳定在每年1.4万人左右。

1975年中泰两国正式建交⁽¹⁷⁾。目前,中国和泰国已成为重要的合作对象⁽¹⁸⁾与贸易⁽¹⁹⁾伙伴⁽²⁰⁾。在相互投资方面,泰国是东南亚对华投资最早的国家,也是东南亚地区对华投资最多的国家之一。两国经济合作的不断加强⁽²¹⁾,促进了两国的教育交流。

改革开放后的中国,经济发展迅速,社会稳定,与众多⁽²²⁾国家的经贸⁽²³⁾活动日益频繁⁽²⁴⁾。在亚洲一些国家,懂得中国政治、经济和文化的人才很受欢迎。如今,亚洲很多国家和地区的学生已将中国视为留学国家的首选。

(全文字数:约780字)

(节选自《中国教育报》,有改动)

## 注 释

**1** **在**不少韩国人**看来**,当今中国的发展变化很大。

[解释] 在……看来:表示从某个人、某个角度看问题。表示介绍某种看法或观点。

[例句] ① 在我看来,你不应该总是喝那么多酒。
② 在他看来,那部电影很有意思。
③ 在我妈妈看来,我吃饭总是吃得太少。

**2** **正因如此**,不少韩国学生来到中国留学,学习汉语。

[解释] 正因如此:正因为这样。表示强调由前面所说的原因引起了后面的结果。

[例句] ① 我很喜欢中国文化,正因如此,我要学习汉语。
② 那家公司不太有名,正因如此,许多人不愿意去那儿工作。
③ 年龄大的人很容易生病,正因如此,平时更应该多锻炼身体。

③ 韩国学生来到中国留学，学习汉语，**以便**将来从事与中国有关的工作。

[解释] 以便：为了。用在下半句话的开头，表示使下文所说的目的容易实现。

[例句] ① 你记一下我的手机号码吧，以便以后和我联系。
② 你应该早点儿为期末考试做准备，以便取得好成绩。
③ 你要多喝水多休息，以便让感冒好得快点儿。

## 报刊长句

韩国高丽大学的一位教授认为：中国是一个了不起的国家，发展速度惊人，未来十到二十年间，中国将发展成为亚洲地区的经济强国。

教授认为：中国是　　　国家，发展速度惊人，

中国将　成为　　　强国。

## 读报小知识

### 中国报纸的类别

中国报纸主要分为全国性、地方性和专业性三种。

全国性报纸，如《人民日报》《光明日报》。

地方性报纸常以行政区的名字命名，如《北京日报》《天津日报》《湖南日报》《河北日报》等。地方性报纸还有根据出版时间命名的：地方名＋早报（晨报）／晚报，如《北京晨报》《北京晚报》《新民晚报》《羊城晚报》等。

专业性报纸以读者对象或主要业务范围命名，如《工人日报》《农民日报》《解放军报》《中国妇女报》《中国青年报》《中国教育报》《中国体育报》《经济日报》《科技日报》等。

## 练习

**一** 课外阅读近期中文报刊上的文章，把你喜欢的一篇剪贴在笔记本上，阅读后写出摘要，并谈谈你的观点。下面以一位学生的作业为例，说明如何写摘要和观点。

原文：【作为中级阶段后期的学生，开始时应多选篇幅较短的文章（300～500字），随着汉语水平的提高，选文的篇幅可逐渐增大。选文要注明出处（如报纸、刊物、网站等）与日期。】

### 威廉大婚没请布莱尔和布朗

威廉王子大婚临近，让外界颇感诧异的是，英国前首相托尼·布莱尔和戈登·布朗并没有在受邀名单之上。媒体分析指出，白金汉宫和布莱尔之间的不合由来已久。

#### 两位工党前首相未受邀请

英国威廉王子和凯特·米德尔顿的婚礼将于4月29日举行。此前外界普遍预计英国的前首相们会在婚礼上亮相，然而，两位工党籍前首相布莱尔和布朗均未出现在宾客名单上，而两名保守党前首相梅杰和撒切尔夫人则在受邀之列。撒切尔夫人因健康原因将缺席婚礼，而梅杰则确认会出席。

英国王室的一名发言人解释说，布莱尔和布朗没有受到邀请的原因是他们都没有获得王室封号，而梅杰和撒切尔夫人有封号。据称，由于威廉王子的婚礼"不是国家礼仪场合"，所以没有理由邀请布莱尔和布朗。

工党的议员们表示，威廉王子的婚礼已成为"国家大事"，前首相没有受邀出席是"让人震惊"的。查尔斯与戴安娜结婚时，当时英国所有在世的前首相都出席了婚礼。布莱尔和布朗的办公室都拒绝对王室的这一安排作出评论。

#### 布莱尔与王室关系向来不佳

英国王室和前首相布莱尔之间的关系向来不佳。2002年，在王太后葬礼举行前，布莱尔的助手曾多次向王室提议，在王太后的棺木运抵教堂时，让布莱尔在北门迎接女王，以突出他的"特殊地位"。然而，这一提议遭到拒绝。

2005年5月8日，为庆祝二战胜利60周年，英国国防部在伦敦阵亡将士纪念碑前举行了盛大的纪念仪式。当时的布莱尔政府把堂堂一国之君的女王伊丽莎白排除在出席该活动的嘉宾名单之外，却让刚嫁入王室的卡米拉取而代之。分析人士推测，这可能是布莱尔为自己在王太后葬礼上受"冷遇"而采取的报复行动。

 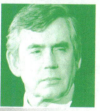

《河北青年报》2011年4月26日

## 生 词

| | | | |
|---|---|---|---|
| 1. | 邀请 | yāoqǐng | to invite |
| 2. | 首相 | shǒuxiàng | prime minister |
| 3. | 出席 | chūxí | to attend, to participate |
| 4. | 礼仪 | lǐyí | etiquette, ceremony |
| 5. | 角色 | juésè | role, part |

**摘要：**【用尽可能简洁的语言概括出原文的主要内容，字数一般在100～300字。】

英国威廉王子和凯特·米德尔顿的婚期临近，但奇怪的是，两位工党籍前首相托尼·布莱尔和戈登·布朗并没有在受邀名单之上，而两名保守党前首相梅杰和撒切尔夫人则在受邀之列。媒体分析指出，英国王室和前首相布莱尔的关系向来不佳。2002年，在王太后的葬礼上，布莱尔并没有被安排比较重要的角色，而2005年，为庆祝二战胜利60周年而举办的纪念仪式上，布莱尔也没有把女王伊丽莎白列在嘉宾名单之内。

**观点：**【针对文章内容谈谈自己的看法，角度不限，可以将文章内容与个人的情况或自己国家的情况进行对比。字数一般在100字以上。】

我也觉得这两位前首相没有被邀请很奇怪，尤其是其他前首相都收到了邀请。对我来说，这有一点不礼貌。因为如果他们的婚礼是私人的，他们只会邀请他们的亲朋好友，不必让布莱尔和布朗参加。但是，他们也邀请了国外王室、政府官员、明星等，而且大家在电视上也可以看到。所以我觉得这个决定对英国王室有不好的影响。

**问题：**【对于安排在课堂上作报刊发言的同学，需要准备两个让同学们感兴趣的问题进行讨论；对于没有安排在课堂上作报刊发言的同学，可以不准备问题。】

1. 你们看过英国威廉王子的婚礼吗？
2. 你们觉得英国王室没有邀请英国前首相有道理吗？

## 二 画线连词

| | | | |
|---|---|---|---|
| 创办 | 质量 | 培养 | 市场 |
| 重视 | 前景 | 开拓 | 人才 |
| 吸引 | 机构 | 促进 | 信任 |
| 看好 | 留学生 | 增强 | 发展 |

## 三 选词填空

> 正因如此　　在……看来　　以便　　培养　　创办　　开拓　　促进

1. 很多本科生毕业后继续读研究生，_____增强自身的竞争力。
2. _____一些学生_____，一个在北京上大学的普通学生，不穿名牌、吃大餐，四年差不多也要10万元。
3. 在就业和选择职业方向的问题上，无疑就业应该排在第一位。_____，我们没有办法忽略市场的因素而单纯地来讨论选择职业方向的问题。
4. 完善就业市场和就业服务是_____大学生就业的关键。
5. 这些学校已经拥有一流的教学条件、一流的师资力量、一流的教学水平和先进的办学理念，为国家_____了一大批精英人才。
6. 目前国内市场对纳米的有效需求明显不足，有些产品甚至不知道能用在什么地方，需要_____市场，引导消费。
7. 2003年，南方日报报业集团在北京与光明日报报业集团合作_____了《新京报》。

## 四 概括下面这段话的主要内容

　　在不少韩国人看来，当今中国的发展变化很大。韩国高丽大学的一位教授认为：中国是一个了不起的国家，发展速度惊人，未来十到二十年间，中国将发展成为亚洲地区的经济强国。正因如此，不少韩国学生来到中国留学，学习汉语，以便将来从事与中国有关的工作。

　　如今，在中国北京、上海等城市的众多大学里，有来自世界各国的留学生，其中韩国学生居各国留学生之首。目前，在韩国各类学校学习中文的学生有13万余人。许多企业办起了"汉语班"，以培养熟悉中国业务的人才。由民间创办的各种"中国语学院"更是热闹。在韩国中央政府机构，有400多名公务员正在学习汉语。

### 五 将下列各句组成一段完整的话

1. A 也是东南亚地区对华投资最多的国家之一
   B 在相互投资方面
   C 泰国是东南亚对华投资最早的国家
   
   正确的语序是：（　）（　）（　）

2. A 这又使更多的韩国学生选择留学中国
   B 不少韩国企业非常喜欢聘请从中国归来的留学生
   C 为了开拓中国市场
   
   正确的语序是：（　）（　）（　）

### 六 根据课文内容选择正确答案

1. 吸引海外学生来中国留学的主要原因有_____个方面。
   A 一　　　　　B 两　　　　　C 三　　　　　D 四

2. 目前到中国留学的学生人数最多的国家是_____。
   A 日本　　　　B 韩国　　　　C 泰国　　　　D 美国

3. 目前，在韩国各类学校学习中文的学生有_____。
   A 5.6万余人　　B 10万人　　　C 13万人　　　D 13万余人

4. 目前，日本来华留学生人数相对稳定在每年_____。
   A 1万人　　　　B 2万人　　　C 1.4万人左右　D 1.4万人

### 七 尽量使用以下词语进行话题讨论

| 正因如此 | 以便 | 培养 | 创办 | 开拓 | 促进 |
| 在……看来 | 投资 | 增强 | 加强 | 聘请 | 前景 |

1. 学好汉语后，你打算将来做什么工作？
2. 你认为吸引外国学生来中国留学的主要原因是什么？

## 快速阅读

阅读一（字数约1170字；阅读与答题参考时间4分钟）

### 来自美国学生的数量快速上升

3月22日，美国总统夫人米歇尔·奥巴马在北京大学斯坦福中心发表演讲，与中美学生见面，探讨留学话题。她指出中国目前是美国人留学的第五大热门目的地。

今天的美国，来自中国的交换生数量很多。而在杭州，浙江大学、浙江工业大学、杭州师范大学等也都有很多来自美国的留学生，他们大多对中国文化非常感兴趣，学的专业也多是汉语言文学等与中文相关的专业。

### 2000多名美国留学生在浙江

这几年，来中国读大学的留学生数量在增加。据浙江省教育厅公布的数据显示，去年，浙江省登记在册的留学生总数约2.1万人。

"其中，美国留学生的数量已位居第二了，总人数超过了2000人。"浙江省教育厅外事处处长舒培冬说，前几年，美国留学生的人数一直排名第三，去年一下子升到了第二，仅次于人数排名第一的韩国学生。

据浙江大学的数据显示，去年全校共有留学生3000余人，其中北美洲的学生有300余人，列在第三位。从浙江省教育厅得到的消息是，外国留学生来浙江省高校，主要是来进行语言和中国文化的学习，专门为了攻读学位的人很少。

### 在杭的留学生课余生活丰富多彩

对外汉语老师王黛群曾在杭州师范大学国际教育学院教外国留学生汉语，也曾在杭州的一家比较有名的教学机构旗下的Chinesetown教授过留学生汉语。她说："在杭州，外国学生的生活真的是丰富多彩。在我教学的Chinesetown，一年里会根据不同季节安排很多活动，比如参加泰国餐厅的开业式、去咖啡吧聚会、去三台山喝茶、去博物馆赏花等……"

在汉语教学过程中，王黛群遇到过很多外国留学生，有不愿意开口说话的英国小伙，有来自意大利的在杭州帮助父亲打理家族生意的高富帅"大米"，还有来自俄罗斯的甜美小姑娘"娃娃"，来自瑞典的妈妈级学生Eve，来自美国的帅小伙杰克和Travis……

在王黛群看来，每个学生的个性和学习特点都不同。美国的学生比较热情，上课的时候喜欢岔开课本闲聊，下课之后喜欢约你一起出去玩儿；欧洲的学生相对低调一些，但是更讲究品质。

### 外国留学生需要参加汉语水平考试

说起汉语考级的事情，很多中国人不太熟悉。汉语水平考试被称为HSK，也就是汉语水平考试的拼音首字母缩写。"一开始外国学生问我这些字母意思的时候，我解释起来也有些费劲。新 HSK 考试分为 6 级，有听力、阅读和写作等。"王黛群老师说："在机构学习的学生，需要参加 HSK 考试的并不多，但是在大学学习汉语的外国留学生，大多都会参加。这是因为一般来讲，留学生是学历教育，也就是说他们在学习结束的时候需要证书。所以大学的汉语教学非常注重课本教学和 HSK 的模拟训练。"

　　HSK 考试到底难不难？1、2 级还是比较简单的，有拼音和图片，总分为 200 分，考过 120 分，就是通过，一般学习一整学年的学生都可以参加。3 级及 3 级以上的考试，因为没有拼音的帮助，同时增加了书写的部分，总分为 300 分，如果学生的基础不太扎实，想通过及格线 180 分还是有难度的。

（节选自《中国民航报》，2014 年 2 月 17 日第 8 版空港驿站，有删改）

**回答问题：**
1. 外国留学生来中国高校学习，主要目的是什么？
2. 杭州留学生的课余生活有什么特点？
3. 为什么在大学学习汉语的外国留学生大多都会参加 HSK 考试？

## 阅读二（字数约 1060 字；阅读与答题参考时间 10 分钟）

### 巴基斯坦妈妈带着女儿来中国留学

　　出国留学本来就是一件艰苦的事，而来自巴基斯坦的留学生萨迪尔，还带上了她年幼的女儿阿伊夏一起来到中国留学。

　　"到中国留学是我幼年时的梦想。"萨迪尔对中新社记者如是说。

　　萨迪尔在巴基斯坦一所农业学校读完本科、硕士后，经一名博士后推荐，在中国政府奖学金、福建省奖学金的资助下，于 2013 年 4 月进入福建农林大学攻读生态学专业博士学位。

　　带着女儿留学，萨迪尔坦言，即使在巴基斯坦，也是一件很特别的事情。"但对一名母亲而言，全世界的母亲都希望孩子在自己身边长大。"

　　用萨迪尔的话来说，选择福建农林大学是因为"这里有很好的平台，有很多高水平专家，丝毫不逊于美国、加拿大"。另外，萨迪尔认为，福建天气跟巴基斯坦相近，夏天不热，冬天不太冷，空气也十分清新，很适合女儿的成长。

　　不过，刚来时，萨迪尔和女儿都遇到了不少难题。萨迪尔说，尽管校方尽了最大的努力，但提供的集体宿舍对她们母女来说难以接受。更大的困扰是语言。萨迪尔说，授课老师用中文上课，这种方式让她学习很费力，她也没办法跟同学进行很好的交流。

　　"导师林文雄给了我很多帮助。"萨迪尔的导师林文雄是福建农林大学副校长，正是在他的帮助下，萨迪尔租到了一间教师公寓，女儿也进入了校属的幼儿园。

　　如今，萨迪尔母女已经慢慢适应了福建的生活。萨迪尔说，经过近一年的学习生活，她非常喜欢福建，这里的山很绿，水很清，人很好。更令她开心的是，女儿学习能力很强，中文已经讲得很好，远胜于她，能够跟幼儿园小朋友直接交流。

　　中国学生的勤奋令萨迪尔印象很深，也令她压力倍增。她说，在巴基斯坦，周末都不会有人工作；但在中国，周末的实验室里还是挤满了做实验的人。由此，带着女儿留学的萨迪尔，也为自己安排了格外紧张的日程：每天6点起床，直至23点才回去。期间，她还要接送女儿，同丈夫视频，教女儿《古兰经》、英语，给女儿做饭。

萨迪尔现在研究的领域是大米的抗寒性。她告诉记者，如果成功的话，即使在寒冷的地方，也能促进大米的生长。

对于未来，萨迪尔颇多期待：博士毕业后希望回国当大学老师，有机会的话或许也会留在福建做博士后研究。"如果回国，将发起成立一个项目，帮助更多巴基斯坦大学生尤其是女大学生到中国游学。"

"希望自己带着女儿来中国求学的经历，能鼓励更多的巴基斯坦已婚女性出来工作，更加自立自强。"萨迪尔说，在巴基斯坦，女性一旦结婚便当起全职太太，"受过高等教育的女性结婚后不工作，其实是一种巨大的资源浪费。"

萨迪尔还说，希望将学到的中国先进技术传播回去，促进两国相关领域的合作。

（选自中国新闻网，2014年3月22日，有改动）

回答问题：
1. 萨迪尔为什么选择福建农林大学？
2. 来到中国初期，萨迪尔和女儿主要遇到了哪些困难？
3. 萨迪尔的求学经历对巴基斯坦的已婚女性有什么影响？

## 阅读三（字数约1170字；阅读与答题参考时间12分钟）

### 越来越多外国学生来华深造，交流项目日渐丰富

根据美国国际教育学会日前发布的2012年国际学生流动性研究报告，中国已超越法国，成为继美国和英国之后全球第三大留学目的地国；美国也成为中国第二大留学生来源国，约占中国接收国际留学生总和的8%。

另据中国教育部发布的数据，2013年共计有356499名各类外国留学人员在全国746所高等学校、科研院所和其他教育教学机构中学习，来华留学生的总数同比增长15.83%。现在，越来越多的外国学生来中国深造，且交流项目也越来越丰富了。

美国加利福尼亚州的19岁小伙子恩里克·格拉纳多斯（中文名为高伟）是华盛顿乔治城大学中文专业的一名大二学生。他热爱中文和中国文化，还有个住在北京的"中国妈妈"。见到本报记者时，他很兴奋地说："我拿到了奖学金，很快又要到中国留学，可以见到好久不见的'妈妈'了。"

2010年夏天，当时就读于新罕布什尔州圣保罗中学11年级的高伟在美国一个非政府海外学年项目的资助下，与其他47名同龄人一起来到北京师范大学第二附属中学学习。其间，他被安排在一个北京的普通家庭里居住和生活，和他的"中国妈妈"建立了深厚的感情。"在她家，我体验了中国人的饮食习惯，现在很想念她包的饺子。"高伟说。去年10月，他参加了在华盛顿举行的"江苏杯"演讲比赛并荣获二等奖，也因此获得了到中国留学的奖学金。

近年来，像高伟这样通过中美两国政府间的奖学金项目或非政府组织资助，甚至自费到

中国短期或长期留学的美国学生数量每年都在增加。美国国际教育协会公共事务经理卡维塔莫卡在接受本报记者采访时表示，美中两国政府始终致力于促进两国人文交流，其中，奥巴马2009年访华时提出"十万强"留学中国计划，该计划于次年启动，目标是派10万名美国学生到中国留学。

随着2012年中国和巴西两国之间的互换留学生项目正式启动，越来越多的巴西年轻人留学中国。根据巴西文化部的统计数据，2013年向中国提交奖学金申请的巴西学生超过600名，其中260余名将有机会到中国开始1至4年的留学生活。

此外，墨西哥也同中国达成了每年互派100名政府奖学金留学生的交流机制。据中国方面统计，2012年获得中国政府奖学金到中国留学的拉美学生超过1000人。从去年开始，5年内中国政府还将向拉美和加勒比国家提供5000个政府奖学金名额。

南非同中国建交之初，来华留学生数量从零到2013年超过400人，且人数还在不断增长。中国驻南非大使馆教育参赞宋波向本报记者介绍，南非来华留学生主要包括自费生、政府奖学金项目生、部委培训生和校际交流生等。

韩国家长中曾有"生女儿送美国留学，生儿子送中国留学"的说法，意思是在中国留学虽然要比美国辛苦，但长期来看，学习中文、了解中国更有发展，更重要。随着中国国力的增强，两国在人文、经济等各领域的交流日益密切，在一些韩国企业中，中文已经成为必备的外语。有数据显示，在华韩国留学生人数从2001年的16372人增加到2012年的46483人。

（节选自人民网，2014年2月28日，有删改）

### 判断正误：

1. 到美国留学的中国留学生占国际留学生总和的8%。　　　　　　　　（　　）
2. 美国乔治城大学中文专业大二的学生高伟曾在非政府海外学年项目的资助下到中国留过学。　　　　　　　　　　　　　　　　　　　　　　　　（　　）
3. "十万强"留学中国计划目标是派10万名美国学生到中国留学。　　（　　）
4. 将有超过600名巴西学生有机会到中国留学。　　　　　　　　　　（　　）
5. 从去年开始，拉美和加勒比国家每年将有5000个中国政府提供的奖学金名额。　　　　　　　　　　　　　　　　　　　　　　　　　　　　　　（　　）
6. 在一些韩国企业中，汉语已经不可或缺。　　　　　　　　　　　　（　　）

# 第二课　旅游和假日消费正在成为新时尚

**背景知识**

目前，中国实行每周"双休日"的放假制度，即周一到周五工作，周六、周日休息。除此之外，中国有七个节日全国放假，即"五一"劳动节、"十一"国庆节、春节、元旦、清明节、端午节和中秋节。"五一"劳动节、元旦（1月1日）、清明节、端午节、中秋节法定假日一天。而"十一"国庆节、春节法定假日三天，再加上调双休，一般各有一周的假期。由于这两个节日各有一周的放假时间，能给旅游、交通、商业等行业带来大量经济收入，所以被称为"黄金周"。

## 词语表

| 1 | 时尚　　shíshàng　　（名） |
|---|---|

时尚元素 / 去国外留学已经成为一种时尚。

当时的风尚
fashion, fad, trend
時代の流行
시대적 유행

| 2 | 据　　jù　　（介） |
|---|---|

据调查，在中国，来自韩国的留学生最多。

按照；依据
according to
～によると
～에 따르면

| 3 | 贫困　　pínkùn　　（形） |
|---|---|

贫困的生活 / 小时候贫困的生活并没有让他觉得不快乐。

贫穷；生活困难
poor, impoverished
貧困である, 苦しい
빈곤하다

| 4 | 购买　　gòumǎi　　（动） |
|---|---|

那家饭店每天都要购买大量牛肉。

买
to buy, to purchase
購入する
사다

15

### 5 以及　　yǐjí　　（连）
中国的传统节日有中秋节、清明节以及春节等。

连接并列的词、词组
and, as well as (usually used in formal or literary contexts)
ならびに＜書き言葉に多く見られる＞
그리고

### 6 简直　　jiǎnzhí　　（副）
我简直不能相信他骗了我！

强调完全如此（带有夸张的语气）
completely, totally, simply
まったく＜誇張した語気＞
그야말로, 완전히

### 7 疯　　fēng　　（形）
疯话／他说的都是疯话，你别相信他！

精神不正常；神经错乱
mad
気が狂う
미치다

### 8 各自　　gèzì　　（代）
各自回家／下课以后我们就各自回家了，没在一起。

各人自己；各个方面自己的一方
each
それぞれ
각자

### 9 结婚　　jié hūn
我和他结婚以后就去上海生活了。

男子和女子合法地成为夫妻
to get married
結婚する
결혼하다

### 10 记忆　　jìyì　　（名）
在我的记忆里，他个子很高，皮肤很白。

过去事物保留在脑子里的印象
memory
記憶
기억

### 11 贫苦　　pínkǔ　　（形）
贫苦的家庭／他出生在一个贫苦的家庭。

贫困穷苦
poverty and hardship
貧しく苦しい
빈곤하다

### 12 发达　　fādá　　（形）
发达国家／美国和日本都是发达国家。

已有充分发展；兴盛
developed, prosperous
発達している（发达国家＝先進国）
발달하다

| 13 | 必需 | bìxū | （动） | 一定要有<br>essential, indispensable<br>欠くことができない<br>필수적이다 |

必需品 / 食物和水是人们的生活必需品。

| 14 | 几乎 | jīhū | （副） | 表示十分接近；差不多<br>almost<br>ほとんど<br>거의 |

今天到会的人几乎有两百人。

| 15 | 设置 | shèzhì | （动） | 设立<br>to establish, to set up<br>設ける<br>설치하다 |

设置奖学金 / 为了鼓励学生努力学习，学校设置了奖学金。

| 16 | 小康 | xiǎokāng | （形） | 指家庭经济状况可以维持中等水平生活<br>well-to-do, fairly prosperous and secure<br>ある程度裕福な水準<br>중류 생활 수준 |

小康生活 / 我希望通过努力早点过上小康生活。

| 17 | 剧增 | jùzēng | （动） | 急剧地增长<br>to grow rapidly<br>急激に増える<br>급속히 증가하다 |

在过去的20年里，那个国家的人口剧增。

| 18 | 双休日 | shuāngxiūrì | （名） | 指每个星期中连续的两个休息日（一般是星期六、星期日）<br>weekend (literally 'two days of rest')<br>一般的に土・日の休日を指す<br>주중 일하지 않고 쉬는 이틀 ( 주로 토요일 , 일요일 ) |

你打算怎么度过这个双休日？

| 19 | 支出 | zhīchū | （名） | 付出去的钱<br>spending, expenditure<br>支出<br>지출 |

家庭支出 / 在我家，旅行消费只是家庭支出的一小部分。

| 20 | 第三产业 | dì-sān chǎnyè | | 在中国，第一产业是农业；第二产业是工业和建筑业；第三产业是指为生产和消费提供各种服务的行业和部门，如旅游业、商业等 |

发展第三产业 / 国家正在大力发展第三产业。

tertiary industry (service industries)
第三次産業
제3차 산업 ( 제1 산업은 농업, 제2 산업은 공업과 건축업, 제3 산업은 이를 제외한 대부분의 서비스업, 예를 들면 여행산업, 상업 등 )

21 接待　　jiēdài　　（动）
接待客人 / 我现在有事，你帮我去接待一下客人吧。

招待
to receive (a guest or visitor)
応接する
대접하다, 맞이하다

22 游客　　yóukè　　（名）
每年都有大量游客到北京旅游。

游人
tourist
観光客
여행객

23 假日经济　　jiàrì jīngjì
促进假日经济的发展 / 促进假日经济的发展可以使许多城市增加财政收入。

利用节假日集中消费从而带动经济发展的一种经济模式
'holiday economy' (i.e. economic activities relating to the holiday period)
休暇経済（祝日と休日のときの消費による経済発展のこと）
휴일 경제 ( 휴일과 관련하여 발전한 경제 )

24 向往　　xiàngwǎng　　（动）
向往未来 / 风景美丽的云南是一个让人向往的地方。

因为非常喜爱而希望得到或达到
to aspire
あこがれる, 考える＜ある程度の経済的能力があって＞
동경하다, 바라다

25 媒体　　méitǐ　　（名）
那几家媒体之间的竞争非常激烈。

指交流、传播信息的工具，如报刊、广播、广告等
media
マスメディア
언론 매체

26 报道　　bàodào　　（动）
国内媒体经常报道有关食品安全的新闻。

通过报纸、杂志、广播、电视或其他形式把新闻告诉群众
to report
報道する
보도하다

27 内地　　　nèidì　　　（名）　　指中国大陆地区（对香港、澳门而言）

回到内地 / 大学毕业后他去香港工作了几年，然后又回到了内地。

literally 'inland regions' (as opposed to coastal or maritime regions) – but often used to distinguish the 'Chinese mainland' from other 'Chinese' areas such as the Hong Kong and Macao SARs.

中国を指す（主にホンコンとマカオの人たちの中国に対しての呼び方）

중국을 가리킴（주로 홍콩과 마카오 사람들이 많이 씀）

## 课文导入

1. 你喜欢旅游吗？为什么？
2. 出国旅游热，你怎么看？

## 旅游和假日消费正在成为新时尚 (1)

### 唐　均　张时飞

据 (2) 网上介绍：有一对美国夫妇有 5 个孩子，经济贫困 (3)，但每到假日全家一定去滑雪，为此要购买 (4) 7 套滑雪器材以及 (5) 每人的滑雪衫，还有来回的车费等其他费用。人们都认为他们一家简直 (6) 是疯 (7) 了。后来，5 个孩子都各自 (8) 结了婚 (9)，在他们的记忆 (10) 里，虽然小时候家里过着贫苦 (11) 的日子，但总是忘不了那时滑雪的快乐。的确，在发达 (12) 国家的生活方式中，旅游是人们假日生活所必需 (13) 的。

改革开放以前，中国的旅游业几乎 (14) 是专为外国游客设置 (15) 的。对中国人来说，吃饱穿暖都还是个问题，根本就谈不上旅游休闲。国际经验表明：只有当人们的收入达到小康 (16) 水平以上时，才会产生旅游的想法。如今，中国城市居民的收入已经大大增加，从国际经验看，正是旅游消费剧增 (17) 期。

随着生活水平的提高和生活观念的转变，旅游休闲成为城市人的新时尚。双休日 (18) 去市郊或周围的景点旅游，"五一""十一"以及春节的假日旅游已经成为人们休闲的主要方式。调查表明：2000 年，城镇居民人均旅游支出 (19) 已达 88 元，旅游业总收入达到 4519 亿元，旅游业在第三产业 (20) 中也占到了 15% 的比例。以 2001 年 "十一" 为例，7 天假期全国共接待 (21) 游客 (22) 7376 万人，由此带来 288 亿元的收入，因而引出了 "假日经济 (23)" 一说。

与此同时，向往 (24) 出国旅游的中国人也越来越多。2000 年，中国旅游业中出国游的收入达到 1356 亿元。仅 2001 年 "十一" 期间，出国旅游的就多达 10 万人。

据国外媒体<sup>(25)</sup>报道<sup>(26)</sup>：80年代中期以前，到欧美旅游的常常是日本人；80年代中期到90年代中期，欧美旅游市场接待的大多是中国香港和台湾人；而到90年代中期以后，到欧美旅游的中国内地<sup>(27)</sup>游客越来越多了。

（全文字数：约670字）

（选自《北京青年报》，略有改动）

## 注 释

① **据**网上**介绍**：有一对美国夫妇有5个孩子，经济贫困……

   [解释] 据……介绍：根据……介绍。后面接所要介绍的具体内容。类似的格式还有"据……报道、据……估计"等。

   [例句] ① 据文章介绍，中国已经有越来越多的人在假期出去旅游。
   ② 据中国媒体报道，来中国学汉语的留学生人数一直在增加。
   ③ 据专家估计，来中国旅游的外国游客还会增多。

② **对**中国人**来说**，吃饱穿暖都还是个问题，根本就谈不上旅游休闲。

   [解释] 对……来说：表示从某个人、某个角度看问题。

   [例句] ① 对许多学生来说，这道题太难了。
   ② 对现在的年轻人来说，找到合适的人结婚不是那么容易的事。
   ③ 对我来说，北京是我最喜欢的中国城市。

③ **以**2001年"十一"**为例**，7天假期全国共接待游客7376万人，由此带来288亿元的收入，因而引出了"假日经济"一说。

   [解释] 以……为例：以……作为例子。后面是以这一例子说明有关情况。

   [例句] ① 以学习汉语为例，应该多说多听。
   ② 以我为例吧，只要努力学习，就一定能考上自己喜欢的大学。
   ③ 以北京为例，已经有越来越多的人选择坐地铁上下班。

## 报刊长句

后来，5个孩子都各自结了婚，在他们的记忆里，虽然小时候家里过着贫苦的日子，但总是忘不了那时滑雪的快乐。

## 读报小知识

### 报纸内容

报纸不论大小，都由报头、报眼、版位和栏目组成。

报头总是放在最显著的位置，横排的报纸大都放在第一版左上角，也有的放在第一版正上方。报头上最主要的是报名，一般由名人题写，也有的呈黑体字。报头下面常常用小字注明编辑出版部门、出版登记号、总期号、出版日期等。出版登记号说明这家报社已在国家新闻出版管理机构登记，未经登记的报刊不管内容如何，都不能公开发行。

报头旁边的一小块版面，通称"报眼"。对"报眼"的内容安排没有规定，有的用来登内容提要、日历和气象预报，有的用来登重要新闻或图片，有的用来登广告。由于"报眼"位置显著，广告费特别高。

报纸的版面位置叫版位。对一份报纸来说，第一版是要闻版，排在这一版上的新闻比其他版的重要。在横排报纸的版面上，左上角要比右上角重要。报纸新闻标题所用的字号大小也能显示它是否重要。标题是报纸刊登的新闻和文章的题目，用来概括和提示这些新闻和文章的内容，帮助读者理解其主旨。因此，读者可以从版位情况以及标题大小上了解报纸的立场、观点和态度。

栏目是报纸定期刊登同类文章的园地，经常在报纸上看到的有"科技天地""国际瞭望""读者来信"等。除栏目外，还有一些不定期的专版，范围比专栏更大一些。比如庆祝什么节日，组织征文专版；什么问题引起读者广泛的兴趣，组织讨论专版。这些专版有一定的时间性，不像定期专栏那样固定。

广告是当代报纸常用的一种宣传手段，这里主要是商业广告，还有一些通告、通知、启事以及文化娱乐广告等。报纸收取一定的广告费，用于报社的经营。

## 练习

一 课外阅读近期中文报刊上的文章，把你喜欢的一篇剪贴在笔记本上，阅读后写出摘要，并谈谈你的观点。

## 二 画线连词

| | | | |
|---|---|---|---|
| 购买 | 出国 | 接待 | 机构 |
| 向往 | 器材 | 报道 | 观念 |
| 产生 | 水平 | 转变 | 游客 |
| 提高 | 想法 | 设置 | 新闻 |

## 三 选词填空

> 据……介绍　对……来说　以……为例　购买　向往　接待　报道

1. ＿＿＿＿＿我＿＿＿＿＿，能去西藏旅游是再好不过的事情了。

2. ＿＿＿＿＿广州市人事局局长江云＿＿＿＿＿，今年在广州地区就业的高校毕业生达3.9万人，比去年增长了33.6%。

3. ＿＿＿＿＿本科生＿＿＿＿＿，发达地区的收入会比欠发达地区高出50%以上。

4. 按照规定，餐饮企业营业面积超过300平方米，同时＿＿＿＿＿100人以上宴席的，必须严格实行分餐制。

5. 有一天，他在电视上看到一则＿＿＿＿＿，说的是北京师范大学"农民之子"学会对北京地区流动儿童进行的调查。

6. 小时候，他最＿＿＿＿＿的职业是医生。

7. 许多父母担心孩子上网影响学习而不肯给孩子＿＿＿＿＿电脑，结果孩子却偷偷去网吧。这样其实还不如使用家中的电脑，便于父母监督管理。

## 四 概括下面这段话的主要内容

　　改革开放以前，中国的旅游业几乎是专为外国游客设置的。对中国人来说，吃饱穿暖都还是个问题，根本就谈不上旅游休闲。国际经验表明：只有当人们的收入达到小康水平以上时，才会产生旅游的想法。如今，中国城市居民的收入已经大大增加，从国际经验看，正是旅游消费剧增期。

　　随着生活水平的提高和生活观念的转变，旅游休闲成为城市人的新时尚。双休日去市郊或周围的景点旅游，"五一""十一"以及春节的假日旅游已经成为人们休闲的主要方式。

### 五 将下列各句组成一段完整的话

1. A 7天假期全国共接待游客7376万人

   B 以2001年"十一"为例

   C 因而引出了"假日经济"一说

   D 由此带来288亿元的收入

   正确的语序是：（　　）（　　）（　　）（　　）

2. A 而到90年代中期以后，到欧美旅游的中国内地游客越来越多了

   B 80年代中期到90年代中期，欧美旅游市场接待的大多是中国香港和台湾人

   C 80年代中期以前，到欧美旅游的常常是日本人

   正确的语序是：（　　）（　　）（　　）

### 六 根据课文内容选择正确答案

1. 改革开放以前，中国的旅游业_____。

   A 很少接待国外游客　　　　　　B 接待的国内游客很少

   C 只接待国外游客　　　　　　　D 接待国内游客很多

2. 旅游休闲成为现在中国城市居民新时尚的主要原因是人们_____。

   A 现在不太忙　　　　　　　　　B 不愿过城市生活

   C 生活水平的提高和生活观念的转变　D 花钱更大方了

3. 根据国际经验，目前中国城市居民的旅游消费正处在_____。

   A 低水平阶段　　　　　　　　　B 成熟期

   C 急剧扩张期　　　　　　　　　D 起步阶段

4. 课文最后一段说明_____。

   A 目前到欧美旅游的日本人不多　　B 目前到欧美旅游的香港人不多

   C 目前到欧美旅游的台湾人在减少　D 目前到欧美旅游的中国内地游客在增加

### 七 尽量使用以下词语进行话题讨论

| 据……介绍 | 购买 | 向往 | 接待 | 报道 | 以……为例 |
| 对……来说 | 时尚 | 必需 | 几乎 | 记忆 | 游客 |

1. 你最难忘的是哪一次旅游？为什么？
2. 如果去你们国家旅游，你认为最值得去的是什么地方？为什么？

## 快速阅读

阅读一（字数约710字；阅读与答题参考时间6分钟）

### 景区要给游客更多文化体验

中国地大物博，山川秀美，在这片广阔的土地上，分布着成千上万个景点。每个景点都有各自的典故，每个景区都自有佳话。游客在饱览风光之余，若能同时欣赏其中的文化，旅游就有了深度。

山川河流、寺庙园林是大自然的财富，也是留给后人的文化遗产。怎样把观景、赏景与景区的文化内涵联系起来，让人们在游山赏景中体会文化，在体会景区文化中欣赏景观，这就给景区提出了新的课题。

我们欣喜地看到，一些景区，为了接人脉、接地气，使景区与文化雅俗共赏，采取了很多新奇的措施。如普救寺景区每年组织百对新人结婚庆典；岳阳楼景区开展背诵《岳阳楼记》就能免费登楼游览的活动等。在一些景区"门票经济"步步高升、游客望而却步时，景区这些举措既能让游客流连忘返，提升人气指数，又能提高景区的文化内涵，吸引更多的游客。

一些文化景区，其展示方式呆板，推广理念陈旧，陈列常年不变。比如，很多博物馆对展品的说明，无非是出土时间、发现地点和名称。对于专业人士来说，这些也许足够了，但对游客来说只能一扫而过，根本留不下深刻印象。游客们游览名山大川，却难以感受到此地的文化因素，仅是到此一游。这样的旅游缺了些深度，体验也大打折扣。

让游客乘兴而来、满载而归，是景区需要好好儿下功夫的地方。现在已经有很多景区组织了很多有意思的活动，如在旅游的淡季，让当地群众免费旅游；在寺庙的大典之日，免费向游人开放；背诵与景区相关的游记，就能免费登楼等等。其他的景区为何不能结合自己的传统和特色，组织一些好玩有趣的活动，通过文化特性集聚人气，让来者亲身参与呢？这样，游客们既看了风景，又长了知识，还传递了文化，一举三得，何乐而不为？

（选自《中国旅游报》，2014年1月10日第2版，有改动）

回答问题：
1. 景区需要解决的新课题是什么？
2. 传统陈旧的展示方式有什么缺点？
3. 一些景区组织了哪些有意思的活动？

阅读二（字数约800字；阅读与答题参考时间6分钟）

## "先旅游后付款"行得通吗

据报道，随着元宵节的结束，火热的春节旅游市场逐渐降温，旅游淡季也随之而来。因为不少旅行社推出了节后旅游有最高超过五折的优惠，所以很多人把春节加班的假期和年假结合在一起，选择错峰出游。为吸引这部分游客，有的旅行社除了在旅游线路上费尽心思之外，还推出了"先旅游，后付款"的方式。

先买票后上车，先缴费后旅游，好像大家都已经习惯了这样的一种消费模式了。而现在，这样的模式被"先旅游，后付款"彻底改变了。

所谓"先旅游后付款"，指的是如果消费者对此次旅游不满意，可以拒绝向旅行社付款。

其实，这种消费模式并不是新鲜的创意。据称"出现的时间恐怕至少有十多年了，时断时续的"。而之所以到目前为止，这种旅游方式并没有成为主流，甚至也没有引起比较广泛的关注，主要原因在于质量是很难主观评判的。它是一种满意度，这个满意度涉及很多的因素，因此很容易导致一些纠纷。

显然，"先旅游后付款"是否行得通，首先在于游客满意度不能是"公说公有理婆说婆有理"。换言之，满意度必须有一个可以量化的刚性的标准。因此，现在推出这个旅游形式的上海大通旅行社，正是着力于满意度的可操作性，比如游客在和旅行社签订旅游合同时，会附有一份承诺书，包含"岸上观光游览承诺""游轮承诺""服务承诺"和"用餐承诺"在内的4项共16条服务承诺。如果两项以上不达标，游客可以拒绝付款。这就在满意度的认定上，减少了对旅行社有利的模糊性，也让纠纷有了公正评判的依据。

如果推出"先旅游后付款"是为了消除游客对出游质量的担忧，那么就必然有让游客放心的设计，以确保"先旅游后付款"真正有利于游客，并以此推进旅游市场的健康发展，从而提高旅游质量的整体水平。这样的"先旅游后付款"，于旅行社显然是自信的表示，因此必然是行得通的。而如果本来就不过是忽悠消费者的卖点，不仅行不通，反而有可能损害游客利益。

（选自《中国旅游报》，2014年2月21日第2版，有改动）

**回答问题：**
1. "先旅游后付款"是什么样的消费模式？
2. "先旅游后付款"为什么现在还没有成为主流？
3. 怎样才能让"先旅游后付款"行得通？

阅读三（字数约930字；阅读与答题参考时间10分钟）

## 旅游走向国际化　关键要保留民族原生态文化和生态

全国人大代表、贵州省黔东南州州长廖飞谈到旅游如何走向国际化的话题时，曾指出：

"最关键的问题就是要保留我们民族原生态文化和生态这个根。"

"贵州要与全国同步,全面建设小康社会,重点在农村,关键在农民。"这在当地已经达成共识。

据了解,近些年来,贵州各地努力把农民求富、求学、求美的愿望变成现实,目前"四在农家"已有16000多个创业点,覆盖9000多个村,占全省行政村总数的10%,受益群众达到1500多万人,在全国产生了较好的影响,成为贵州社会主义新农村建设的一张名片。

2013年5月份以来,贵州省政府研究制定"四在农家·美丽乡村"基础设施建设六项行动计划,即建设小康路、小康水、小康房、小康电、小康讯、小康站。通过创建活动,黔东南州涌现出一大批富裕祥和的美丽村庄。

"建设美丽乡村,我们不仅是让它外观好看,我们还希望通过一系列的改造,使得它能够成为乡村旅游很好的典型。"廖飞说。

那么,该如何打造有特色的典型呢?

在中国少数民族文学学会侗族文学分会副秘书长、教授傅安辉看来,黔东南州少数民族人口占全州总人口的80%,是全国少数民族人口比例最大的自治州。很多专家学者经过考察之后,建议把该自治州列为民族文化遗产的富矿区。"在这样一个自治州里建设美丽乡村,需要充分利用我们的优势,突出民族特色与旅游功能。"

在廖飞的心里,已经有了很清晰的定位,那就是紧紧抓住"生态和文化"不放手。尤其是,在当前旅游逐步走向国际化的过程中,"最关键的问题就是要保留我们民族原生态文化和生态这个根",把建设美丽乡村与发展特色旅游紧密结合在一起。

"越是民族的就越是世界的。实际上这句话意味着我们要找一些差异化的地方。黔东南的生态与文化便是我们能够找到的差异化的点。所以说在旅游开发的过程中,这两个基本点我们要抓住。"廖飞这样分析。

具体来说,美丽乡村与发展特色旅游是相辅相成的。在自然环境生态美方面,要考虑到黔东南苗族侗族传统生态美的继承和对外的展示;在美丽乡村的村容特色美方面,则要突出民族文化,突出特色。

民族文化艺术,在美丽乡村里得到很好的继承,既有利于旅游业的发展,更使得文化艺术资源转变成经济效益。黔东南州选择的发展途径,对全国来说都很有借鉴意义。

(选自人民网,2014年3月13日,有改动)

**判断正误:**

1. 廖飞认为,旅游走向国际化最关键的问题就是要保留民族原生态文化和生态。( )
2. 建设美丽乡村,主要是指乡村的基础设施建设。( )
3. 黔东南独特的生态与文化是建设美丽乡村和发展特色旅游的基础。( )
4. 建设美丽乡村和发展特色旅游是两回事。( )
5. 黔东南发展特色旅游的方法值得全国借鉴。( )

# 第三课　家庭"四大件"的变化

**背景知识**　中国家庭的消费水平先后经历了四个阶段的变化：1. 20世纪50～70年代，"自行车、缝纫机、手表、收音机"是"30年不变"的第一代"百元级"的"四大件"；2. 从20世纪80年代到90年代中期，"冰箱、彩电、洗衣机、录音机"成为第二代"千元级"的"四大件"；3. 到了90年代后期，"空调、电脑、手机、汽车"成为第三代"万元级"的"四大件"；4. 进入21世纪以来，家庭消费已突破有限的几大件，具有个性化与多样化的特点。

## 词语表

**1　四大件**　sìdàjiàn

在中国80年代，人人都希望自己家里能有"四大件"。

对四种重要的商品的简称

The 'four bigs' – refers to the products that have functioned as status symbols at different periods during China's economic development over the past thirty or forty years. Numerical designations of this kind are extremely common in Chinese culture (for example, 'the four olds', 'the ten famous teas', 'the five sacred mountains' etc.)

一般庶民が買いたいと思う四大商品＜中国の経済発展の指標として用いられる＞

4대 중요 상품의 약칭

2. 概括　gàikuò　（动）
概括主要内容 / 请你概括一下这篇文章的主要内容。

总结事物的共同点；总括
to sum up, to summarise
総括する
요약하다, 총괄하다

3. 是否　shìfǒu　（副）
你是否还记得我？

是不是
whether (or not)
〜であるかどうか
〜인지 아닌지

4. 拥有　yōngyǒu　（动）
他拥有一个幸福的家庭。

领有；具有（大量的土地、人口、财产等）
to possess, to own
持つ, 持っている
소유하다

5. 评价　píngjià　（动）
他不想评价这部电影。

评定价值高低
to value, to put a value on (something)
評価する,（優劣、高低などを）決める
평가하다

6. 以至　yǐzhì　（连）
要学会游泳，必须十几次、几十次以至百次的反复练习。

表示在时间、数量、程度、范围上的延伸
up to; even
（種類、程度、数量の上限と下限を定めて）〜からさては…まで
〜까지, 〜에 이르기까지（작은 것에서 큰 것, 적은 것에서 많은 것, 얕은 것에서 깊은 것, 낮은 것에서 높은 것으로 발전, 혹은 상반되는 방향으로 발전）

7. 缝纫机　féngrènjī　（名）
你会用缝纫机做衣服吗？

用来做针线活的机器
sewing machine
ミシン
재봉틀

8. 上升　shàngshēng　（动）
数量上升 / 来中国留学的外国学生数量上升很快。

指等级、程度、数量等升高或增加
to rise
（程度、数量などが）上がる, 増える
상승하다

| 9 | 类型 | lèixíng | （名） | 种类 |

各种类型 / 那家店卖各种类型的衣服。

kind, type
類型，種類
유형，종류

| 10 | 变动 | biàndòng | （动） | 变化（多指社会现象） |

多次变动 / 在过去五年，他的手机号码多次变动。

to change
変わる
변동되다，변화하다

| 11 | 新型 | xīnxíng | （形） | 新式；新的类型 |

新型汽车 / 这种新型汽车不再使用汽油，而是用电。

new type
新しいタイプの，新型の
신형

| 12 | 涉及 | shèjí | （动） | 关系到 |

这件事情可能涉及孩子的安全问题。

to involve, to relate to, to deal with
及ぶ，達する
관련되다，미치다

| 13 | 统计 | tǒngjì | （动） | 总括计算 |

统计人数 / 想参加运动会的同学请举手，我要统计人数。

to count
統計する
통계 합산하다

| 14 | 公布 | gōngbù | （动） | 公开发布，让大家知道 |

公布结果 / 明天学校会公布唱歌比赛的结果。

to proclaim, to make public
公表する
공표하다

| 15 | 突破 | tūpò | （动） | 打破；超出 |

突破限制 / 他终于突破了语言的限制，可以很好地和中国人聊天了。

to break or smash (a previous record, etc.); to break through; to exceed
乗り超える、突き破る
돌파하다

| 16 | 有限 | yǒuxiàn | （形） | 表示数量不多、程度不高 |

时间有限 / 我的时间有限，你有事的话快说。

limited
限られている，わずかである
유한하다（수량이 많지 않거나 정도가 높지 않음을 나타냄）

| 17 | 个性 | gèxìng | （名） | 个人特有的气质、兴趣、性格等特征的总和 |

有个性 / 他很有个性，想法多和别人不一样。

personality
個性
개성

**18** 品质　　pǐnzhì　　　　　　　（名）

牛奶的品质 / 这种牛奶的品质不错。

产品的质量
quality
品質
품질

**19** 优质　　yōuzhì　　　　　　　（形）

优质的服务 / 我们公司会为您提供优质的服务。

优良
high quality (as an adjective can mean 'superior')
優良の
우수한

**20** 信息　　xìnxī　　　　　　　　（名）

发出信息 / 她这么做，是在向我发出信息：她不喜欢我。

音信；消息
news, information
情報，ニュース
소식, 정보

**21** 潜力　　qiánlì　　　　　　　（名）

潜力很大 / 在学习语言方面，你有很大的潜力。

潜在的力量
potential
潜在力
잠재력

**22** 居民　　jūmín　　　　　　　（名）

城市居民 / 现在很多城市居民都喜欢到郊区过周末。

在一个地方固定居住的人
residents
住民
주민

**23** 销售　　xiāoshòu　　　　　　（动）

他的工作就是在那里销售房子。

卖出（商品）
to sale
販売する
판매하다

**24** 额　　　é　　　　　　　　　（名）

销售额 / 今年我们公司的销售额上升了很多。

指限定的数目；定数
sum, amount, figure, total
額
액，일정한 수량

**25** 幅度　　fúdù　　　　　　　　（名）

大幅度 / 他的汉语水平有很大幅度的提高。

比喻事物发展变化的大小程度
rate (of rise or fall)
（変動の）幅，割合，度合い
폭

**26** 带动　　dàidòng　　　　　　（动）

带动经济发展 / 旅游业可以带动经济发展。

引导着前进
to lead to (progress, improvement)
導く
이끌다

27 私家车　　　sījiāchē　　　　　（名）　　　私人购买的汽车
　　　城市中很多家庭都有私家车。　　　　　　private car
　　　　　　　　　　　　　　　　　　　　　　自家用车
　　　　　　　　　　　　　　　　　　　　　　자가용

## 课文导入

1. 在你们国家，评价个人财富和社会地位的标准是什么？

2. 你如何看待用"四大件"等标准来评价个人财富和社会地位？

## 家庭"四大件[1]"的变化

### 唐　均　张时飞

从20世纪50年代以来，中国人习惯将一些重要的家用消费品概括[2]成"四大件"，同时，是否[3]拥有[4]"四大件"也就成为评价[5]个人财富以至[6]社会地位的标准。

上个世纪的50～70年代，"自行车、缝纫机[7]、手表、收音机"是"30年不变"的第一代"四大件"，其消费水平基本上是"百元级"的。从80年代到90年代中期，随着人民生活水平的不断提高，"四大件"第一次发生改变，"冰箱、彩电、洗衣机、录音机"成为人们新的追求目标，其消费水平也上升[8]到了"千元级"。

到了90年代后期，"四大件"的类型[9]再次发生变动[10]，由新型[11]产品"空调、电脑、手机、汽车"组成，消费水平再次升级，已经涉及[12]"万元级"的家用消费品。

于是，国家统计[13]局公布[14]，自2002年1月起，我国居民消费水平的计算方法已作出重大修改，汽车、电脑、手机等价钱较高的商品被列入消费水平的统计范围。

进入新世纪以来，居民家庭消费的注意力已经突破[15]有限[16]的几大件，而且更重视个性[17]和享受。即使是通常被看成生活必需品的食品和服装，也要追求高品质[18]。上酒楼饭店消费越来越平常。家用消费品，如彩电、空调、手机、电脑都在不断地升级换代，人们追求优质[19]产品和服务。

据国家统计局提供的信息[20]，目前最具发展潜力[21]的六大消费领域是：

1. 住房消费。两年前，城市居民[22]家庭住房自有率已达到77%。而去年全国商品房销售[23]额[24]继续增长，增长的幅度[25]超过40%。住房消费还带动[26]了住房装修、家具、家电等的相关消费。

2. 汽车消费。如今，中国越来越多的城镇家庭拥有了"私家车[27]"。

3. 通信及电子产品的消费。近些年来一直以月平均20%以上的速度增长。

4. 文化教育消费。

5. 节假日及旅游消费。

6. 服务性消费。

（全文字数：约700字）

（节选自《北京青年报》，略有改动）

## 注释

① 是否拥有"四大件"也就成为评价个人财富以至社会地位的标准。

[解释] 以至：直到。表示在时间、数量、程度、范围上的延伸。

[例句] ① 遇事要积极思考，要想到问题的两面、三面以至多面。
② 我们谈论的内容很广，自人类社会以至天地、宇宙，无所不包。
③ 实践、认识、再实践、再认识，这种形式，循环往复以至无穷。

② 随着人民生活水平的不断提高，"四大件"第一次发生改变，"冰箱、彩电、洗衣机、录音机"成为人们新的追求目标，其消费水平也上升到了"千元级"。

[解释] 随着：跟着。多用于表示较长时间的过程，后边不能是单个的词。

[例句] ① 随着我汉语水平的不断提高，我能看懂的中国电影越来越多了。
② 随着期末考试的结束，幸福的暑假又要来了。
③ 随着人民生活水平的提高，越来越多的人选择去国外旅游。

③ 自2002年1月起，我国居民消费水平的计算方法已作出重大修改，汽车、电脑、手机等价钱较高的商品被列入消费水平的统计范围。

[解释] 自……起：从……起。表示时间的起点。

[例句] ① 自2001年起，他把更多的时间和精力放在了工作上。
② 自2004年1月起，我们公司开始制造这种新型汽车。
③ 自进入大学校门起，他就一边努力学习一边工作。

## 报刊长句

从 20 世纪 50 年代以来，中国人习惯将一些重要的家用消费品概括成"四大件"，
　　　　　　　中国人　　将　　　　家用消费品概括成"四大件"，
同时，是否拥有"四大件"也就成为评价个人财富以至社会地位的标准。
　　　　是否拥有"四大件"　　成为评价　　　　　　　　　　标准。

## 读报小知识

### 中国通讯社

中国现在有两家通讯社：新华通讯社（简称"新华社"）和中国新闻社（简称"中新社"）。

新华社是中国国际通讯社，总社在北京，在全球 100 多个国家和地区设立了分社。新华社向国内各报纸、广播电台、电视台提供新闻和新闻图片，并用多种语言向国外发布新闻和新闻图片。新华网，是新华社主办的中国最大的具有全球影响力的国家重点网站。新华网"融汇全球新闻信息、网络国内国外大事"，通过中（简、繁体）、英、法、西、俄、阿、日等语言，24 小时不间断发布全球新闻，独家报道世界各地热点消息，第一时间追踪突发事件，深度分析评论焦点话题。每日发布的中外文最新新闻信息超过 180 万字，是名副其实的"网上新闻信息总汇"。新华网网址为：http://www.xinhuanet.com。

中新社是主要为海外华侨提供新闻和新闻图片的中国通讯社。经过五十余年的建设与发展，中新社已具可观的规模。其总社设在北京，在全国各省、自治区、直辖市和香港、澳门特别行政区设有分社，在美国、加拿大、日本、澳大利亚、泰国、马来西亚、法国、英国等国家设有分支机构。作为综合性的国家通讯社，中新社有现代化和多样化的新闻传播方式，每天向海外播发大量新闻、专稿和图片，内容包括政治、经济、科教文卫、社会生活、港澳台新闻，文稿风格轻松活泼，特色鲜明，广受欢迎。目前，海内外数百家新闻传媒采用中新社文稿。中新社是亚洲上网最早的中文媒体。www.chinanews.com 于 1995 年在香港上网。1999 年 1 月 1 日，中新社北京总社开办中国新闻网，网址为：www.chinanews.com.cn。中新网保持中新社"国际视角＋亲和力"的报道风格，新闻资讯内容准确、丰富、时效强，文风轻松活泼，受到广大网友，特别是网络、新闻和财经专业人士的欢迎。

## 练 习

一　课外阅读近期中文报刊上的文章，把你喜欢的一篇剪贴在笔记本上，阅读后写出摘要，并谈谈你的观点。

## 二 画线连词

| | | | | |
|---|---|---|---|---|
| 销售 | 结果 | | 突破 | 数字 |
| 公布 | 消费 | | 拥有 | 内容 |
| 带动 | 关系 | | 统计 | 财富 |
| 变动 | 商品 | | 概括 | 限制 |

## 三 选词填空

> 拥有　　以至　　随着　　公布　　自……起
> 突破　　销售　　带动　　是否　　评价

1. 熟练的技能是经过十次、百次_____上千次的练习才能获得的。

2. _____1995年_____，国家实行五天工作制，1999年又实施春节、"五一""十一"三个7天长假日，全年节假日休息时间从7天增加到10天，加上周末双休日，全年假日时间已达114天。

3. _____青春期的到来，年轻人会更关注和探索内心世界，把过去的生活经历和对未来的理想融入正在发展的自我当中。

4. _____一个和平安定的生活环境，是全世界所有热爱和平的人民的共同愿望。

5. 复旦大学青年研究中心日前_____的《2002～2003年上海大学生发展报告》显示，上海大学生认为影响毕业求职的要素中，学校名气位列首位。而这一因素在2000年的调查中，还排在专业和学习成绩之后。

6. 人们在_____一份工作是否满意时，职业兴趣在其中的影响力所占比重越来越大。

7. 有关资料显示，近两年来，中国每年电脑_____上千万台，未来5至10年的年增量更被业内人士估计为25%左右。

8. 学生最终选择在哪里就业，首先是看_____有发展前景，沿海地区最有吸引力的是开放意识和先进管理制度等软环境。

9. 如果你是一个领导者，对工作的每一个步骤都非常热心，将会影响和_____你周围的人。

10. 2003年3月出版的《写给小读者》系列丛书在进行全国市场推广之前,一个地区的发行量就已经_____3万本。

### 四 概括下面这段话的主要内容

　　上个世纪的50～70年代,"自行车、缝纫机、手表、收音机"是"30年不变"的第一代"四大件",其消费水平基本上是"百元级"的。从80年代到90年代中期,随着人民生活水平的不断提高,"四大件"第一次发生改变,"冰箱、彩电、洗衣机、录音机"成为人们新的追求目标,其消费水平也上升到了"千元级"。

　　到了90年代后期,"四大件"的类型再次发生变动,由新型产品"空调、电脑、手机、汽车"组成,消费水平再次升级,已经涉及"万元级"的家用消费品。

### 五 将下列各句组成一段完整的话

A "四大件"第一次发生改变

B 随着人民生活水平的不断提高

C 从80年代到90年代中期

D "冰箱、彩电、洗衣机、录音机"成为人们新的追求目标

E 其消费水平也上升到了"千元级"

正确的语序是:（　　）（　　）（　　）（　　）（　　）

### 六 根据课文内容选择正确答案

1. 上个世纪的50～70年代,"30年不变"的第一代"四大件"是_____。

　　A 冰箱、彩电、洗衣机、录音机　　B 自行车、缝纫机、手表、收音机

　　C 空调、电脑、手机、汽车　　　　D 住房、汽车、手机、电脑

2. 从20世纪50年代到90年代后期,"四大件"类型先后发生过_____变化。

　　A 一次　　　　　　　　　　　　　B 三次

　　C 两次　　　　　　　　　　　　　D 四次

3. 目前中国最具发展潜力的六大消费领域并不包括_____。

　　A 住房　　　　　　　　　　B 汽车

　　C 电脑　　　　　　　　　　D 服装

4. 本文的主要内容是介绍_____。

　　A 50～70年代中国人的消费水平很低　　B 中国的商品越来越丰富

　　C 中国家庭重要消费品的变化　　　　　D 中国人对生活越来越满意

**七 尽量使用以下词语进行话题讨论**

| 拥有 | 以至 | 随着 | 公布 | 突破 | 自……起 |
|------|------|------|------|------|--------|
| 销售 | 带动 | 是否 | 评价 | 个性 | 品质   |

1. 中国家庭"四大件"变化的原因是什么？

2. 课文中"最具发展潜力的六大消费领域"中，哪一领域会发展最快？可结合自己国家的情况具体谈谈。

## 快速阅读

阅读一（字数约790字；阅读与答题参考时间9分钟）

### 家庭年关消费新选择

　　春节临近，想不想"马上有钱？""马上旅游？"……为了满足更多市民在百货、汽车、家电、家居、旅游等方面不断提升的消费需求，不少银行相继推出了综合消费贷款。中信银行近期推出的"房抵贷"就属于这类综合消费贷款产品。

　　据中信银行相关人员介绍，"房抵贷"很适合作为家庭消费的整体解决方案。申请时，一次性提交材料，审批通过后相当于获得一个消费大钱包，每次使用无需再逐笔审批，额度还能循环使用。对于有按揭房屋又已还款一段时间的客户来说，使用这个产品更加方便，不仅可以把已还的房贷重新贷出来用于春节期间各种购物消费，还可将闲置资金继续投资理财，做到消费、理财两不误。

　　此外，除了旺盛的购物需求，春节期间选择全家出境游更是成为一种时尚。据了解，受新《旅游法》颁布及销售旺季影响，今年春节出境游价格与平常相比上涨了30%～50%。即便如此，今年春节境外游还是比往年火爆，已提前进入高峰期，出境游报名人数也比往年多出了50%。为了抢抓春节客源，多家旅行社都推出了有特色、有个性的小包团和自由行产品，主要就是针对春节黄金周家庭旅游市场。

家庭选择出境旅游及消费，无论是去东南亚海岛还是欧洲各国，人均费用均在2万元以上，再加上在当地的餐饮和休闲费用支出，一家三口去趟澳洲或者马尔代夫，不算购物就要花费10万元左右。需要一次性支付这样一笔数目不小的现金，信用卡额度往往不够。中信银行"房抵贷"为有房家庭提供了另一个选择——办理"房抵贷"来满足大额消费需求，已办理客户可使用额度支付费用，30万以下可以直接刷卡自助支付。

据了解，在新的一年，中信银行将携手旅行社开展一系列活动，为游客们提供更优惠的旅游方案。不仅如此，中信银行"房抵贷"还可以满足消费者按揭买房、购车、装修、教育、医疗、旅游等家庭生活用途的消费需求。贷款额度不仅最高可以达到抵押评估值的九成，而且期限最长可达30年。

（选自《大河报》，2014年1月10日第B19版，有改动）

**回答问题：**
1. 为什么银行会推出综合消费贷款产品？
2. 今年春节境外旅游有什么特点？
3. "房抵贷"可以满足消费者的哪些需求？

### 阅读二（字数约1170字；阅读与答题参考时间9分钟）

## 农村与城市消费差别逐渐缩小

2014年，中国老百姓最想买什么？城市居民和农村居民的消费观念有何不同？全民网购能否拉动消费升级？

由中央电视台财经频道联合国家统计局、中国邮政集团公司于2006年发起的"中国经济生活大调查"（下称"大调查"），以每年10万张明信片问卷的方式，调查10万个中国家庭的宏观经济感受、消费投资行为与预期、民生困难和幸福感。该调查的问卷回收率连续8年超过80%，2014年为83.7%。近日，《中国经济生活大调查2013～2014》发布。

### 农村和城市的消费差别在缩小

2014年政府工作报告中明确提出，要增加内部消费需求，拉动经济发展。"大调查"专家、国家统计局经济景气监测中心副主任潘建成告诉记者，从调查结果看，人们对2014年的收入预期比较乐观，大家认为2014年收入会继续保持增长，而且农民收入这几年增长比较快，对整个消费、整个经济起到了积极的拉动作用。

"大调查"数据显示，2013年受访家庭已经购买的消费品或消费性服务（包括旅游、健身、保险、教育培训、保健养生、租车服务、文化娱乐等），前三位分别是：家电（53.1%）、电脑等数码产品（41.9%）、旅游（28.6%）；2014年前三位分别是：家电（36.7%）、旅游（33.8%）、电脑等数码产品（30.8%）。其中旅游的消费意愿增长明显，同比提高18.2%。

从城乡差异看，在计划购买的消费品或消费性服务类别和排序上，农村和城市差别逐渐缩小。比较明显的表现是，2011年起农村汽车消费意愿稳步增长，主要推动力来自进城务工人员。胡大源告诉记者，这说明随着城镇化的推进和农村发展，农村消费潜力正在不断释放。

综合近3年的消费意愿，农村在家电、电脑等数码产品、保险等领域的消费意愿均已超过城市。特别值得关注的是，在租车市场和奢侈品方面，农村表现出了比城市更强的消费意愿。

### "网购拉动消费升级"尚需观察

"大调查"数据显示，2013年有网购经历的家庭高达81.52%。喜欢网购的多为18至25岁的年轻人，城乡居民比例差别不大，78.6%的农村受访者有过网购行为，83%的城市受访者有过网购行为。2013年网上购买的商品前三位分别是：服装（52.2%）、书籍（28.7%）、家电数码（27%）。

综合近5年的调查结果，"大调查"专家、北京第二外国语学院中国闲暇经济研究中心主任魏翔告诉记者，在"您家计划购买的消费品或消费性服务"的选择中，旅游保持了5年来的稳步上升，教育培训、保险两项消费性服务提升也较为明显，显示出受访家庭消费升级的趋势。他表示，对消费升级趋势应保持谨慎的乐观。尽管消费方式发生变化，全民网购渐成趋势，但这并不能完全拉动消费升级。

值得注意的是，排在网购前三位的大多仍是低价产品。

从整体消费意愿看，近5年来，排在居民购买意愿前三位的消费品始终是家电、旅游等"老几样"。

专家表示，综合来看，简单依靠消费方式向网购转变，是否能拉动消费升级，应继续观察。促进内需，依然要坚持大力发展实体经济，平衡各地经济发展，缩小城乡差距，拉动农村消费。

（选自《兰州日报》，2014年3月26日，有删改）

**回答问题：**
1. "大调查"显示2014年的消费意愿比起2013年有什么较明显的改变？
2. 为什么农村和城市的差别在逐渐缩小？
3. 专家怎么看"全民网购的趋势实现消费升级"？

阅读三（字数约1100字；阅读与答题参考时间12分钟）

## 居民文化消费现状调查：八成被访者最盼去旅游

北京市统计局、国家统计局北京调查总队公布的一项居民文化消费现状调查显示：2008至2013年间，北京城镇居民人均团体旅游消费年均增长21.5%。在时间、收入充分的情况下，最希望外出旅游的被访者占82.3%，比排第二位的健身运动高出50%。

### 人均旅游消费年增两成

调查显示，以休闲娱乐、教育、旅游为代表的娱乐型、智力型、发展型文化消费已经成为居民生活的重要组成部分。其中，旅游、健身等文化消费快速兴起，表现出巨大的发展潜力。2008～2013年，城镇居民人均团体旅游和健身活动年均增长分别是21.5%和18.5%；农村居民人均旅游消费支出年均增长21.8%，均明显高出平均水平。

除了传统的看电视、读书看报和游览公园外，网络文娱活动和外出旅游已经成为居民文化消费的主要内容。值得关注的是，在时间和收入充分的情况下，最希望外出旅游的被访者占82.3%，远高于其他类型文化消费活动。

### 旅游成为减压"利器"

"人的一生中总要有一次想走就走的旅行。"最近这句话在网上格外抢眼。为何人们如此喜爱旅游？据统计专家分析，以北京为代表的大城市生活节奏快、工作压力大、人际关系复杂，这使都市人都患有不同程度的"城市病"。

在调查中，有48.9%的被访者将文化消费当作"缓解压力"的重要途径。

### 三成居民每天上网超2小时

看书读报不再是唯一的文化消费方式，目前随着网络的普及和流行，网络参观游览、网络阅读、在线观看最新影视作品等网络文化消费方式正对传统文化消费方式提出巨大挑战。

文化消费调查显示，近三分之一的居民每天在家上网进行文化娱乐的时间达到2小时以上，近两成的居民上网时间达到1～2小时，上网进行文娱活动的时间远高于读书看报的时间。

不过，调查发现，电视仍是居民获取文化消费信息的最主要的手段，通过其获取信息的被访者比重达到90.2%。

### "高科技"改变人们生活习惯

统计专家表示，随着信息技术的快速发展，互联网凭借其迅速、便利、超时空的传递方式改变着人们的文化消费习惯。

数据表明，2012年北京城乡居民家庭每百户分别拥有电脑112台和67台，比2005年增长25.8%和86.1%；互联网宽带接入用户数达到572万户，比2005年增长1.5倍。再加上近年来智能手机的普及，都为居民上网提供了"硬件"保障。

超八成的被访者表示生活中需要文化消费，其中超六成被访者表示文化消费已经成为他们日常生活不可或缺的组成部分。尤其是城镇居民和高学历者对文化消费的态度更加积极。

文化消费所占比重的不断提高体现了现代人对精神文化的注重，但消费次数相对而言却并不多。对于居民喜爱的外出旅游活动，仍有32.5%的被访者表示没有旅游活动。而对于欣赏演出、参观展览等文化消费活动，也有一半以上的被访者表示从未参加，即便参加过，次数也以每年1次居多。

（选自华夏经纬网，2014年3月25日，有改动）

**判断正误：**

1. 调查显示，越来越多的人希望以外出旅游的方式进行消费。　　　　（　　）
2. 文化消费是新兴的消费方式。　　　　　　　　　　　　　　　　（　　）

3. 文化消费就是指旅游和健身。（　）
4. 旅游可以起到很好的缓解压力的作用。（　）
5. 网络已经取代了传统消费方式，成为获得文化信息最主要的手段。（　）
6. 互联网和智能手机的普及促进居民改变文化消费习惯。（　）
7. 文化消费活动次数并不高，说明现代人对文化消费并不那么注重。（　）

# 第四课　面对全新的网络时代

## 背景知识

网络文化具有多变性、时尚性、开放性、虚拟性（不真实性）等特点，随着计算机的进一步普及和上网人数的增加，网络文化在人们日常生活中的影响越来越大，它在带给人类全新的方便与好处的同时，也对人们以往的生活方式带来全新的挑战，如网上的色情文化、暴力文化、黑客现象等，给社会带来种种危害。这需要新的网络伦理与网络法律来制约网络文化，从而使网络文化朝着更有益于人类社会健康的方向发展。

## 词语表

1. 争论　　　zhēnglùn　　　（动）
争论问题 / 你们别再争论这个问题了，听听老师是怎么说的。

各自坚持自己的观点，相互辩论
to debate; controversy (can also be used as a verb meaning 'to engage in controversy')
議論し合う
논쟁하다 ( 의견이 다른 사람들이 각자 의견을 주장함 )

2. 网吧　　　wǎngbā　　　（名）
他每天放学后都先去网吧玩几个小时游戏。

提供各种上网服务的营业性场所
internet bar / cafe
インターネットカフェ
PC 방

3. 时髦　　　shímáo　　　（形）
赶时髦 / 我也想赶时髦，买个 iPhone 手机。

形容人的装饰衣着或其他事物新颖入时
fashionable, trendy
流行の
유행하다, 현대적이다

**4  新新人类** xīnxīnrénlèi （名）
你别以为走到哪里都带个笔记本电脑就是新新人类了。

指更喜欢标新立异和追求刺激的一类人
'trendsetter'
流行を追う人
신인류, 가장 현대적인 젊은이들

**5  侵犯** qīnfàn （动）
侵犯尊严 / 你这么做侵犯了我的权利！

非法干涉别人，损害其权利
to violate
侵害する
침범하다 ( 다른 사람의 권리를 훼손하다 )

**6  产权** chǎnquán （名）
知识产权 / 知识产权包括两个主要部分：工业产权和版权。

以物质财富或精神财富为对象，直接与经济利益相联系的民事权利
literally 'rights of the producer'
知识产权 means 'intellectual property rights'
財産権
재산권

**7  实力** shílì （名）
有实力 / 她是一名很有实力的运动员。

实际的力量
(actual) strength
実力
실력, 힘

**8  指标** zhǐbiāo （名）
销售指标 / 我觉得我可能完不成今年的销售指标了。

规定要达到的目标
target
指標
지표, 목표

**9  结构** jiégòu （名）
社会结构 / 过去十年，那个国家的社会结构有了很大改变。

指各个部分组成整体的结合方式
structure
構造, 構成
구조

**10  运行** yùnxíng （动）
正常运行 / 我的电脑不能正常运行了，你帮我看看。

运转
to operate, to run
巡り回る, 動く
운행하다

**11  从而** cóng'ér （连）
大家都应该少开车，从而减少环境污染。

因此就
thus
それによって
따라서, 그리하여

12  引起　　**yǐnqǐ**　　（动）
引起注意 / 那部电影引起了他对国外留学生活的向往。

一种事情、现象、活动使另一种事情、现象、活动出现
to cause, to arouse, to trigger
引き起こす
야기하다, 일으키다

13  截止　　**jiézhǐ**　　（动）
截止到…… / 截止到今天，已经有五个人报名参加这次活动。

（到一定期限）停止
by (the end of a period, or deadline)
締め切る
마감하다

14  反映　　**fǎnyìng**　　（动）
这部小说反映了现实的生活和斗争。

把客观事物的实质表现出来
to reflect
（客観的に事物の本質を）反映する,物語る
반영하다

15  然而　　**rán'ér**　　（连）
我以为我和他已经是很好的朋友了，然而他却说他和我不熟。

表示转折
but, however, on the other hand
しかし,しかしながら
그러나, 그렇지만

16  有益　　**yǒuyì**　　（形）
据说，多吃苹果对身体健康有益。

有好处；有帮助
beneficial
有益である
유익하다, 도움이되다

17  自身　　**zìshēn**　　（名）
自身的问题 / 这是你自身的问题，不能怪别人。

自己（强调非别人或别的事物）
-self (oneself)
自身,自分
자신

18  造成　　**zàochéng**　　（动）
造成伤害 / 这件事对我造成了很大的伤害。

导致；以致
to result in, to lead to, to bring about
（多くはよくない結果を）引き起こす,もたらす
조성하다, 만들다

19  消极　　**xiāojí**　　（形）
他的话对我产生了一些消极影响，我有点儿怀疑我做得到底对不对。

否定的；反面的；阻碍发展的
negative
マイナスである,否定的である
부정적이다, 소극적이다

20  展现　　**zhǎnxiàn**　　（动）
展现实力 / 我一定要在这次比赛中展现实力，取得冠军！

清楚地显现出来
to introduce (someone) to…; to set before (someone's) eyes; to present (someone) with a vision of…

现す,展开する

펼치다, 뚜렷하게 나타내 보이다

21 游戏　　yóuxì　　（名）
玩游戏 / 你别再玩游戏了，快点儿写作业吧。

文化娱乐活动
game
ゲーム
게임

22 暴力　　bàolì　　（名）
家庭暴力 / 一说到家庭暴力，人们往往会想到丈夫打妻子。

武力；强制的力量
violence
暴力, 武力
폭력

23 犯罪　　fànzuì　　（动）
犯罪率 / 那座城市的犯罪率很低。

做出危害国家和社会、依法应处以刑罚的事
to commit a crime
罪を犯す
죄를 범하다

24 黑客　　hēikè　　（名）
虽然他说他在一家电脑公司工作，但我听说他其实是一名黑客。

指通过互联网非法侵入他人的计算机系统查看、更改、窃取保密数据或干扰计算机程序的人
hacker
（コンピューターの）ハッカー
해커

25 攻击　　gōngjī　　（动）
攻击敌人 / 我一举手，你们就开始攻击敌人！

进攻
to attack
攻撃する
공격하다

26 威胁　　wēixié　　（动）
洪水正威胁着整个村庄。

使遭遇危险
to threaten
脅威を与える, 危うくする
위협하다

27 隐私　　yǐnsī　　（名）
尊重别人的隐私 / 你应该尊重别人的隐私，别偷看别人的手机。

不愿公开的个人的事
personal affairs (matters that one wishes to keep private)
プライバシー
사생활, 프라이버시

28 崭新　　zhǎnxīn　　（形）
崭新的衣服 / 她今天特地穿了一件崭新的衣服。

很新；最新
brand new
斬新である
참신하다, 아주 새롭다

29 尽快　jǐnkuài　（副）

我找你有急事，请你收到邮件后尽快联系我。

尽量加快
as quickly as possible
できるだけ早く
되도록 빨리

## 课文导入

1. 你如何看待网络文化的有利与不利的地方？
2. 如何才能减少网络文化带来的危害？

## 面对全新的网络时代

在各种媒体上，越来越多地出现这样的争论[1]：网吧[2]似乎成为了一种最时髦[3]的文化消费场所，一个"新新人类[4]"的诞生地；网上聊天可能成为婚外感情的表达空间；网络文章，可能成为侵犯[5]作者知识产权[6]的危险地带……网络已经成为当今社会各方高度关注的领域。

20世纪90年代以来，互联网在世界范围内的迅速发展，对各国的政治、经济、社会、文化等领域产生了巨大而深远的影响。信息网络化的发展水平已经成为评价一个国家现代化水平和综合实力[7]的重要指标[8]之一。高科技不仅改变着社会结构[9]和经济运行[10]方式，而且还改变着人们的心理状态和行为方式，从而[11]引起[12]了人们生活方式的变化。

全国互联网络调查统计报告显示：截止[13]到今年6月，我国上网计算机总数与上网用户总数均已大幅增长。

一种被称为网络文化的东西产生了。网络文化作为一种独特的社会文化现象，深刻地反映[14]着社会变化，展现出社会心理的丰富多样。然而[15]，网络文化并不是完全有益[16]无害。如果使用合理，网络便能给人们的生活带来效率与快乐；如果使用不合理，网络则会对人们自身[17]造成[18]消极[19]影响甚至危险。

一方面，网络为人们展现[20]了一种全新的文化空间。人们在网上工作、学习、查询、购物、聊天、游戏[21]等，每一事物或活动都会使人感受到与以往生活世界不大一样的体会。另一方面，网络文化在使人们的交流或互动异常开放的同时，也给以往的法律、道德带来种种难题。

在众多的网络信息中，危害性最大的是各种有毒文化：展现色情、暴力[22]的网络"色情文化""暴力文化"给网民带来各种消极影响，甚至使一些人走上犯罪[23]道路。另外，网络"黑客[24]现象"也具有较大危害性。黑客未经允许进入计算机信息系统，对系统进行攻击[25]，甚至利用计算机病毒破坏部分系统或全部网络，这已经成为威胁[26]国家安全、商业秘密和个人隐私[27]的严重犯罪问题。

人类世界正在进入信息网络化时代。它所提供的世界是崭新[28]的，因此，对这个在很大程度上超出传统法律和伦理限制范围的领域，应该尽快[29]建立与完善一种崭新的网络伦理和网络法律。这已经成为一种时代要求。

（全文字数：约850字）

（节选自《北京青年报》，略有改动）

## 注 释

**1** 高科技不仅改变着社会结构和经济运行方式，而且还改变着人们的心理状态和行为方式，**从而**引起了人们生活方式的变化。

[解释] 从而：因此就。上文是原因、方法等，下文是结果、目的等。

[例句] ① 你说得对，我应该好好儿学习，从而实现自己成为一名科学家的梦想。
② 上课的时候老师总是在我回答问题后给我鼓励，从而使我更有信心了。
③ 在过去的一年里，大家工作都很努力，从而使公司发展得更好了。

**2** **截止到**今年6月，我国上网计算机总数与上网用户总数均已大幅增长。

[解释] 截止到："截止"后不能直接带时间宾语，如带宾语，后面必须加"到"。

[例句] ① 截止到今年6月，我们学校的留学生人数已经突破了5000人。
② 截止到上学期期末，我已经看了大概50本书。
③ 那部电影截止到上周末已获得了4500万元的票房成绩。

**3** **然而**，网络文化并不是完全有益无害。

[解释] 然而：表示转折。多用于书面。

[例句] ① 他们的实验虽然多次失败，然而他们并没有放弃。
② 这里的工作环境不太好，也很辛苦，然而大家都很努力。
③ 上小学的时候，他的成绩是班里最差的，然而现在他是所有同学中最成功的一个。

---

### 报刊长句

高科技不仅改变着社会结构和经济运行方式，而且还改变着人们的心理状态和行为
高科技　　改变　社会结构和经济运行方式，　　　改变　　　心理状态和行为
方式，从而引起了人们生活方式的变化。
方式，　　引起　　　　　　　变化。

> **读报小知识**

### 《人民日报》

　　《人民日报》是中国共产党中央委员会的机关报，是中国最具权威性、发行量最大的综合性日报，被联合国教科文组织评为世界十大主要报刊之一。《人民日报》有"国内版"和"海外版"。"国内版"是为中国内地读者服务的，在中国内地发行；"海外版"在美国、法国、日本的部分城市和中国香港地区发行，是为中国内地以外的读者服务的。人民网（www.people.com.cn 前身是人民日报网络版）也于1997年1月1日开始运行。

## 练 习

**一** 课外阅读近期中文报刊上的文章，把你喜欢的一篇剪贴在笔记本上，阅读后写出摘要，并谈谈你的观点。

**二 画线连词**

| 威胁 | 问题 | 反映 | 损失 |
| 侵犯 | 系统 | 造成 | 情况 |
| 攻击 | 产权 | 引起 | 范围 |
| 提出 | 安全 | 超出 | 争论 |

**三 选词填空**

　　从而　　截止到　　反映　　然而　　造成　　威胁　　侵犯

1. ＿＿＿＿＿目前，还没有一个关于电子垃圾如何回收、处理的法规，也没有一个部门对此负责。

2. 作为基本人权的一部分，生命权和财产权神圣不可＿＿＿＿＿。

3. 姚明还要"学会"犯规，＿＿＿＿＿保证在球队最需要自己的时候还能留在场上。

4. 生存是人最基本的需求，当生存受到了＿＿＿＿＿，其他方面的需求就变得不那么重要了。

5. _____西部地区人才流失的主要原因是西部地区的经济总体上比较落后，吸引和留住人才的大环境还没有完全形成。

6. 专家认为，由于网络的存在和报考政策的日益宽松，从表面上看考研完全是个人化的选择，_____其背后却有着深刻的社会因素。

7. 在901位农村高中生的梦想或理想中，涉及未来职业的有199个，占总数的22%，未来职业是梦想的第一大主题，这_____了农村高中生对这一问题有着较多的思考。

### 四 概括下面这段话的主要内容

一方面，网络为人们展现了一种全新的文化空间。人们在网上工作、学习、查询、购物、聊天、游戏等，每一事物或活动都会使人感受到与以往生活世界不大一样的体会。另一方面，网络文化在使人们的交流或互动异常开放的同时，也给以往的法律、道德带来种种难题。

在众多的网络信息中，危害性最大的是各种有毒文化：展现色情、暴力的网络"色情文化""暴力文化"给网民带来各种消极影响，甚至使一些人走上犯罪道路。另外，网络"黑客现象"也具有较大危害性。黑客未经允许进入计算机信息系统，对系统进行攻击，甚至利用计算机病毒破坏部分系统或全部网络，这已经成为威胁国家安全、商业秘密和个人隐私的严重犯罪问题。

### 五 将下列各句组成一段完整的话

1. A 从而引起了人们生活方式的变化

   B 而且还改变着人们的心理状态和行为方式

   C 高科技不仅改变着社会结构和经济运行方式

   正确的语序是：（    ）（    ）（    ）

2. A 如果使用合理

   B 网络文化并不是完全有益无害

   C 网络便能给人们的生活带来效率与快乐

   D 网络则会对人们自身造成消极影响甚至危险

   E 如果使用不合理

   正确的语序是：（    ）（    ）（    ）（    ）（    ）

## 六 根据课文内容选择正确答案

1. 网络在当今社会已经_____。

   A 不被关注　　　　　　　　B 不太被关注

   C 被关注　　　　　　　　　D 被高度关注

2. _____以来，互联网在世界范围内得到迅速发展。

   A 20世纪上半叶　　　　　　B 20世纪中叶

   C 20世纪90年代　　　　　　D 21世纪初

3. 网络文化作为一种独特的社会文化现象，_____反映社会变化。

   A 深刻地　　　　　　　　　B 很难

   C 难以　　　　　　　　　　D 能够

4. 本文的主要内容是介绍_____。

   A 网络带给我们的好处　　　B 网络带来的危害性

   C 网络带来一个有益也有害的全新时代　　D 人们越来越离不开网络世界

## 七 尽量使用以下词语进行话题讨论

| 从而 | 截止到 | 反映 | 然而 | 造成 | 威胁 | 侵犯 |
| 争论 | 网吧 | 时髦 | 有益 | 展现 | 攻击 | 消极 |

1. 你是从什么时候开始上网的？都利用网络做些什么？
2. 你认为网络对人类社会有哪些好处或不利的地方？

### 快速阅读

阅读一（字数约1070字；阅读与答题参考时间6分钟）

### 包容一下"喜大普奔"有什么不可以

今后，"喜大普奔""坑爹""酱紫"等网络流行语将与机关公文、学生教科书"绝缘"。从4月1日起，河南省启动实施《国家通用语言文字法》，国家机关公文、教科书不得使用不符合现代汉语词汇和语法规范的网络词汇。

"你们都给我站住，虽千万吾往矣"，这是出现在福州某中学作文里的句子，让老师百思不得其解。"亲，你大学本科毕业不？办公软件使用熟练不？英语交流顺溜不？驾照有木有？快来看，中日韩三国合作秘书处招人啦！"被网友认为是外交部官方微博的"外交小灵通"去年8月1日发布的一则"淘宝体"招聘启事引来众多网友关注，3个小时里被转发了4800多次。

近年来，随着网络的普及，各种玩笑的网络流行语越来越多地出现在我们的生活中。但由于缺少科学规范的引导，一些政府公文、宣传广告和青少年的作业甚至试卷当中，都用起了网络语言。对此，社会上看法众多。有人认为，公文是在公务活动中进行交际、传递信息的文书，表达应准确、规范；网络语言对汉语是一种污染，中小学生语言基础还不牢固，学生、学校应远离网络词汇。但在很多人眼中，这种清新的文风，亲民的语言，能有效地提升政府亲和力，拉近与群众距离；另外，语文课文的风格和内容应该多样化，让孩子获取更多的新鲜知识和词汇。

那么，究竟该如何面对这样的"网络语言"？其实，网络语言是对中国语言文化的扩展和补充，为中国语言注入了新鲜血液。世界在变化，时代在发展，新的词汇和语言现象自然会不断出现，我们必然要面对。而且，汉语一直处在不断更新的过程中，比如现在所使用的白话文，对于曾经的古文来说，也是新语言。只要是能让人理解的，有生命力的语言就能流传下去，而不能让人理解的语言，最后就会被淘汰。所以，对网络语言不要"一棍子打死"，在规范的前提下，应该以包容的态度去对待。

网络语言的确有自己的缺点，不严密，不规范，但它简洁生动，能吸引年轻人。对政府和官员而言，除了在日常工作中保持公文的准确规范之外，可以关注网络化的表达方式，利用好网络语言，这是与广大网友联络和交流的好方式。前面提到的"淘宝体"招聘启事，3个小时里被网友转发了4800多次，从一定程度上可以看出网友对这一语言风格的认可。

当前推动清新的文风，促进干部作风的转变，政府机关的官员了解一些网络语言，并非坏事。说老百姓听得明白、乐于接受的话，发老百姓看得懂、读得通的文，才能贴近群众。另外，像"喜大普奔""坑爹""酱紫"等很多网络语言符合孩子们的情感特点，他们迟早要接触，不如正确地引导，让学生去读、去体会、去感悟，以去粗取精，去伪存真。

（选自《中国青年报》，2014年3月26日，有改动）

### 回答问题：

1. 为什么有人认为公文、学校、学生应该远离网络语言？
2. 网络语言有什么缺点和优点？
3. 作者认为，应该怎样处理网络语言？

### 阅读二（字数约1040字；阅读与答题参考时间12分钟）

## 为网络信息安全装上防盗门

3月22日晚间，乌云漏洞平台发布消息称，知名在线旅游服务企业携程网存在安全漏洞，可能导致包括用户姓名、身份证号码、银行卡类别、银行卡卡号、银行卡CVV码（即卡号、有效期和服务约束代码生成的3位或4位数字）以及银行卡6位Bin（用于支付的6位数字）等核心信息泄露。有网友因此引用携程网的宣传口号调侃这一安全漏洞："携程在手，说走就走……但走得最快的是密码。"

好在只是虚惊一场。携程网在两小时内修复了安全漏洞，期间既没有出现信息泄露的情况，也没有出现用户信用卡被盗刷的情况。但相比于漏洞修复，更需深究的是漏洞何以产生。网络正融入人们的日常生活，用户的身份、银行卡等信息和互联网应用绑定越来越紧密，而企业为了提高用户操作和消费的便捷性，往往忽略了互联网应用的安全性。去年12月，中国互联网络信息中心发布的《2013年中国网民信息安全状况研究报告》显示，我国网络信息安全环境整体上不容乐观，有74.1%的网民在此前半年遇到过安全问题，影响总人数达到了4.38亿。众多的网络信息安全事件不仅直接影响广大网民的上网体验，而且关系到互联网行业的健康发展。这是一个迫切需要解决的重大网络安全问题，此次携程网事件应该成为一次"亡羊补牢"的例子，所有互联网企业都应该借机排查安全问题。否则，下一次就可能不只是虚惊一场了。

网络信息安全，除了把安全漏洞堵上之外，更重要的是理清安全责任。目前，突出的问题就是缺乏严格的责任界定。一方面，我国个人信息保护立法进展比较缓慢，而现行民法、刑法中虽有个人信息保护的条文，但说法不具体、不明确，界定范围不清晰，难以发挥足够有力的信息保护作用；另一方面，由于工信部、公安部、国家保密局、国家密码管理局、银监会、证监会等部门都有规章文件涉及个人信息保护，分散的管理主体不仅降低了监管效率，也容易出现逃避责任的情况。因此，在技术堵漏之外更需要制度堵漏，要尽快出台保护个人信息的法律法规，同时加强对互联网企业的监管力度，以及对泄露用户信息企业的处罚力度。此外，网民也要提高保护信息安全的意识，不同账户最好使用不同的用户名和密码，也不要用简单的数字或者自己的名字、电话号码、手机号码等作为密码。

互联网时代没有绝对的安全，永远都是便捷与风险并存。这是一场网络安全攻防战，我们能做的就是为网络信息安全装上防盗门，尽可能地降低风险。这不仅需要互联网企业加强自律，还需要尽快出台统一的法律法规，需要监管部门的大力有效监管，需要网民养成良好的信息安全习惯。

（选自《南方日报》，2014年3月25日，有改动）

回答问题：
1. 携程网安全漏洞事件的结果是什么？
2. 网络安全漏洞是怎样产生的？
3. 要保护网络信息安全，互联网企业、立法部门、监管部门和网民需要做的是什么？

阅读三（字数约910字；阅读与答题参考时间12分钟）

## 面对互联网巨变，监管不能缺位

当下互联网新技术已经具备了相当的规模和影响力，这是谁都无法否认的事实。不管是以余额宝、理财通为代表的互联网金融产品，还是最近非常流行的打车软件，以及各种移动支付平台，如果说之前很多人还把这些"新东东"当成虚拟的存在，现在它们显然已经"升级"，频繁参与公众的现实生活。对有些人来说，它们甚至和水、电、气一样，是生活的必需品，是基础设施的一部分。面对这种巨大的新变化，政府部门要保持足够的敏感度，一方面不能过分地干预，另一方面也应"该出手时就出手"，承担起必要的监管、服务职责。

不得不说，互联网新技术生长和扩展得太快了。一开始公众还只是试一试、尝尝鲜，但在极短的时间内，它们已经在现实生活中占据了相当重的分量。而且，无论是各种"宝宝"，还是打车软件，它们的落脚点仍然是金融，是服务市场，互联网只是技术手段。无论形式怎样先进，性质依然是市场行为，是资金交易，关系到公众生活。

就在最近一段时间，关于互联网金融产品的争论不断升级。由于收益率开始下降，不少人在关注这种金融模式如何应对风险。同样的情况也出现在打车软件身上，开始公众为能享受便利和优惠而欣喜，但如何保证打车的"公平性"，现在也成了一个问题。显然，这些新生事物现在已经密切地影响到了公众利益。而由于它们在风险防范、竞争秩序等方面还存在不少欠缺和不足，因此在这个时候，有关部门适当的规范和引导是非常必要的。

值得注意的是，对于政府的参与，部分公众持不理解的态度。他们担心，政府在监管的过程中，一旦手段不适当，会让这些新生事物失去活力。比如，余额宝的出现是对传统金融的一种大胆的挑战，对它进行监管后，它是否还会是金融市场上的"鲶鱼"？有人甚至担忧，如果监管过程中过分体现权力意志，是不是反而会干扰这些领域的正常发展？

如何维持监管和新技术繁荣发展之间的平衡，确实需要有关部门认真衡量。前些日子央行副行长刘士余谈及互联网金融监管时说，现阶段在监管原则上，要鼓励互联网金融创新和发展，包容失误，为行业发展留下空间。这种观点是值得参考的。如何实现有形之手和无形之手的协调共进，还需要监管者拿出足够的智慧、宽容和勇气来。

（选自《齐鲁晚报》，2014年2月28日，有改动）

**判断正误：**
1. 互联网新技术极大地改变了人们的生活，在人们的生活中占有重要地位。（　　）
2. 互联网金融产品有重大风险，要小心使用。（　　）
3. 互联网金融产品已经影响到了公众的利益。（　　）
4. 政府不应插手互联网新技术的监管，以免干扰这些新生事物的发展。（　　）
5. 刘士余表示，在互联网金融监管的问题上，不能阻止互联网金融的创新和发展。（　　）

# 第五课　婚恋嫁娶：让爱做主

**背景知识**

　　自改革开放以来，中国人的婚恋观发生了很大变化，表现出恋爱低龄化、结婚大龄化的一些新特点，在对过去十分敏感的婚前性行为、离婚等问题上表现出越来越宽容、开放、理性的态度。在生育观上，过去中国人非常注重"多子多福"，家庭的中心是围绕着孩子转；而现在的中国人越来越注重夫妻之间的生活质量，都市女性的生育年龄不断推迟，婚后不打算要孩子的"丁克家庭"也在不断增加。这些都体现了中国人在生活方式、生活观念上的不断变化。

## 词语表

1. 婚恋　　　hūnliàn　　　（名）
婚恋观 / 我真的理解不了现在许多年轻人的婚恋观。
结婚和恋爱
love and marriage
婚姻と恋愛
결혼과 연애

2. 嫁　　　jià　　　（动）
嫁人 / 她嫁给他以后，生活得并不幸福。
指女子结婚
to marry (used only to talk about a woman marrying a man)
嫁ぐ
시집가다

3. 娶　　　qǔ　　　（动）
娶妻 / 我想嫁给他，他却不想娶我。
指男子结婚
to marry (used only to talk about a man marrying a woman)
嫁をもらう
장가가다

4. 做主　　　zuò zhǔ
由……做主 / 在过去，中国人的婚姻都是由父母做主的。
独立作出决定
to act as the sole determining factor; to rule

主とする，～で決める
결정권을 가지다, 주관자가 되다

5 摆脱　　　bǎituō　　　　　（动）
摆脱限制 / 他现在很想摆脱父母的限制，自己独立生活。

脱离（牵制、束缚、困难、不良情况等）
to cast off, to free oneself from the bonds of
抜け出す，脱却する
벗어나다, 떨쳐버리다

6 自主　　　zìzhǔ　　　　　（动）
自主选择 / 消费者可以自主选择商品或服务。

自己做主
to make one's own decisions for oneself
自主的にする
자주적으로 하다

7 生育　　　shēngyù　　　　（动）
生育子女 / 他们一生没有生育子女。

生孩子
to give birth
出産する
출산하다

8 宽容　　　kuānróng　　　（形）
他对别人很宽容，总是原谅别人犯的错误。

宽大有气量，不计较或追究
tolerant
寛容である
관용적이다, 너그럽다

9 高中　　　gāozhōng　　　（名）
上高中 / 我儿子现在已经上高中了。

高级中学的简称
senior secondary school (senior high school)
高校
고등학교의 약칭

10 成　　　chéng　　　　　（量）
六成 / 我的同学中有六成毕业后去国外留学了。

十分之一叫一成
ten percent
(10分の1を指し）割
10%(一成:10%)

11 上述　　　shàngshù　　　（形）
上述情况 / 如果发生了上述情况，请与警察联系。

上面所说的
'the above' (used to refer the reader back to the preceding text in a written passage)
上述の
위에서 말한

12 百分点　　bǎifēndiǎn　　　（名）
今年我们的销售额比去年增加了 5 个百分点。

百分之一为一个百分点
percentage point
（二つの百分率の値を比べた時

の差。百分率の増減を示す。差が１なら、１ポイントとする）
ポイン
두 퍼센티지의 차이를 나타내는 개념 ( 만약 A 와 B 의 백분율 차액이 1% 라면 一个百分点이 됨)

13 财产　　　cáichǎn　　　（名）
个人财产 / 这套房子是我的个人财产，受到法律保护。

指物质财富和精神财富
property
財産
재산

14 公证　　　gōngzhèng　　　（动）
很多人选择在结婚前进行财产公证。

国家有关部门依法对一些文件和事实的合法性和真实性进行证明
legal agreement
国家の関係部門が法律に基づいて、ある文書や事実の合法性、真実性を証明する
공증 ( 국가 관련 기관에서 법에 의거하여 어떤 문서나 사실에 대해 합법성과 사실성을 증명하는 것 )

15 鲜明　　　xiānmíng　　　（形）
鲜明的特点 / 我觉得中国的电影都有着鲜明的特点。

分明而确定，一点也不含糊
clear, distinct
はっきりしている
분명하다 , 뚜렷하다

16 注重　　　zhùzhòng　　　（动）
注重外表 / 他这个人很注重自己的外表。

注意并重视
to emphasise, to stress
重視する
주의하고 중시하다

17 破裂　　　pòliè　　　（动）
婚姻破裂 / 因为他工作太忙，没时间陪妻子，他们的婚姻破裂了。

双方的感情、关系等遭到破坏而分裂
to split up
（感情・関係などに）亀裂が生じる
( 쌍방의 감정이나 관계가 ) 깨지다

18 导致　　　dǎozhì　　　（动）
导致环境污染 / 私家车的增多导致环境污染更加严重。

引起
to lead to, to cause something to happen
もたらす , 引き起こす
초래하다

| 19 | 责备 | zébèi | （动） |

相互责备 / 吵架时他们总是相互责备，却不想想怎么解决问题。

批评指责
to criticise, to reprimand
とがめる，非難する
책망하다，탓하다

| 20 | 尚 | shàng | （副） |

调查结果尚需一周才能出来。

还
yet, still
やはり，なお
아직，또한

| 21 | 中等 | zhōngděng | （形） |

中等身材 / 他不胖也不瘦，是中等身材。

处在中间的等级
intermediate, middle-level
中等である
중등

| 22 | 高等 | gāoděng | （形） |

高等教育 / 大学是让学生接受高等教育的地方。

高级的
high level, advanced
高等である
고급

| 23 | 实施 | shíshī | （动） |

实施办法 / 公共场所禁止吸烟的政策实施以后，在饭店里吸烟的人少多了。

实行（法令、政策等）
to put into practice, to implement
実施する
실행하다

| 24 | 国策 | guócè | （名） |

基本国策 / 保护环境是中国的一项基本国策。

国家的基本政策
national policy
国家の政策
국가의 기본 정책，방침

| 25 | 大众 | dàzhòng | （名） |

这部电影很受大众喜爱。

群众；民众
the masses, the people, the public
大衆
대중

| 26 | 巩固 | gǒnggù | （动） |

巩固知识 / 家庭作业对巩固知识有好处。

使牢固
to stabilize
揺るぎのないものにする，強固である
단단하다，단단하게 하다

## 课文导入

1. 你在择偶问题上，会关注哪些方面？
2. 在你们国家，人们的婚恋观是怎样的？

## 婚恋⁽¹⁾嫁⁽²⁾娶⁽³⁾：让爱做主⁽⁴⁾

在恋爱结婚时，当事人是让钱做主，让车和房做主，还是让感情做主？是摆脱⁽⁵⁾婚姻的限制，还是顺从婚姻的限制？这似乎已经成为机会越来越多、自主⁽⁶⁾性越来越强的当今时代人们常常遇到的问题。

日常生活观念的变化在中国人社会心理中一直表现得最为迅速而多样。随着社会的不断发展变化，人们对恋爱、婚姻、生育⁽⁷⁾表现出越来越开放、宽容⁽⁸⁾、理性的态度。

去年一项对全国1万余名高中⁽⁹⁾学生的调查结果显示，有15.5%的高中生赞成或比较赞成婚前性行为，其中城市高中生的比率高于乡村高中生，男生的比率高于女生。有23%的人赞成中学阶段谈恋爱，男生的比率高于女生。

去年一项对北京青年的调查表明，对于"双方相爱以后不结婚也可以发生性行为"这一问题，只有三成⁽¹⁰⁾多的人表示反对。年龄越小对上述⁽¹¹⁾观点持赞成态度的比例越大，20岁以下的人比30岁以上的人在赞成态度上高出了16个百分点⁽¹²⁾。由此可见，当今青年一代对于性的态度表现得更加开放和宽容。

调查还显示，青年在隐私观念、财产⁽¹³⁾公证⁽¹⁴⁾以及对离婚的看法和处理婚姻关系等方面，表现出了鲜明⁽¹⁵⁾的现代特征。他们注重⁽¹⁶⁾个人隐私的保护，甚至认为夫妻之间也应当保留隐私。对这一问题，表示赞成和比较赞成的人高达80%以上，明确表示反对的只有8%。婚前财产公证作为一种新的社会生活现象也得到他们的理解和支持。七成以上的青年认为"婚前财产公证对夫妻双方都有好处"。调查还显示，多数青年对由于感情破裂⁽¹⁷⁾而导致⁽¹⁸⁾的离婚持接受态度，75%的青年认为因感情破裂的离婚不必责备⁽¹⁹⁾，而反对这一观点的人尚⁽²⁰⁾不到一成。

妇女的生育心理也正在发生深刻变化。据去年一项对北京、上海、广州、成都等大城市女性居民的调查，有近20%的人赞成"即使结婚也不要孩子"的观点。对这一观点的赞同率，年轻妇女高于中老年妇女，中等⁽²¹⁾、高等⁽²²⁾文化程度的妇女高于低等文化程度的妇女。与此同时，一些传统生育观念正逐渐为当今的人们所放弃。"多子多福"曾经是中国人，尤其是中国农民深受影响的观念，它是重视家庭这一最具中国传统特色的文化具体表现形式之一。而多生多育现象则是我国自20世纪70年代实施⁽²³⁾计划生育国策⁽²⁴⁾以后，一些农村地区工作中存在的问题。去年对农村的一项调查显示，在今天，合理生育或少生孩子的观念正在农民当中逐渐形成。对于"如果孩子越多，家庭就会越发达越兴旺"这样的观念，仅有11.8%的人赞同，而有84.6%的人表示了反对，另有3.6%的人持中性的"一般"态度。可见，合理生育这一非常重要的现代观念在农民大众⁽²⁵⁾中也正在鲜明地形成并日益得到巩固⁽²⁶⁾。

（全文字数：约1030字）

（节选自《北京青年报》，略有改动）

## 注 释

**1** 对于"双方相爱以后不结婚也可以发生性行为"这一问题，只有三成多的人表示反对。

[解释] 对于：介词，引进对象或事物的关系者。

[例句] ① 对于你的做法，我只能说，你太让我失望了。
② 尽管对于是否能出国留学并获得奖学金他还不清楚，但他到国外学习的决定是不会改变的。
③ 思想不同，对于一件事情的决定也是不一样的。

**2** 由此可见，当今青年一代对于性的态度表现得更加开放和宽容。

[解释] 由此可见：从这可以看出。表示从上面所说的情况中可以得出相应的结论。具有同样用法的有"由此可以看到""可见"等。

[例句] ① 他现在已经能看懂大部分中国电影，由此可见，他的汉语还不错。
② 他去年在北京买了房子，由此可见，他应该挣了不少钱。
③ 她经常给我打电话，由此可见，她还是很喜欢我的。

**3** 与此同时，一些传统生育观念正逐渐被当今的人们所放弃。

[解释] 与此同时：与这同一时间。连接小句或句子，表示后面的情况与前面的情况同时发生或存在。

[例句] ① 她在大学里的专业是经济，与此同时，她还自学了汉语和法语。
② 要想减少环境污染，政府应该对企业加强管理，减少有害物的排放。与此同时，还要加强人们的环保观念。
③ 今年这家公司的销售额增加了不少，与此同时，公司的规模也扩大了。

---

### 报刊长句

"多子多福"曾经是中国人，尤其是中国农民深受影响的观念，它是重视家庭这一最具中国传统特色的文化具体表现形式之一。

## 读报小知识

### 《光明日报》

《光明日报》属于光明日报报业集团，创刊于1949年6月16日，最初是由中国民主同盟主办。《光明日报》包括要闻、综合新闻、科教文新闻、国际科教、新传媒、经济社会新闻、国际新闻等栏目，是中共中央机关报之一，是由中宣部直接领导的大型、全国性的官方新闻媒体之一。

## 练 习

**一** 课外阅读近期中文报刊上的文章，把你喜欢的一篇剪贴在笔记本上，阅读后写出摘要，并谈谈你的观点。

**二** 给下列动词搭配适当的词语

导致_____      注重_____

实施_____      责备_____

放弃_____      摆脱_____

赞成_____      遇到_____

**三** 选词填空

> 对于　　由此可见　　注重　　导致　　与此同时　　实施　　责备

1. 从2003年10月开始，新的《婚姻登记管理条例》开始_____，与旧的条例相比，新条例有了很多人性化的变化：比如取消了强制婚检，结婚不再需要单位开证明等，充分体现了婚姻自由。

2. 政府相关部门应努力办好名校，_____，更应该加大对基层薄弱学校的扶持，进一步稳定教师队伍，改善办学条件。

3. 在提及想成为医生的32人中，有10人谈到自己亲朋好友有病痛或因病死亡，"和鲁迅先生学医的原因一样"。_____，现实生活对青年未来的选择有着直接影响。

4. 面试中，我们更_____考察应聘者是否具备基本的业务素质，一些具体的业务能力主要由业务部门考察。

5. _____专业技术性较强的工作，往往要求所学与所做密切相关。

6. 不论我做错了什么，我应该选择从中吸取教训，而不是不断地_____自己。

7. 落后国家简单地用技术模仿取代机制模仿，虽然在短期内有成效，但会给长远发展留下隐患，最终_____失败。

### 四 根据课文内容判断正误

1. 在中国人社会心理中，日常生活观念的变化是最为迅速而多样的。（    ）

2. 去年一项对全国1万余名高中学生的调查结果显示，大多数高中生赞成或比较赞成婚前性行为。（    ）

3. 去年一项对北京青年的调查表明，大多数人不反对"双方相爱以后不结婚也可以发生性行为"的观点。（    ）

4. 据去年一项对北京、上海、广州、成都等大城市女性居民的调查，有两成女性赞成"即使结婚也不要孩子"的观点。（    ）

### 五 将下列各句组成一段完整的话

1. A 有15.5%的高中生赞成或比较赞成婚前性行为

   B 去年一项对全国1万余名高中学生的调查结果显示

   C 男生的比率高于女生

   D 其中城市高中生的比率高于乡村高中生

   正确的语序是：（    ）（    ）（    ）（    ）

2. A 仅有11.8%的人赞同

   B 另有3.6%的人持中性的"一般"态度

   C 而有84.6%的人表示了反对

   D 对于"如果孩子越多，家庭就会越发达越兴旺"这样的观念

   正确的语序是：（    ）（    ）（    ）（    ）

## 六 根据课文内容选择正确答案

1. 根据调查结果显示，当今中国青年对于性的态度表现得更加_____。
   A 保守                    B 落后
   C 开放、宽容              D 认真

2. 调查显示，青年们认为夫妻之间_____保留隐私。
   A 应当                    B 不必
   C 不应当                  D 不能

3. 调查还显示，多数青年对由于感情破裂而导致的离婚持_____态度。
   A 责备                    B 接受
   C 批评                    D 反对

4. 本文的最后一段主要说明_____。
   A 一些女性赞成"即使结婚也不要孩子"的观点
   B 很多农民仍然赞成"多子多福"的观念
   C 很多农民不愿意接受计划生育的国策
   D 中国妇女的生育心理正在发生深刻变化，一些传统的生育观念正逐渐被放弃

## 七 尽量使用以下词语进行话题讨论

| 对于 | 由此可见 | 注重 | 导致 | 实施 | 摆脱 |
| 责备 | 与此同时 | 放弃 | 赞成 | 遇到 | 宽容 |

1. 你认为幸福的婚姻应具备哪些条件？
2. 你认为造成当今社会离婚率上升的原因有哪些？

## 快速阅读

阅读一（字数约1020字；阅读与答题参考时间5分钟）

### 香港"新世代"婚恋观

香港一项关于新世代恋爱婚姻观念的调查发现，近70%的受访青年喜欢谈不固定对象的恋爱。专家分析，这是因为新一代的父母工作繁忙，离异的情况也不少，青年怕孤单、渴望多人疼爱及被肯定。另外，有近80%的"80后""90后"喜爱手机交友寻找对象。专家担心年轻人单凭图像、文字沟通，难以深入了解对方。

据香港《文汇报》报道，香港观塘APM商场今年1月份访问了525位18岁至32岁青年有关恋爱婚姻的观念，调查发现，接受"喜欢不固定情人"的受访青年达68%，也有63%表示接受同一时间与两位或以上人士谈恋爱。

### 恋爱低龄，只讲感觉不包容

香港公教婚姻辅导会婚姻及家庭辅导员郑静文表示，新一代的爱情观念主要来自传媒，而自己接触的事件中，个别学生已有数次恋爱经验，有的恋情甚至只维持1星期。

郑静文指出，年轻人不太懂得处理冲突，在爱情上只讲感觉，但不懂包容、忍耐，所以关系难以维持。有的青年把这种价值观带到婚姻中，婚姻关系也较容易破裂。

调查又发现，大多年轻人喜爱通过手机交友程序结识异性及表白。婚姻及家庭辅导员李智光表示，虽交友程序能扩大社交圈子，但光凭图像、文字沟通，难以深入了解对方。李智光鼓励青年多参与不同活动，亲自认识新朋友。

### 社交网站，成为新一代红娘

今年24岁的廖伟和黎娇相恋一年。他们回忆说，大家虽为同事，但却从未单独见面，只是常从同事口中知道对方的事。在一次机会中，两人交换了电话，每天通过手机交友程序传情，最后在通电话时向对方表白。

"90后"的黎昱言与张殷慈在大学相识，通过社交网站互相倾诉和了解，最后，黎昱言为避免面对面的尴尬，选择在交友程序上表白，至今已相恋两年。

调查又发现，有近70%单身受访者是因为不想受到束缚而选择单身，其次是因为没有经济基础去应付恋爱、结婚等的庞大开支。廖伟和黎娇透露，两人约会的节目，主要是寻访美食，所以每月恋爱的开支达四五千港元，有时更达薪金的一半。

郑静文建议，情侣外出不一定要消费，也可以相约去参与健康身心的活动，如义工、登山等。

### 不受束缚，婚恋观惹争议

同样是香港旗舰商场的APM，2013年1月至2月初曾做过同类问卷调查。结果显示，超过50%的受访者保持单身状况，即未婚，也没有恋爱，其中近70%的被访者表示不想受到束缚而选择单身。许多香港年轻人持开放的爱情态度，抱着易来易去的快餐恋爱观念，只有35%的被访者表示"相信婚姻是一生一世的承诺"。

对于年轻人讲求"有Feel""易恋爱易离散"、快感的快餐恋爱文化，香港公教婚姻辅导会婚姻及家庭辅导员梁芷凌指出，年轻人不想结婚，不想受束缚等爱情价值观，反映了一种社会危机，即新一代不相信婚姻制度。她认为，近20年香港离婚率急升100%，年轻人在这种"合则来，不合则去"的爱情气氛下成长，不易从父母辈找到成功的模仿对象；加上随着科技的发展，大部分年轻人的恋爱是通过网络建立，更容易导致他们不相信爱情会一生一世，从而对一纸婚书的婚姻失去信心。

(选自《人民日报·海外版》，2014年02月17日第03版，有改动)

**回答问题：**
1. 香港"新世代"的恋爱观有哪些主要特点？
2. 郑静文指出，现在年轻人的恋爱关系不易维持的原因是什么？
3. 通过社交网络及交友程序寻找对象有什么缺点？
4. 年轻人选择单身的主要原因有哪些？
5. 梁芷凌认为年轻人为什么会对婚姻失去信心？

阅读二（字数约1250字；阅读与答题参考时间9分钟）

## 在速配相亲中寻找美丽缘分

近年来，婚恋题材的电视剧和电视节目在国内大受欢迎，相亲也逐渐走进太平洋对岸的华人生活中。加州大学伯克利分校和洛杉矶分校前后举办了留学生"非诚勿扰"活动，各类以恋爱为主题的交友网站也热闹地运作起来。前不久，北京大学、台湾大学和香港中文大学在加州的校友会联合组织了一次速配相亲活动，活动仅面向三校校友和亲属。

活动在圣何塞城区一家酒吧举行，用帘子和其他物品隔开了一个相对独立的区域。参加者在入口处签到，拿到自己的名帖和饮料券后可随意入座。当然，相对而坐的必须是异性参加者。女生们大都精心打扮，男生们也尽力收拾了一番，可以看出他们对这次活动的重视。

参加者的身份各不相同，最多的是内地本科毕业之后来到这边继续研究生学习的留学生。有几位男生仅会有限的中文，大概是从小生长在这里的老校友的孩子。尤其显眼的是几位看上去50岁上下的校友，也许是一直没有在这里遇到合适的人，也许是之前的婚姻不顺利，我不得而知，只是希望他们能够尽快找到属于自己的那个人。

三校校友会负责人做完简短发言之后，活动便开始了。参加者们都积极地和"约会"对象聊天，并时不时记下些信息。主办方给每位参加者准备了一张印有所有人名字和号码的表格，他们可以标注出自己有兴趣继续接触的人。主办方将在活动末尾收集所有表格并进行比对，双方均有意向继续接触的，则为速配成功，互换联系方式。

我看着手机上的秒表，每隔五分钟按响手上的铃，然后和其他组织者一起，提醒男士们换到下一个位置，开始和下一位女士的"浪漫五分钟"。

看着他们认真的样子，真的感到找个合心意的人并非说说那样容易。我们总是希望能拥有一个各方面条件都不错而且情投意合的伴侣，可是相貌出众的不一定工作能力强，工作不错的不一定脾气好，脾气好的不一定有感觉，你有感觉的人家却又不一定喜欢你。其实我们都知道世间之事没有十全十美的，所谓好与不好归根结底是合适与不合适的问题。可是合适这件事，也是说来容易实现难。在人人追求个性的今天，想找个愿意接受和包容自己的人，或者至少是愿意共同探索的人，谈何容易？更何况对于海外华人来说，选择的范围更窄，个人婚恋问题的解决也更难。

相亲过程中也有些小插曲。比如一对谈得很投入的约会对象对我们的铃声毫不理会，在两名秩序协调员的劝说下，活动才得以顺利地往下进行。还有的参加者本来相互认识，我们设计的一对一相亲便被他们发展成了"双约会"，4个人有说有笑，似乎忘了相亲的主题。还有年龄差异带来的尴尬：当一个20岁上下的小男生转到那个50多岁的女士面前时，女士默默地拿出手机看起来，而男生利用这个时间去了趟卫生间……

时间一分分过去，20多轮的交谈已经结束。主办方回收表格的过程却不太顺利，因为参加者们似乎对自己的标注和笔记表现出出人意料的"不舍"，最后是用手机拍下了所有信息才将表格上交。随后开始的是自助晚餐和自由交流时段。因为另有安排，我没有等到活动结束就离开了。到今天我依然很想知道，在那些表格里，到底隐藏着多少美丽的缘分呢？

（选自《人民日报·海外版》，2014年02月07日第07版，有改动）

**回答问题：**
1. 速配相亲的活动过程是怎样的？
2. 速配成功的条件是什么？
3. 为什么对海外华人来说，找到一个合心意的人更不容易？

### 阅读三（字数约1200字；阅读与答题参考时间15分钟）

#### "裸婚"一族的买房账

"裸婚"是中国2008年出现的一个词，意思是只领结婚证，不办婚礼、不摆婚宴、不拍婚纱照、不度蜜月的结婚方式。"裸婚"的原因通常是经济基础不够，或是工作太忙没有时间等。初入大城市的年轻80后们在还没有经济实力买房、买车、买钻戒的情况下，这种不办婚礼、不拍婚纱照、不度蜜月的"裸婚"开始流行。

马小姐就是一个地道的"裸婚"族，在没车没房还背负着父母的债务的情况下，她选择与男友"裸婚"，两年之后，夫妻二人贷款买了一套100平方米的三居室，首付20万，贷15年，每月还贷2000元。

### 登记完了通知父母

马小姐和男友是高中同学，从大学开始恋爱，到大学毕业的时候，"我们俩的关系走到了一个十字路口，那时候也不知道是怎么想的，觉得和老公不是结婚就是分手了。在一次激烈的争吵后，男友说，要不干脆结婚吧，咱登记吧。我一想，也是，不结婚真对不起观众了，就同意了。"马小姐说，"俩胆大的小孩就各自回家拿了户口本登记了，谁也没想着跟父母说一声。"

登记完之后，二人才回家分别告诉父母，跟父母商量结婚的事。"其实我想得特别简单，我不打算要父母的钱，叫父母给我们举行个婚礼，我们就算成家了。"马小姐说。马小姐的父亲提出：两家一起出钱，给孩子买套房子吧。结果对方家庭不同意：不买，以后叫他们自己买吧，没有能力再给他们买房子了。

婚后住着家中原有的一套小房子，马小姐完成了"裸婚"的过程。

### 两年时间努力买房

就这样，夫妻二人开始了婚姻生活。马小姐的老公在单位很努力，业绩也很不错，每个月有15000元左右的收入。而她的工资比老公少，也有6000元左右。两个人省吃俭用，有计划地消费和支出，每个月也能攒下一笔钱。

坚持了两年，马小姐夫妇开始考虑买房的问题。最终决定贷款买一套100平方米的三居室，首付20万，贷15年，每月还贷2000元。接着，为了出行方便，他们又买了一辆不贵的车，全款买的10万元，"现在要做的就是每月还房贷2000元，小日子过得还行"。

### "裸婚"是一种流行

有很多人认为，"裸婚"不会给双方老人增加太多的负担，未来的物质享受由年轻人共同实现。这种观念一方面体现了现代社会对婚姻认识的转变，不仅是一个家族的选择，同时也是个人对于爱情和生活方式的选择；另一方面也体现了现代社会物质观念的转变，在20世纪80年代，即有结婚三大件之说，而"有房有车"也成为21世纪初年轻人择偶的标准。在这样的背景下，"裸婚"的出现有其现实意义和社会意义。

80后正值婚恋高峰期，但是现在社会的高压，使得80后现代版的无房、无车、无存款的"三无人员"过多。使得他们无奈选择"裸婚"。据最新调查显示，年满30岁的职场人中将近五成人无房无车，而在1981～1984年出生的人群中，无房无车的人比例达到了七成。调查也显示，赞成"裸婚"的认为，爱情第一，房子车子可以一起婚后努力再买，这个比例达到了57.7%。

"结婚后再买房买车，现在太多人过的都是这样的生活。"马小姐表示，日子过得如何，还要看是否懂得理财。

（选自《南方日报》，2014年3月14日，有删改）

**判断正误：**

1. "裸婚"的结婚方式在中国初入大城市的80后中非常流行。　　　　（　　）
2. 马小姐登记前跟父母商量结婚的事，是父母同意后才决定"裸婚"的。（　　）
3. "裸婚"主要是为了不给双方父母增加太多负担。　　　　　　　　（　　）
4. "三无人员"过多是年轻人选择"裸婚"的直接原因。　　　　　　（　　）
5. 婚后再一起努力买房买车关键要学会理财。　　　　　　　　　　（　　）
6. "裸婚"结婚方式有利于增进夫妻感情。　　　　　　　　　　　　（　　）

# 第一～五课测试题

答题参考时间：100 分钟                                    分数：_____

## 一 给下列动词搭配适当的词语（20 分）

创办_____          培养_____

开拓_____          向往_____

购买_____          接待_____

销售_____          突破_____

公布_____          拥有_____

威胁_____          反映_____

侵犯_____          造成_____

导致_____          注重_____

实施_____          责备_____

设置_____          赞成_____

## 二 选词填空（10 分）

| 正因如此 | 在……看来 | 以便 | 据……介绍 | 随着 |
| 自……起 | 截止到 | 然而 | 由此可见 | 从而 |

1. _____这位学生_____，她的化妆品都要用"兰蔻""欧莱雅"等世界名牌，手机则要用最新款的，每个月花费达几千甚至上万元。

2. 这些年我一直在努力，希望能找到一份我感兴趣的工作。我是个大专生，学历不高，_____，我开始自考法律本科，争取拿下律师资格。

3. 12月16日凌晨6时，笔者以"民工"为关键词，搜索新华网跳出4852条新闻，搜索人民网跳出10761条新闻。_____，"民工"已成为一个确定性称谓。

4. 改革开放以来，我国集中优势力量重点投入了一批名牌学校，_____快出人才、多出人才。

5. 早在2001年3月14日，意大利众议院就批准了意政府于1998年签署加入的欧洲禁止克隆人协议，_____使意大利成为欧洲第六个正式批准禁止克隆人的国家。

6. _____去年12月，她已经到过15个国家进行演出。

7. _____ 2000年_____，国家加大了东西部干部交流力度，东部还为西部培训了2596名骨干公务员、上万名专业技术人才和企业管理人才。

8. 孩子与父母都希望相互理解。但是_____年龄的增长，孩子会寻求自己生活上和思想上的独立，而父母已经习惯了孩子对自己的依赖和顺从。

9. 从表面上看就业方向完全是个人化的选择，_____其背后却有着深刻的社会因素。

10. 毕业生都没有更多的工作经验，在学历、专业等方面差别不是很大，_____招聘经理_____，最重要的是在本公司的环境下，谁在将来更有发展潜力。

## 三 将下列各句组成一段完整的话（7分）

1. A 从而引起了人们生活方式的变化

   B 而且还改变着人们的心理状态和行为方式

   C 高科技不仅改变着社会结构和经济运行方式

   正确的语序是：（   ）（   ）（   ）

2. A 而有84.6%的人表示了反对

   B 对于"如果孩子越多，家庭就会越发达越兴旺"这样的观念

   C 仅有11.8%的人赞同

   D 另有3.6%的人持中性的"一般"态度

   正确的语序是：（   ）（   ）（   ）（   ）

## 四 根据下面各段内容回答问题（10分）

1. 作为中国近邻的日本，是来华留学生的第二大生源国。两国在政治、经济、文化和历史上有着多方面的联系。近年来，两国在留学生方面的相互交流，对促进中日两国在各个领域的发展，增强彼此的信任，起到了重要作用。

问题：中日两国在什么上有着多方面的联系？

2. 随着生活水平的提高和生活观念的转变，旅游休闲成为城市人的新时尚。双休日去市郊或周围的景点旅游，"五一""十一"以及春节的假日旅游已经成为人们休闲的主要方式。

   问题：什么已经成为人们休闲的主要方式？

3. 从80年代到90年代中期，随着人民生活水平的不断提高，"四大件"第一次发生改变，"冰箱、彩电、洗衣机、录音机"成为人们新的追求目标，其消费水平也上升到了"千元级"。

   问题："千元级"的"四大件"指什么？

4. 20世纪90年代以来，互联网在世界范围内的迅速发展，对各国的政治、经济、社会、文化等领域产生了巨大而深远的影响。信息网络化的发展水平已经成为评价一个国家现代化水平和综合实力的重要指标之一。

   问题：互联网的快速发展，对各国的哪些领域产生了巨大而深远的影响？

5. 调查还显示，青年在隐私观念、财产公证以及对离婚的看法和处理婚姻关系等方面，表现出了鲜明的现代特征。他们注重个人隐私的保护，甚至认为夫妻之间也应当保留隐私。

   问题：青年在哪些方面，表现出了鲜明的现代特征？

## 五 概括下面各段话的主要内容（字数不超过 30 个）（9 分）

1. 进入新世纪以来，居民家庭消费更重视个性和享受。即使是通常被看成生活必需品的食品和服装，也要追求高品质。上酒楼饭店消费越来越平常。家用消费品，如彩电、空调、手机、电脑都在不断地升级换代，人们追求优质产品和服务。

2. 一方面，网络为人们展现了一种全新的文化空间。人们在网上工作、学习、查询、购物、聊天、游戏等，每一事物或活动都会使人感受到与以往生活世界不大一样的体会。另一方面，网络文化在使人们的交流或互动异常开放的同时，也给以往的法律、道德带来种种难题。

3. 同年一项对北京青年的调查表明，对于"双方相爱以后不结婚也可以发生性行为"这一问题，只有三成多的人表示反对。年龄越小对上述观点持赞成态度的比例越大，20 岁以下的人比 30 岁以上的人在赞成态度上高出了 16 个百分点。由此可见，当今青年一代对于性的态度表现得更加开放和宽容。

阅读：（44分）

阅读一（22分）

## 节省与富有

十多年前我去德国留学时，中国的经济还没有今天这样发达。当时突然从国内来到欧洲的发达国家，对德国物质生活的丰富程度深感吃惊。然而出乎我意料的是，德国人给我上的第一课却是节约。

我拿着行李来到学生宿舍。宿舍管理员彬彬有礼地领我看了公用厨房、洗衣房、干衣间和卫生间。管理员站在抽水马桶旁按着放水开关，给我示范在使用时如何节约用水。他说，这个放水开关有两种开法，小便后只需将开关轻轻拉开一点儿，放出的水就够冲净了，只有必要时才把开关拉到最大，让水箱中的水全放出来。他教得很认真，又把着我的手操作了几遍。

德国并不是缺水的国家，水资源十分丰富。而眼前这位管理员却把节约用水看得很重要，做得如此认真，对每一位新来的外国学生都这样指导一遍。他说，正因为德国全民都有很强的节水意识和习惯，他们国家的水资源才能如此丰富。我在国内常常听到"节约用水"的口号，却是在德国学会了该怎样去做。至今我还在这样做。

我发现，节约意识体现在德国人生活的方方面面。我曾在德国同事贝尔丽家住过很长时间。贝尔丽是位工程师的独生女，她被娇生惯养，却在勤俭节约方面做得很认真。有一次我购物回家，她见我拿的是在商场用5分钱买的新塑料购物袋，就说："昨天你不是刚买过一个购物袋吗？干吗又买新的？购物袋可以反复用好多次呢。"我随口道："反正也就5分钱。"贝尔丽竟毫不客气地说了我一通。她不理解我对5分钱表现出的不值一提的态度。她有一种观念：不该花的哪怕是一分钱也不要乱花。后来我才知道，这是许多发达国家的人的普遍观念。

贝尔丽家用的都是她父母用过的旧家具。在我结识的德国青年中，使用旧家具和二手家用电器来装备自己的居室是普遍现象。没有一人家中有大彩电，更没人舍得花钱去买一辆新轿车。朋友们相约上餐馆吃饭，每人只点一个喜欢的菜，饭后桌上留下的是空空的盘子，从没有剩一大桌菜的现象。贝尔丽告诉我："吃空你的盘子"是一代又一代德国人教育孩子的口头禅。小孩子从小就有了这样的观念：把饭剩在盘子里是令人难为情的事情。

那么，节省的德国人将钱用到哪里去了呢？他们用到了旅游上。如果要想了解德国年轻人是不是也在相互比什么，你会发现：他们比的不是吃的穿的，用什么高档电器，开什么牌子的车，住什么房子；他们比的是见识，是这个人上哪儿去旅行过，到过哪些遥远的地方，见过什么奇特的风土人情和自然景观，了解哪些国家的传统和文化。谁要是去过非洲或到过中国，他就会被认为与众不同，具有令人羡慕的见识和勇气。我的德国同事乌托曾在非洲待了一年，大家最佩服他了，他讲的非洲故事是实验室旁的咖啡屋中最受欢迎的话题。在这样的价值取向影响下，不少德国年轻人宁愿省吃俭用好几年，存下钱来旅行，而对物质消费方面毫无兴趣。

在中国街头常常出现的年轻"老外"，他们衣着朴素，身背大而沉的旅行背包，脚穿结实的旅游鞋，手拿地图，自信地朝着自己选择的方向行走。我钦佩他们，知道他们是靠着自己的节省才来到了这个对他们来说遥远而神秘的东方古国。在这里，他们要用他们的眼睛来看看中国的不同，来发现许多自己从不了解的东西。他们要用自己一分分省下的钱来丰富自己的见识，从而丰富他们自己的生命。

（节选自《中国青年报》，有改动）

## （一）判断正误（16分）

1. 十多年前"我"去德国留学时，对德国物质生活的丰富程度并不感到吃惊。（　）
2. 宿舍管理员认真地教我使用抽水马桶时如何节约用水。（　）
3. 德国是一个缺水的国家，所以人们很注意节约用水。（　）
4. "我"在国内时，常常听到"节约用水"的口号，并已经知道该怎样去做。（　）
5. 贝尔丽用的都是市场上的旧家具。（　）
6. 德国的朋友相约上餐馆吃饭时，从没有剩一大桌菜的现象。（　）
7. "我"的一位德国同事最让人佩服，是因为他很会讲故事。（　）
8. 不少德国年轻人对物质消费方面的比较不感兴趣。（　）

## （二）回答问题（6分）

1. 作者举了一个什么例子，来说明贝尔丽在勤俭节约方面做得很认真？（3分）

2. 本文倒数第2段的主要内容是什么？（3分）

## 阅读二（22分）

### 气候变化引起灭绝危机

气候变暖正在成为威胁生物多样性的一个重要原因。英国利兹大学的科学家在2004年1月8号的《自然》杂志上发表文章，报告了气候变化对陆生动植物的影响。他们分析了从墨西哥到澳大利亚的1103个物种，结果表明：如果全球变暖的状况不加控制地持续下去，其中1/4的动植物将在未来50年内因无法找到适宜的栖息地而灭绝。按此比例，世界上100多万个物种将在半个世纪后从地球上消失。

科学家们估计，不同气候变暖程度对应的物种灭绝概率分别为18%、24%和35%。而由此引发的其他变化很可能会加剧物种的灭绝。这是因为气温升高将影响全球降水格局的变化，当全球变暖与景观改变、物种入侵以及二氧化碳增加等相互作用，破坏生物群落与生态的交互作用时，物种灭绝的风险还会增加。

不管是动物还是植物，当外界条件发生改变时，分布也会随之发生变化。目前我国许多鸟类的分布区正在向北扩展，这很可能就是受到气候变暖的影响。许多夏季在北方繁殖的鸟类在冬季来临时都有向南方迁徙的习惯。食物是影响鸟类迁徙的重要因素。如果能够在北方获得充足的食物过冬，它们就有可能放弃千里迢迢的南北之行。斑嘴鸭在20世纪90年代以前只有夏季才在渤海湾地区生活，近年来由于冬季气候变暖，渤海湾近海结冰期缩短，斑嘴鸭已经成为该地区的常住鸟种。

并不是每一个物种都能成功地适应气候变化。近百年来，地球气候变暖的速度之快是前所未有的。这对物种生存带来的考验比过去4000万年中的任何一个时期都更为剧烈。全球气温升高迫使大部分陆地物种向两极方向和高山地区转移，更多的物种将在这一过程中成为牺牲品。向极地返移的物种很可能在途中遇到无法越过的自然障碍，比如高山、沙漠、海洋等，而无法到达目的地。向高海拔退缩的物种不得不面临因为栖息地有限引发的竞争。根据优胜劣汰的自然法则，大量的个体会在这一过程中被淘汰。某些生物很可能因为气候变暖完全丧失适宜的生存环境，它们将面临不能及时进化而灭绝的危险。

如果采取积极有效的措施扭转全球变暖的局面，可能使地球上15%～20%的物种幸免于难。造成全球气候变暖的主要原因是化石燃料（煤、石油、天然气等）的燃烧排放出大量的二氧化碳等温室气体。自1840年工业革命以来，大气中二氧化碳浓度增加了30%，这可能是过去42万年中的最高值。

为了减缓和抑制全球气候变暖的趋势，1997年12月，149个国家和地区的首脑和代表会聚东京，通过了限制温室气体排放量的《京都议定书》，为共同扭转全球气候变化迈出了第一步。但是《京都议定书》的真正生效需要占全球温室气体排放量55%的至少55个国家签署。由于全球最大的温室气体排放国美国在2001年宣布拒绝执行，虽然目前世界上已有包括中国在内的不少国家签署了《京都议定书》，但距离使公约生效还有一定的差距。温室气体排放量占全球排放量17%的俄罗斯是否签署，对公约能否生效至关重要。而俄罗斯目前的态度让《京都议定书》充满艰辛的签约之路更多了一些悬念。

（节选自《中国青年报》，有改动）

## （一）判断正误（16分）

1. 气候变暖对生物多样性的影响很大。（　　）
2. 英国利兹大学的科学家发表在2004年1月8号的《自然》杂志上的文章表明，全球气候变暖对一些陆生动植物的生存不利。（　　）
3. 气温升高不会影响全球降水格局的变化。（　　）
4. 近百年来，地球气候变暖的速度是历史上最快的。（　　）
5. 如果采取积极有效的措施，将使地球上15%～20%的物种幸免于难。（　　）
6. 造成全球气候变暖的主要原因是二氧化碳等温室气体。（　　）

7. 1997年12月，通过了限制温室气体排放量的《京都议定书》。（     ）

8. 目前俄罗斯已经签署了《京都议定书》。（     ）

（二）回答问题（6分）

1. 在本文第3段，作者举了斑嘴鸭的例子，来说明什么观点？（3分）

2. 本文第4段的主要内容是什么？（3分）

# 第六课　渴望清洁的水

**背景知识**

　　根据《南水北调工程总体规划》，中国计划建设东、中、西3条运河，将长江、淮河、黄河和海河四大水系连接起来，预计总投资将达4860亿元。全部工程完成后，每年将从长江向北方地区调水448亿立方米，相当于一条黄河的水量。南水北调工程是中国投资最大、工期最长的水利工程。2002年12月27日开始在东线开工，预计2050年完工。

## 词语表

○1　渴望　　　kěwàng　　　　　（动）
渴望谈恋爱 / 他上大学以后一直渴望谈恋爱。

急切地希望
to long for, to crave for, to be thirsty for
渇望する
갈망하다

○2　资源　　　zīyuán　　　　　（名）
水能资源 / 我国的水能资源分布极不均匀，主要集中于西南、中南和西北地区。

生产资料或生活资料的天然来源
resources
資源
자원

○3　处于　　　chǔyú　　　　　（动）
处于中等水平 / 我的成绩在班上处于中等水平。

在某种地位或状态
to occupy (a location or ranking), to be located at
（〜の位置に）ある
（어떤 지위나 상태에）처하다

○4　人均　　　rénjūn　　　　　（动）
人均消费 / 那家饭店的人均消费大概是90元。

按每人平均计算
per capita average
1人当たり
1인당 평균

## 5 不足　bùzú　（动）

不足十人 / 截止到现在，我们班里找到工作的同学还不足十人。

不满（某个数目）
to be insufficient; to fail to reach (a certain level), to fall short
（一定数量に）到達しない，足りない
도달하지 않다

## 6 欠　qiàn　（动）

欠考虑 / 你这次的行为欠考虑，下次做决定前多想想。

不够
to lack, to be lacking
欠ける，不足である
모자라다

## 7 耕地　gēngdì　（名）

耕地面积 / 耕地面积这几年不断减少。

种农作物的土地
land under cultivation, agricultural land (arable and pasture)
耕地
경작지

## 8 流域　liúyù　（名）

长江流域 / 这种水果主要生长在长江流域。

江河流过的地区
drainage basin, drainage area (of a river)
流域
(하천의) 유역

## 9 恰好　qiàhǎo　（副）

恰好认识 / 你不用介绍了，我们恰好认识。

正好；刚好
precisely
ちょうど
바로，마침

## 10 工农业　gōngnóngyè　（名）

发展工农业 / 在过去的几十年，我们国家一直在发展工农业。

指工业和农业
industry and agriculture (abbreviation)
工業と農業
공업과 농업

## 11 如同　rútóng　（动）

如同……一样 / 这里太漂亮了，就如同在画中一样。

好像
to be similar (here used in an adverbial sense meaning 'similarly' or 'in the same way')
〜と同じである
마치 ~ 과 같다

## 12 灌溉　guàngài　（动）

灌溉土地 / 这儿已经没有足够的水来灌溉土地了。

把水输送到种植农作物的土地里
to irrigate
灌漑する
관개 (땅에 물을 대다)

## 13 南水北调　　nán shuǐ běi diào
中国南水北调计划已经进行一段时间了。

指将南方的水抽调到北方缺水的地区

'diverting the waters of the south to the north' (the term used to describe the programme to divert water from the Yangtse basin to areas in northern China that lack water)

南水北調＜南方の水を北方に移すという国家プロジェクト＞

남쪽의 물을 물이 부족한 북쪽으로 보내는 것

## 14 固然　　gùrán　　（连）
学习成绩固然重要，但孩子品德的培养更重要。

表示承认某个事实，引起下文转折

undoubtedly, admittedly

もちろん～であるが

물론 ～ 지만 , 비록 ～ 지만

## 15 树立　　shùlì　　（动）
树立理想 / 他小的时候就树立了一个远大的理想。

建立（多用于抽象方面）

to set up, to establish

（思想・理想などを）打ち立てる

세우다

## 16 达标　　dá biāo
成绩达标 / 你的成绩不达标，你再考一次吧。

达到规定的标准

to achieve a target

（一定の標準に）到達する

규정된 기준에 도달하다

## 17 干流　　gànliú　　（名）
黄河干流 / 黄河干流的污染很严重。

同一水系内的主河道

the main branch of a river (here used in the plural sense to refer to main branches of rivers generally)

（河川の）本流

주류 , 주요 강줄기

## 18 流失　　liúshī　　（动）
水土流失 / 水土流失是个严重的问题。

指自然界的石头、土壤自己散失或被风力、水带走

to waste

流失する

유실되다 ( 유용한 물질이 이용되지 않고 사라지다 )

| 19 | 水库 | shuǐkù | （名） | 拦洪蓄水和调节水流的人工湖，可以用来灌溉、发电和养鱼等 |
|---|---|---|---|---|
| | 北京周围就有一座水库，叫密云水库。 | | | dam |
| | | | | ダム，貯水池 |
| | | | | 댐 |

| 20 | 总体 | zǒngtǐ | （名） | 几个个体合成的事物；整体 |
|---|---|---|---|---|
| | 总体来说 / 总体来说，大家的表现都不错。 | | | in general, overall |
| | | | | 総体，全体 |
| | | | | 총체，전체 |

| 21 | 工程 | gōngchéng | （名） | 泛指某项需要投入巨大人力和物力的工作 |
|---|---|---|---|---|
| | 巨大的工程 / 修建水库是一项巨大的工程。 | | | engineering or building project |
| | | | | 工事 |
| | | | | 공사，공정（거대한 인력과 물자가 필요한 작업） |

| 22 | 相当 | xiāngdāng | （副） | 表示程度高 |
|---|---|---|---|---|
| | 相当宽容 / 他对待员工相当宽容。 | | | considerable, to a great extent (here means 'relatively') |
| | | | | かなり，相当に |
| | | | | 상당히（비교적 높은 정도） |

| 23 | 城区 | chéngqū | （名） | 城内和靠城的地区 |
|---|---|---|---|---|
| | 老城区 / 这个城市的老城区被保护得很好。 | | | urban areas |
| | | | | 市街区域 |
| | | | | 도시 안쪽과 교외 지역 |

| 24 | 死亡 | sǐwáng | （动） | 失去生命 |
|---|---|---|---|---|
| | 意外死亡 / 昨天，一名司机在开车时意外死亡。 | | | to die |
| | | | | 死亡する |
| | | | | 사망하다 |

| 25 | 农药 | nóngyào | （名） | 农业生产中所使用的药物 |
|---|---|---|---|---|
| | 使用农药 / 很久以前农民就开始使用农药了。 | | | agricultural chemicals, pesticides |
| | | | | 農薬 |
| | | | | 농약 |

| 26 | 措施 | cuòshī | （名） | 针对某种情况而采取的处理办法 |
|---|---|---|---|---|
| | 采取措施 / 如果你再不采取措施，实验可能就要失败了。 | | | measure, step (usually political, financial or relating to a serious problem or issue) |
| | | | | 措置，施策 |
| | | | | 조치，대책，시책 |

| 27 | 筹集 | chóují | （动） | 筹措聚集 to raise, to collect, to amass （各方面から資金を）調達する 마련하다, 조달하다 |

筹集钱 / 四个孩子正为他们的父亲筹集住院费。

| 28 | 资金 | zījīn | （名） | 指经营工商业的本钱 funds, capital, financial resources 資金 자금 |

筹集资金 / 为了筹集资金，他把自己的房子卖了。

| 29 | 设施 | shèshī | （名） | 为某种需要而建立起来的机构、组织、建筑等 installations, facilities (administrative measures) 施設 시설 |

基础设施 / 加强基础设施建设是政府的一项责任。

| 30 | 力度 | lìdù | （名） | 力量的强度 (level of) strength, power, capability 力の程度 힘, 힘의 강도 |

你打球时候的力度不够。

| 31 | 各界 | gè jiè | | 指各个方面的人士或成员 each area, each field 各界, 各方面 각계, 각 방면 |

社会各界 / 这项新的措施得到了社会各界的支持。

# 专名

| 1 | 珠江 | Zhū Jiāng | | 河流名 the Pearl River 川の名前 강 이름 |

| 2 | 淮河 | Huái Hé | | 河流名 the Huai River 河の名前 강 이름 |

| 3 | 太湖 | Tài Hú | | 湖泊名 Lake Taihu 湖の名前 호수 이름 |

**课文导入**

1. 在你们国家，存在哪些环境问题？
2. 作为个人，你认为该如何保护环境，减少水污染？

## 渴望[1] 清洁的水

中国水资源[2]约2.8万亿立方米/年，处于[3]世界第六位，但人均[4]水量不足[5]2200立方米，仅及世界人均水量的四分之一。而且水资源空间分布欠[6]佳，我国北方耕地[7]占全国64%，水资源不足18%，地多水少，而长江流域[8]及其以南地区则恰好[9]相反。我国目前有20%的城市供水困难，尤其是北方城市普遍缺水。水资源已成为我国北方工农业[10]和城市发展的限制性因素之一。如同[11]地表水分布一样，地下水资源南方丰富、北方不足。占全国三分之一面积的西北地区，地下水天然资源和开采资源量分别为1125亿立方米/年和430亿立方米/年，分别占全国地下水天然资源量和开采资源量的八分之一左右。我国用水方式落后，人均用水量约550吨，其中农业用水占总量85%，灌溉[12]用水效率只有25%～40%，单位产品用水量比发达国家高出5～10倍。可见，节水潜力较大。

为解决北方用水问题，国家已开始实施南水北调[13]计划，调长江水以减轻北方水资源不足的压力。调水固然[14]需要，但树立[15]节约用水观念更重要。

我国水资源污染也很严重。目前工业废水排放总量194亿吨，并仍有45亿吨没有实现达标[16]排放，城市生活污水排放量221亿吨，且处理率较低，因此，全国80%以上的河流受到不同程度的污染。据去年全国重点水质统计资料显示，七大水系污染均比较严重，一类至三类，也就是较好的水质，所占比例不到三成，四类水质不到二成，五类和五类以上的水质占一半以上。即使按干流[17]统计，一类至三类所占比例也不到一半。长江和珠江的水质较好，长江以二类水质为主，占八成，珠江以二类和三类水质为主，近八成。但长江流域水土流失[18]日益严重，水中含沙量增高，水质逐渐变差。全国大型湖泊污染也很严重，超过半数为四类以上较差的水质。但大型水库[19]的水质总体[20]较好，以二类水质为主，部分为一类水质，部分为三类水质。为处理好水质污染问题，国家实施了淮河、太湖流域等大型水污染治理工程[21]。

目前，我国城市水质污染也相当[22]严重，由于城市污水处理率较低，许多城市尚未实现雨水与污水分离，城市污水直接排到河里，河流污染异常严重。一些城区[23]湖泊水质污染较为严重，湖中鱼类大量死亡[24]。

我国江河、湖泊污染原因：一是农业生产的污染，主要是农药[25]、化肥等污染；二是城区生活和工业生产的污染。改善水质状况必须改变传统的农业生产方式，使用有机肥料，利用生物措施[26]解决农作物病虫害；积极筹集[27]社会各方面资金[28]，建立城市污水处理设施[29]，加大城镇污水的处理力度[30]。近些年来，水资源的利用和污染治理问题，已引起国家、地方政府和社会各界[31]的广泛关注，一个让污水变清的全国性的计划正在实施中。

（全文字数：约1050字）

（选自《北京青年报》，略有改动）

## 注 释

**①** 我国目前有 20% 的城市供水困难，**尤其是**北方城市普遍缺水。

[解释] 尤其是：特别是。突出或强调后面所介绍的情况。

[例句] ① 他喜欢看中国电影，尤其是中国的功夫电影。
② 在中国，尤其是中国北方，饺子是很受欢迎的一种食物。
③ 专业运动员，尤其是能进入国家队的运动员，都是非常优秀的。

**②** 占全国三分之一面积的西北地区，地下水天然资源和开采资源量**分别**为 1125 亿立方米/年和 430 亿立方米/年，分别占全国地下水天然资源量和开采资源量的八分之一左右。

[解释] 分别：各自。使用时要注意前后所指事物保持对应，如"A 和 B 分别来自韩国和日本"，意思是 A 来自韩国、B 来自日本。

[例句] ① 我们班有 3 名留学生，他们分别来自韩国、日本和泰国。
② 我有两个愿望，分别是找到女朋友和让女朋友找到我。
③ 10 月和 11 月的销售额分别增长了 3.25% 和 2.89%。

**③** 调水**固然**需要，但树立节约用水观念更重要。

[解释] 固然：虽然。多用在主语后。表示确认某一事实，但同时也应该承认另一事实。前后意思并不矛盾，转折较轻，重在突出后一小句，多用"也"配合，有时也用"但是、可是"。

[例句] ① 学习固然重要，你也要多花点儿时间锻炼身体。
② 钱固然重要，但生命中还有比钱更重要的，比如亲情。
③ 可是，当他没有快乐的时候，他发现日子变得很无聊。于是他才明白"快乐固然不能吃，不能喝，但快乐很重要，不，可以说是非常重要"。所以，人们要珍惜自己的快乐。

### 报刊长句

改善水质状况必须改变传统的农业生产方式，使用有机肥料，利用生物措施解决农
改善　状况必须改变　　　　　方式，使用　　肥料，利用　措施解决
作物病虫害；积极筹集社会各方面资金，建立城市污水处理设施，加大城镇污水的处理
　　病虫害　　筹集　　　　资金，建立　　　　　设施，加大
力度。
力度。

**读报小知识**

**《中国青年报》**

《中国青年报》是中国共青团中央机关报,是当代中国政治、社会生活中具有重大影响的一份全国性综合性日报,1951年4月27日在北京创刊。毛泽东同志亲自为《中国青年报》题写报名。1966年8月20日因"文化大革命"停刊。1978年10月7日,经中共中央批准,《中国青年报》复刊。现为每期12版。《中国青年报》作为中宣部直管的中央级大报,以"推动社会进步,服务青年成长"为己任,服务一代又一代的青年。网站地址:http://www.cyol.net。

## 练习

**一** 课外阅读近期中文报刊上的文章,把你喜欢的一篇剪贴在笔记本上,阅读后写出摘要,并谈谈你的观点。

**二** 给下列动词搭配适当的词语

树立_____     筹集_____

改善_____     治理_____

建立_____     加大_____

引起_____     减轻_____

**三** 选词填空

| 处于　尤其是　分别　固然　树立　筹集　减轻　人均 |

1. 天资是遗传基因在起作用,而其他各项因素_____受先天因素的影响,但更加受后天努力和环境的影响。

2. 水对人身心活力有重要作用。它可以改善呼吸、调理关节和肌肉、_____疲劳。人一般每天需喝开水2升左右。

3. 据国家统计局统计,目前我国电视机的社会保有量达到3.5亿台,冰箱、洗衣机也_____达到1.3亿台和1.7亿台。

4. 养育子女是一门学问，父母不掌握科学教育的知识，面对_____关键而又困难的成长阶段的孩子，将难以承担教育他们健康成长的使命。

5. 要调动一切积极因素，为西部地区引进人才，_____西部开发过程中急需的高层次紧缺人才。

6. 从公元2年到1949年，中国人口从5900万增加到5.4亿，_____耕地面积由13.88亩减少到2.71亩。

7. 几年来，全国共建全民健身工程1939个，中国体育彩票发行8年来_____的102亿元公益金，有相当部分被用于发展全民健身，包括捐助全民健身工程和俱乐部建设等。

8. 要解决西部开发所需人才问题，最根本的出路在于深化改革，扩大开放，加快发展。还要_____科学的人才观，以能力和业绩为衡量人才标准。

## 四 根据课文内容判断正误

1. 我国水资源的总量相当少。（　　）
2. 我国的地下水资源分布与地表水分布一样，南方丰富、北方不足。（　　）
3. 我国目前农业用水的效率远远低于发达国家的水平。（　　）
4. 我国目前调水比树立节水观念更重要。（　　）

## 五 将下列各句组成一段完整的话

1. A 国家已开始实施南水北调计划

   B 调水固然需要

   C 为解决北方用水问题

   D 但树立节约用水观念更重要

   E 调长江水以减轻北方水资源不足的压力

   正确的语序是：（　　）（　　）（　　）（　　）（　　）

2. A 七大水系污染均比较严重

   B 四类水质不到二成

   C 一类至三类，也就是较好的水质，所占比例不到三成

   D 五类和五类以上的水质占一半以上

E 据去年全国重点水质统计资料显示

正确的语序是：（　　）（　　）（　　）（　　）（　　）

## 六 根据课文内容选择正确答案

1. 目前我国的人均水量与世界人均水量相比，_____。
   A 相当少　　　　　　　　　　B 不少
   C 很多　　　　　　　　　　　D 相当多

2. 我国实施南水北调计划，根本原因是_____。
   A 北方地区用水量大　　　　　B 南方地区用水量小
   C 北方地区水资源不足　　　　D 北方水资源污染严重

3. 课文的第3段主要说明_____。
   A 我国工业废水排放量大　　　B 我国城市生活污水处理率低
   C 长江、珠江水质较好　　　　D 我国水资源污染严重

4. 目前我国江河、湖泊污染的原因主要是_____。
   A 一个方面　　　　　　　　　B 两个方面
   C 三个方面　　　　　　　　　D 四个方面

## 七 尽量使用以下词语进行话题讨论

| 处于 | 尤其是 | 分别 | 固然 | 树立 | 筹集 | 减轻 |
| 人均 | 治理 | 资源 | 渴望 | 不足 | 措施 | 相当 |

1. 为了节约用水，你认为应该怎么做？
2. 为了保护环境，你认为应该怎么做？

## 快速阅读

**阅读一**（字数约676字；阅读与答题参考时间3分钟）

### 地球一小时：全球共此时 发挥你的环保力量

以"呼吁全社会共同行动，清洁空气"为目标的地球一小时活动，以"你的选择，决定天空的颜色"为主题，除了在3月29日晚上熄灯之外，还意味着全球超过160个国家7000多座城市的参与者用实际行动表达全球范围内超越一小时的环保力量。

2014年是地球一小时活动开展第八年，从第一座举办城市悉尼起步，这个活动已经从南美洲的亚马孙热带雨林到达了地球的最北端北极、从南太平洋的塔西提岛到达了非洲东部的坦桑尼亚，人们在用实际行动保护环境和生态系统。

"地球一小时不是一场简单的熄灯仪式，它是那些每天都在为环境保护贡献力量的人们为自己的梦想和努力庆祝的时刻。"地球一小时首席执行官和联合创始人安迪·莱利说，"目前有越来越多的国家和城市共同拓展地球一小时的外延和内涵。从大堡礁到亚马孙雨林，从北极熊到远东豹，我们通过熄灯点亮环保的信念，通过地球一小时积聚力量，传达公众的声音。"

"治理雾霾，需要各级政府、每家企业、每个公民发挥各自的力量，共同为蓝天而奋斗。"WWF中国总干事卢思骋说，"蓝天自造就是希望传递一种积极的正能量，打造公众参与环保的行动平台。"

为了积极应对大气污染，倡导低碳、节能的生产生活方式，2014年WWF（中国）联合能源基金会、中国清洁空气联盟，发起"蓝天自造"计划，地球一小时成为公众表达环保热情和行动期望的平台。据报道，3月29日国内有包括北京、上海、重庆、成都、西安、深圳、广州、杭州等在内的一百多座城市参与地球一小时活动。全国各地的企业也开展了丰富多彩的活动，表达对"地球一小时，蓝天自造"活动的支持。

（选自《中国经济网》，2014年3月30日，有改动）

回答问题：
1. 今年地球一小时的主题是什么？
2. 为什么要发起"蓝天自造"计划？
3. 中国有多少座城市参加了地球一小时活动？

**阅读二**（字数约720字；阅读与答题参考时间9分钟）

### 环保组织倡导家庭节能节水从"洗碗革命"开始

由中华环保联合会主办的"推动实现社区家庭可持续消费暨家庭厨房节能潜力研究项目"成果发布会于14日在北京召开。

会上发布了由中华环保联合会携手项目合作伙伴德国波恩大学、北京工业大学、上海交通大学、易福润德（北京）科技有限公司等合作完成的《家庭厨房用水耗能状况研究报告》《家庭餐具卫生研究报告》《洗碗机洗涤性能与人工手洗对比性研究报告》等成果。

调查显示，北京居民厨房日均用水量为62.604升，洗碗日均用水量为37.4升。上海地区居民厨房日均用水量平均值为130.94升，洗碗日均用水量为70.8升。北京、上海受访家庭有70%使用流动水清洗餐具。

报告指出，国外相关研究表明，不同的用水方式，耗费的水量相差较大，其中通过流动水冲洗是耗水量最大的清洗方式。报告还显示，在达到同样清洁效果共清洗74件餐具的前提下，手洗需要45.7升水，而机洗仅需11.5升水；手洗耗时为73分钟，而洗碗机仅需5分钟。可见，洗碗机在节水和节省劳动时间方面潜力较为突出。中华环保联合会副秘书长谢玉红指出，这也充分证明为公众提供正确行为习惯引导的必要性。

此次发布会由利洁时家化（中国）有限公司和博西家用电器（中国）有限公司联合协办。博西家用电器集团洗碗机产品事业部高级副总裁丹可在发布会上介绍，目前，洗碗机在德国的普及率达到66%。根据欧洲统计数据显示，使用博西洗碗机的"节能洗程序"来清洗并烘干同等数量的餐具，与手洗相比，用水量约为手洗的五分之一，能源消耗和用时约为手洗的四分之一。

另外，丹可表示，洗碗机生产商应针对中国家庭人口构成、中餐油污重和特有的筷子、汤碗等特点，为中国用户定制出多种型号、不同款式的洗碗机，以帮助中国家庭更好地实现生活节能。

（选自中国新闻网，2014年1月23日，有改动）

回答问题：
1. 上海地区居民厨房洗碗日均用水量为多少升？
2. 洗碗机的突出潜力在哪些方面？
3. 根据文章，为节约水资源和能源，更好的洗碗方式是什么？

## 阅读三（字数约1090字；阅读与答题参考时间15分钟）

### 英媒：伦敦治霾经验可为中国提供借鉴

英国广播公司（BBC）中文网近日刊文称，中国最近遭遇的雾霾天气和上世纪的伦敦有类似之处，英国的治霾经验在中国"复制"并非没有可能，但由于中国的雾霾和空气污染与经济增长关系非常密切，中国政府需要在保持经济增长和控制空气污染二者之间找到恰当平衡。文章题为《中国能复制伦敦的治霾之路吗？》，摘要如下：

马年春节，中国近70个城市除夕出现雾霾，其中16个城市为严重污染，不少高速公路被迫关闭，数百架民航班机延误或取消。

英国治理空气污染成绩不凡。因此，去年7月中国四分之一地区6亿人被雾霾笼罩时，有人想起1952年伦敦的"大烟雾"和今日的伦敦。

治理污染不是一朝一夕的事，过程漫长复杂。根据英国和其他发达国家治理污染的经验，这个过程可能需要几十年，尤其是发展中国家必须在经济保增长和控制空气污染二者之间找到恰当平衡。

美国佐治亚大学历史系副教授麦赫姆通过电邮对BBC中文网表示，伦敦摆脱雾霾的主要手段是通过立法和监管，禁止家庭和工厂烧煤。此外，当时英国的传统制造业正在向海外转移，国内开始产业转型，因此几年工夫就消除了雾霾。他补充说，产业转型并非政府主动制定的政策，而是生产外包的自然结果。经过多年调整，服务业和高科技产业已经成为英国经济的支柱。

麦赫姆认为，英国去雾霾的代价主要是产业转型，民用燃料和炉具更新的支出则几乎可以忽略不计。他说，英国经验在中国"复制"并非没有可能，但因为中国的雾霾和空气污染与经济增长关系极为密切，这就涉及取舍。

保护和扩建绿地，也是伦敦治理空气污染的重要措施。不但法律保护公共绿地，地方政府也有针对民宅后院空地面积的规定，如要扩建住房，必须向地方政府规划部门申请，占据后院空地面积超过一定比例或可能破坏周围环境的计划不获批准。

在法律、政策和地方政府条规之外，英国公众的环保意识和自觉行动也是治理雾霾过程中必不可少的因素，人们为空气清新、绿地宜人感到自豪，视保护环境为己任。英国从小学开始就培养环保意识。同时，民间环保组织在推动立法、监督政府和企业、教育公众等方面也起到了独特的作用。

政府一方面用法律约束，另一方面则通过各种刺激手段鼓励企业和民众选择更环保的用品和生活方式，比如根据汽车排量不同收取不同金额的路税、补贴家庭安装太阳能板、电动车进伦敦免收进城拥堵费等等。

英国《金融时报》曾引述美国加利福尼亚州空气资源理事会一名前负责人的话说，这些事例中，真正的成功秘诀是政策选择，即政府选择不需烧煤的经济增长。这位专家认为，排污控制技术在过去几十年里有重大进展，这对中国是个好消息，意味着中国治理空气污染可能不需要欧美那么长时间。

（选自中国经济网，2014年3月21日，有删改）

### 判断正误：

1. 由于中国的空气污染与经济增长关系密切，政府需要在这二者之间寻求平衡。
（　　）
2. 伦敦的产业转型和调整是政府参与的结果，传统制造业的转移为治理雾霾做出了巨大贡献。
（　　）
3. 伦敦人非常注重保护绿地，因为绿地有利于治理空气污染。（　　）
4. 英国人的环保意识很强，不需要政府采取相应措施干预或鼓励。（　　）
5. 有专家认为，中国治理空气污染会比欧美耗费更短的时间。（　　）

# 第七课 加入世界贸易组织之后

**背景知识**　2001年12月11日，《中国加入WTO议定书》生效，中国成为WTO第143个成员。2001年12月19～20日，中国外经贸部首席谈判代表龙永图率团出席WTO总理事会，中国代表团第一次以成员身份在世贸组织亮相。

## 词语表

| 1 | 景气　　jǐngqì　　（形） | 兴旺；繁荣（多用于否定） |
| --- | --- | --- |
| | 不景气/现在经济不景气，很多人找不到工作。 | (economic) boom, prosperity |
| | | 景気 |
| | | 경기（사회，경제의 번영을 가리킴） |

| 2 | 监测　　jiāncè　　（动） | 监视检测 |
| --- | --- | --- |
| | 监测空气质量/从去年起，那个地区开始24小时监测空气质量。 | to monitor and inspect |
| | | 監視測定する |
| | | 모니터하다 |

| 3 | 问卷　　wènjuàn　　（名） | 要求调查对象就所提问题作出书面回答的材料 |
| --- | --- | --- |
| | 调查问卷/你能帮我填一份调查问卷吗？ | questionnaire |
| | | アンケート |
| | | 설문 |

| 4 | 预测　　yùcè　　（动） | 预先推测或测定 |
| --- | --- | --- |
| | 预测未来的情况/现在还很难预测人类未来的生活情况。 | to predict |
| | | 予測する，予想する |
| | | 예측하다 |

| 5 | 预期 | yùqī | （动） | （原来）想要得到的结果 |
|---|---|---|---|---|

符合预期 / 现在的情况并不符合我之前的预期。

to anticipate, to estimate, to expect

予期する，期待する

예기하다，기대하다

| 6 | 参与 | cānyù | （动） | 参加 |
|---|---|---|---|---|

参与活动 / 你想参与这次的春游活动吗？

to enter, to participate in

加わる

참여하다

| 7 | 兴起 | xīngqǐ | （动） | 开始出现并兴盛起来 |
|---|---|---|---|---|

兴起热潮 / 全世界兴起汉语热。

to rise, to emerge

引き起こる，盛んになる

발전해 나가다

| 8 | 局面 | júmiàn | （名） | 一个时期内事情的状态 |
|---|---|---|---|---|

复杂的局面 / 面对这种复杂的局面，我实在不知道该怎么办。

situation

状況，情勢，局面

국면，형세，상태

| 9 | 欢喜 | huānxǐ | （形） | 高兴；快乐 |
|---|---|---|---|---|

满心欢喜 / 我还以为我成功了呢，原来是空欢喜一场。

joyful, happy

うれしい，喜ばしい

기뻐하다

| 10 | 期待 | qīdài | （动） | 期望；等待 |
|---|---|---|---|---|

期待结果 / 我很期待我们的下一次旅行。

to expect, to hope

期待する

기대하다

| 11 | 时机 | shíjī | （名） | 具有时间性的客观条件 |
|---|---|---|---|---|

时机成熟 / 等时机成熟以后我自然会告诉你，现在你别问了。

opportunity, opportune moment

チャンス

기회

| 12 | 协定 | xiédìng | （动） | 经过协商决定 |
|---|---|---|---|---|

那两家公司协定共同开发这项技术。

to reach an agreement on

合意，協定

협정

| 13 | 劳动密集型 | láodòng mìjíxíng | | 生产主要依靠大量使用劳动力的类型 |
|---|---|---|---|---|

劳动密集型产业 / 服装业属于劳动密集型产业。

labour-intensive

労働集約型＜労働者の技術水準が低く、主に手作業に頼る、大量労働力集約型を指す＞

노동 밀집형 ( 노동자 기술 수준이 비교적 낮고 주로 수공업 위주이며 대량 노동력에 집중된 노동 유형 )

**14　面临　　miànlín　　（动）**
面临困难 / 我在工作中面临许多困难，不知道该怎么办。

面对；正在遇到（问题、形势等）
to face, to confront
直面する
직면하다, 당면하다

**15　激烈　　jīliè　　（形）**
激烈的竞争 / 找工作时每个人都面临激烈的竞争。

剧烈
heated, extreme (here 激烈的竞争 means 'hot competition')
激しい，厳しい
치열하다, 격렬하다

**16　取决　　qǔjué　　（动）**
你能不能得到这份工作，取决于面试时的表现。

由某方面或某种情况决定
to be determined by
～によって決まる
～에 달려있다, ～에 의해 결정되다

**17　体制　　tǐzhì　　（名）**
体制改革 / 这次的体制改革对全社会影响都很大。

国家机关、企业、事业单位等的组织制度
system
体制
체계, 제도

**18　应付　　yìngfu　　（动）**
应付各种问题 / 在国外留学，要一个人应付各种问题。

对人对事采取措施、方法
to deal with, to cope with, to handle
対処する
대응하다, 대처하다

**19　挑战　　tiǎozhàn　　（动）**
面临挑战 / 在面临挑战时，他总是想逃跑。

鼓励对方跟自己竞赛
to challenge
挑戦する
도전하다

**20　急需　　jíxū　　（动）**
急需人才 / 我们公司现在急需专业人才。

紧急需要
to be in urgent need of
緊急に必要である
급히 필요로 하다

**课文导入**

1. 你们国家与中国在经济、政治和文化等方面合作多吗?
2. 如果你是中国老百姓,你如何看待中国加入世贸组织?

## 加入世界贸易组织之后

近日,中国经济景气[1]监测[2]中心与中央电视台《中国财经报道》互相协助,**就**中国加入世贸组织后的生活质量、思想观念、就业水平等**方面**,对600余位居民进行了问卷[3]调查。调查中,近六成(59.5%)居民积极肯定了中国加入世贸组织后所取得的巨大成就,并预测[4]未来的生活质量将会进一步提高,从多数居民对中国加入世贸组织后的积极肯定与生活预期[5]良好中,看出人们对中国经济全面参与[6]世界抱有信心,并认为国家经济水平上升,必然对国民有益;与此同时,38.5%的居民基本肯定中国加入世贸组织的成就,并预测未来自己或家庭的生活质量与现在基本相当;仅有2%的居民不太肯定中国加入世贸组织的成就,并预测未来生活会不太令人满意。对于社会服务水平,91.5%的居民肯定中国加入世贸组织后的巨大变化,并预测未来社会总体服务水平将会进一步提高。逐步兴起[7]的现代服务行业的竞争局面[8]使绝大多数人为之欢喜[9]、看到了希望,人们期待[10]着服务方面有更多更好的选择,期待着国际标准服务随处可见。

我国已于2001年12月正式加入世贸组织,这意味着我国已在更大范围内参与世界竞争与合作,得到很好的发展时机[11],享受多边协定[12]的成果,获得进入其他国家市场的机会。**从**长期**来看**,它对我国经济增长和对外贸易产生积极的影响,给我国传统的劳动密集型[13]产品和技术成熟且已具有一定规模的轻工产品出口带来大量机会。

加入世贸组织以后,我国企业已面临[14]外国企业的激烈[15]竞争,我国经济发展的状况主要**取决**[16]于我国企业在国际竞争中的地位与实力,而我国现行的经济体制[17]还存在着不少不足,使本来就因为生产力发展水平不高而缺乏国际竞争力的我国不少企业更难以应付[18]国际竞争的挑战[19]。

但对老百姓来说,则是有益无害。就业总量增加,就业结构发生改变;我国的消费者已面对更多的消费选择和更便宜的商品。

加入世贸组织之后,我国的国有企业和国有银行都面临着的一个突出问题就是专业人才的缺乏和流失。所以,我国高等教育的主要任务之一,就是要尽快地培养各种专业人才,尤其是建立社会主义市场与对外开放所急需[20]的法律人才。

(全文字数:约830字)

(节选自《北京青年报》,有改动)

## 注 释

**1** 近日，中国经济景气监测中心与中央电视台《中国财经报道》互相协助，**就**中国加入世贸组织后的生活质量、思想观念、就业水平等**方面**，对600余位居民进行了问卷调查。

[解释] 就……方面：对……。引进对象或范围。

[例句] ① 电视台就毕业生的就业情况方面做了一次调查。
② 明天公司要就迟到、早退、上班时间上网聊天等方面的问题开一次会，你一定要参加。
③ 这本书就年轻人的婚恋观、生育观等方面展开了讨论。

**2** **从**长期**来看**，它对我国经济增长和对外贸易产生积极的影响，给我国传统的劳动密集型产品和技术成熟且已具有一定规模的轻工产品出口带来大量机会。

[解释] 从……来看：表示从某个角度看问题，后一句得出结论。

[例句] ① 从报道来看，那位女明星真的已经有男朋友了。
② 从全社会来看，人们生活的压力越来越大了。
③ 他下课以后从来不看书。从这一点来看，他不太喜欢学习。

**3** 加入世贸组织以后，我国企业已面临外国企业的激烈竞争，我国经济发展的状况主要**取决**于我国企业在国际竞争中的地位与实力。

[解释] 取决：后面带宾语往往加"于"。

[例句] ① 很多人觉得能不能找到好工作取决于学历。
② 人的很多决定和行为取决于人的心态。
③ 他到底是个什么样的人，不是取决于他说什么，而是取决于他做什么。

## 报刊长句

1. 调查中，近六成（59.5%）居民积极肯定了中国加入世贸组织后所取得的巨大成就，
　　　　　　　　　　居民　肯定　　　　　　　　　　　　　　　　成就，
并预测未来的生活质量将会进一步提高，从多数居民对中国加入世贸组织后的积极肯定与
并预测　　生活质量　会　　提高，
生活预期良好中，看出人们对中国经济全面参与世界抱有信心。
　　　　　看出人们　　　　　　　　　抱有信心。

2. 加入世贸组织以后，我国企业已面临外国企业的激烈竞争，我国经济发展的状况主要取决于我国企业在国际竞争中的地位与实力，而我国现行的经济体制还存在着不少不足，使本来就因为生产力发展水平不高而缺乏国际竞争力的我国不少企业更难以应付国际竞争的挑战。

## 读报小知识

### 《参考消息》

《参考消息》是新华通讯社主办、参考消息报社编辑出版的日报，创刊于1931年，历史长达80余年。《参考消息》每天及时选载世界各国（地区）通讯社、报刊及互联网上的最新消息、评论的精华，全面报道世界各国以及中国香港、澳门特区、台湾等地区的政治、经济、军事、科技、体育、文化及外国对华反应等各方面的最新情况。《参考消息》是一份提供以"境外的声音"为特色的国际时政报纸。对外电、外报的翻译讲究"原汁原味"，力求全方位、多视角、立体化地报道国际新闻，突出"参考"特色，为国人提供了一个用"外人"眼光看世界、看中国的窗口。它是现在中国发行量最大的日报，世界排名第五。

## 练 习

**一** 课外阅读近期中文报刊上的文章，把你喜欢的一篇剪贴在笔记本上，阅读后写出摘要，并谈谈你的观点。

**二** 给下列动词搭配适当的词语

预测_____       参与_____

面临_____       期待_____

产生_____       应付_____

缺乏_____       享受_____

## 三 选词填空

> 就……方面　预测　参与　从……来看
> 面临　取决　应付　期待

1. "跨越式发展"不单是愿望，而是势所必然，这_____于中国的国情与未来的安全需求。

2. 近日，有关部门_____中国加入世贸组织后的生活质量、思想观念、就业水平等_____，对600余位居民进行了问卷调查。

3. _____经济发达国家的发展历程_____，农村劳动力从占社会全部劳动力的70%～80%逐步减少到30%以下，是现代化进程的普遍规律。

4. 成长的力量不断催生着独立的渴望。她在努力学习，拼命积累，_____拥有展现自我的世界。

5. 有关专家分析指出，今年外资企业将加快进入我国市场，而国外针对中国产品设置的贸易障碍也将增多，国内企业将_____真正的考验。

6. 有人说，"一流军队设计战争，二流军队_____战争，三流军队尾随战争"。设计未来首先需要丰富的战略想象力。

7. 对西部地区人才的培训要形成全社会_____的局面，培养一批用得上、留得住、能创新的人才。

8. 今年，世界银行发布的《东亚一体化》报告_____说：3年后中国的进口量将增加一倍以上，"东亚的所有国家都将从中获益，尤其是日本和新兴工业化国家"。

## 四 根据课文内容判断正误

1. 调查中，六成居民预测未来的生活质量将会进一步提高。（　　）
2. 调查中，对于社会服务水平，超过九成的居民预测未来社会总体服务水平将会进一步提高。（　　）
3. 加入世贸组织对我国企业的发展则是有益无害。（　　）
4. 加入世贸组织之后，我国的国有企业和国有银行都已面临的最突出问题就是专业人才的缺乏和流失。（　　）

### 五 将下列各句组成一段完整的话

1. A 人们期待着服务方面有更多更好的选择

   B 逐步兴起的现代服务行业的竞争局面使绝大多数人为之欢喜、看到了希望

   C 期待着国际标准服务随处可见

   正确的语序是：（　）（　）（　）

2. A 这意味着我国已在更大范围内参与世界竞争与合作

   B 获得进入其他国家市场的机会

   C 享受多边协定的成果

   D 我国已于2001年12月正式加入世贸组织

   正确的语序是：（　）（　）（　）（　）

### 六 根据课文内容选择正确答案

1. 调查中，_____居民预测未来的生活质量将会进一步提高。

   A 少数　　　　　B 半数　　　　　C 多数　　　　　D 绝大多数

2. 从长期来看，加入世界贸易组织对我国传统的劳动密集型产品和技术成熟且已具有一定规模的轻工产品出口_____。

   A 不利　　　　　B 有益　　　　　C 影响不大　　　D 没有影响

3. 加入世贸组织以后，我国企业已面临外国企业的激烈竞争，而我国现行的经济体制还存在着不少不足，使我国企业_____应付国际竞争的挑战。

   A 无法　　　　　B 足以　　　　　C 可以　　　　　D 难以

### 七 尽量使用以下词语进行话题讨论

| 就……方面 | 预测 | 参与 | 面临 | 兴起 | 取决 |
| 从……来看 | 应付 | 期待 | 急需 | 挑战 | 时机 |

1. 中国加入世贸组织对中国社会的发展带来了怎样的影响？
2. 你认为中国经济的健康发展取决于哪些因素？

## 快速阅读

阅读一（字数约830字；阅读与答题参考时间6分钟）

## 改革开放以来的外贸发展

### 改革开放以来外贸发展的成就

改革开放以来，中国的对外贸易发展迅速。从1978年至2013年，中国对外贸易总额从206亿美元增加到4.16万亿美元，年均增长16.4%。对外贸易成为推动经济社会发展最活跃的力量。

近年来，对外贸易对经济增长的贡献率平均达到17%～20%，直接和间接带动了国内1.8亿人就业，创造了18%的全国税收。

中国外贸发展还增进了主要外贸伙伴的国民福利，成为全球经济增长的动力。数据显示，2013年中国贸易伙伴趋向多元化，欧美日传统市场份额下滑，东盟等新兴市场成为新增长点。

贸易区域布局更趋协调，广东、江苏等7省市在对外贸易中的比重下降，中西部地区贸易活跃。

进出口商品结构进一步优化，机电产品以及劳动密集型产品出口稳步增长，消费品、部分资源产品等进口增长较快。

跨境电子商务成为近两年我国外贸发展的新亮点。据测算，2012年全国跨境电子商务交易额已超过2000亿美元，其中跨境电子商务零售出口突破150亿美元，较上年增长超过30%，远高于同期中国一般贸易增长水平。

### 从数字看差距

从数字上看，去年我国货物出口在世界市场的份额超过11%，但这个水平在全球贸易发展历史上并不突出。英国1870年出口占全球的18.9%，美国1921年达到了22.4%。我国在人均贸易额等方面也与其他发达国家差距明显。

长期以来，我国产品参与国际竞争主要依赖数量和价格优势，产品缺乏核心竞争力。我国还存在出口产品附加值较低、拥有自主品牌较少、营销网络不健全、产品质量不高等问题。

2013年，我国机电和高新技术产品出口比重已经分别达到57.3%和29.9%，但很多商品的核心技术掌握在外方手中。其中，机电产品61.2%是外资企业生产的，51.1%是通过加工贸易方式出口的；高新技术产品73%是外资企业生产的，65.3%是通过加工贸易方式出口的。

服务贸易国际竞争力的不足与制造业竞争力形成明显反差。虽然我国服务贸易快速发展，计算机服务、商务流程外包等一些新兴服务出口快速发展，但整体来看我国服务贸易逆差持续扩大。2013年我国服务贸易进出口总额5396.4亿美元，仅为美国的一半左右。

（选自《金融时报》，2014年4月2日，有改动）

回答问题：
1. 近年来，中国对外贸易区域布局的主要趋势是什么？
2. 近两年中国外贸发展的新亮点是什么？
3. 中国产品在国际竞争中与发达国家的差距在哪？

阅读二（字数约 1270 字；阅读与答题参考时间 11 分钟）

## 人民币跨境贸易结算助力"贸易强国梦"

在我国实现从贸易大国到贸易强国的征程中，人民币将大有可为。"人民币加快国际化步伐有利于中国对外贸易增长。"在日前召开的中国发展高层论坛 2014 年会上，与会代表指出，"人民币国际化不仅是中国的需要，也是国际社会的需要。人民币在全球被广泛使用，会给予中国有业务关系的海外企业带来巨大好处，对全球金融体系来说也是好事"。

从世界第二大经济体到全球头号出口大国、再到成为全球货物贸易第一大国，中国对外贸易发展迅速。然而，从贸易大国到贸易强国仍是一段漫长而艰难的旅程。

近年来，伴随着我国对外贸易开展和实际的市场需要，人民币开启了国际化之旅。

为积极应对国际金融危机，帮助我国企业规避美元等国际结算货币的汇率风险，促进贸易和投资便利化，2008 年 9 月以来，国务院作出了一系列关于加快推进跨境贸易人民币结算的战略部署。2013 年，跨境贸易人民币结算业务累计发生 4.63 万亿元，直接投资人民币结算业务累计发生 5337 亿元。

随着跨境贸易人民币结算试点的开展，企业对跨境投融资人民币结算的需求日益强烈。为配合跨境贸易人民币结算试点工作，支持企业"走出去"领域的大型项目，人民银行开展了人民币跨境投融资个案试点。

为配合跨境人民币业务的发展，人民银行和相关部委出台了一系列配套措施，跨境人民币结算制度逐步完善。目前人民币跨境使用已经开辟了很多途径。在对外支出方面，人民币已可用于外贸进出口支付、境外直接投资、境外项目人民币贷款以及人民币 QDII。在回流渠道方面，有外贸出口收入、外商直接投资，境外一些机构还可以投资银行间的债券市场，QFII 还可以投资境内证券市场。

与此同时，随着贸易伙伴多元化趋势明显，近年来我国央行先后与亚洲、欧洲、南美洲等 20 多个国家和地区签署了双边本币互换协议，使人民币"走出去"的版图持续扩大；货币互换协议的功能逐步从应对危机转向支持双边贸易和投资。

有专家指出，人民币国际化肩负着实现中国利益主张和改革国际货币体系的双重历史使命。

尽管人民币国际化正在平稳发展，但问题也很明显：目前离岸市场人民币存款存量仅占全球离岸市场存量的 1% 不到；人民币计价比重还较低，2013 年人民币在货物贸易中所占比例已经超过 10%，达到 11.7%，但这 11.7% 中有一半不是以人民币计价；资本市场的深度和广度还不够，人民币资本还没有完全可兑换。

今年两会期间，中国人民银行行长周小川在谈到人民币走向国际问题时，着力强调了其发展的"符合市场需求"原则以及人民币走向国际需进一步做好"家庭作业"。措施包括解除不必要的限制，稳步推进、逐步实现人民币的资本项目可兑换，从而提升人民币国际使用的便利程度等。

对此，业内普遍认为，今后首先要进一步扩大在跨境贸易和投资中使用人民币结算，进一步简化人民币使用的流程。其次，要着力开展相关的人民币业务，包括支持境内机构到境外发人民币债券，推动个人跨境业务开展等。再次，要继续推动人民币计价，推动大宗商品和现货期货使用人民币结算。此外，还需不断完善人民币业务基础设施建设，推动人民币跨境支付系统的建设，建立安全高效便捷的人民币跨境清算和结算网络。

（选自中国金融新闻网，2014年4月1日，有删改）

回答问题：
1. 目前人民币跨境使用已开辟了哪些途径？
2. 人民币国际化过程中存在的问题有哪些？
3. 根据周小川的话，什么是"家庭作业"？该怎样做好"家庭作业"？

阅读三（字数约1360字；阅读与答题参考时间14分钟）

## 加快培育中国国际竞争新优势

3月5日，李克强总理在第十二届全国人大第二次会议上所做的《政府工作报告》，全面总结了过去一年我国经济社会发展成就，深刻分析了当前面临的形势与问题，提出了新一年的政府工作设想和政策重点。《政府工作报告》提出，通过构建开放型经济新体制，推动新一轮开放，从而促进国内改革和结构调整，加快培育国际竞争新优势，开创高水平对外开放新局面。

2013年，我国进出口贸易额同比增长了7.6%。尽管这一增速与改革开放35年来平均16.4%的增长水平相比并不算高，但仍是同期全球贸易实际增速的两倍多，在全球经济复苏缓慢、国际市场需求增长持续低落的背景下尤其不易。同样在这一年，我国进出口贸易在世界贸易中的地位也跃上新台阶，以4.16万亿美元的规模名列全球第一。这是我国对外贸易发展史上一个新的里程碑。然而，中国作为贸易大国距离贸易强国的目标还有多远？这是一个值得关注的命题。

### 培育竞争新优势的重要举措

十八届三中全会通过了《关于全面深化改革若干重大问题的决定》，明确提出了"构建开放型经济新体制"的目标。《政府工作报告》将开创高水平对外开放新局面作为2014年工作重点之一，并围绕加快培育国际竞争新优势提出了具体实施策略：

一是主动全方位扩大开放。坚持积极有效利用外资，进一步放开投资准入，推动服务业扩大开放，打造透明、稳定、可预见和内外资企业公平竞争的营商环境。深化和推进中国上海自由贸易试验区建设，努力形成沿海、内陆和沿边地区联动的全方位开放新格局。

二是从战略高度推动出口升级和贸易平衡发展。2014年进出口总额预期增长7.5%左右。为了给实现这一目标创造良好条件，政府将保持出口政策稳定，进一步完善外贸促进政策体系，加强通关等贸易便利化改革，在试点基础上建立健全鼓励跨境电子商务等新业态发展的政策体系等。

三是在走出去中提升竞争力。政府一方面加快改革对外投资管理方式，健全金融、法律、领事等服务保障，为走出去提供便利、保障和支持；另一方面，利用丝绸之路经济带、21世纪海上丝绸之路、孟中印缅和中巴经济走廊建设等大区域国际化平台，拓展更多的合作发展空间。

四是统筹多双边和区域开放合作。我国将继续推动服务贸易协定、政府采购协定、信息技术协定等谈判，并加快环保、电子商务等新议题谈判；同时，将积极参与高标准自由贸易区建设，推动中美、中欧投资协定谈判，加快与韩国、澳大利亚、海湾合作委员等自贸区的谈判进程；坚持推动贸易和投资自由化便利化，提升开放软实力。

## 贸易强国建设的前景

历史实践证明，我国开放型经济建设已经走上一条符合世界发展趋势、适合我国国情的发展道路。新的一年，尽管国际经济环境仍然存在着许多不确定因素，但物价水平趋于稳定，减负放权力度加大、贸易便利化和自由化效果持续显现，都将为实现2014年外贸增长预期目标提供很多有利条件。

从中长期来看，开放型经济新体制建设将取得积极进展，改革开放的红利和企业活力将得到全面释放；外贸发展方式转变、服务业开放、服务外包发展、自主品牌和创新能力提升的驱动效果也将逐步显现；我国人力资源大国优势、丝绸之路经济带和21世纪海上丝绸之路等国际大通道建设、互利共赢的经济合作网络和快速增加的双边、多边贸易投资自由化安排，将明显加快培育我国的国际竞争合作新优势，为我国对外贸易的长期持续健康发展不断注入新的动力。

（选自《人民日报》，2014年03月21日23版，有删改）

**判断正误：**

1. 2013年，我国进出口贸易额同比增长了16.4%，是同期全球贸易实际增速的两倍多。（  ）
2. 《政府工作报告》将开创高水平对外开放新局面作为2014年的工作重点，并提出了一系列实施策略。（  ）
3. 政府应加快改革对外投资管理方式，在走出去中提升竞争力。（  ）
4. 国际经济环境存在众多不确定因素，2014年外贸增长预期难以达到。（  ）
5. 丝绸之路经济带等国际大通道建设对中国对外贸易的长期持续健康发展有积极作用。（  ）

# 第八课　中国城市化是进入快车轨道的列车

**背景知识**

改革开放以来，中国的经济一直快速增长，中国的城市化进程比改革开放以前大大加快。但中国的城市化进程仍落后于中国的经济与工业化发展水平，这与中国在计划经济时代长期实行城乡分离、市民与农民户口不同的管理体制相关，落后的户口管理制度限制了农民自由转化为市民的可能性。为了推动城市化进程，中国除了要大力发展经济，还要改革现行的户口管理制度。

## 词语表

1. 城市化　　chéngshìhuà
城市化水平／那个国家的城市化水平还很低。
农村转化为城市的过程
urbanization
都市化
도시화

2. 轨道　　guǐdào　　（名）
火车正沿着轨道开过来。
供火车、有轨电车等行驶的路线
path
軌道
궤도

3. 列车　　lièchē　　（名）
高速列车／这是一种新型的高速列车。
连挂成列的火车
train
列車
열차，기차

4. 大致　　dàzhì　　（副）
大致相同／我们对这个问题的看法大致相同。
大概；大约
generally
大体，おおかた
대략

| 5 | 紧密 | jǐnmì | （形） | 十分密切，不可分隔 |

紧密相关 / 经济发展水平和人民的生活质量紧密相关。

intimate, very close, inseparable

密接である

긴밀하다, 밀접하다

| 6 | 展开 | zhǎnkāi | （动） | 大规模地进行 |

展开调查 / 他们对大学生的恋爱情况展开了调查。

to start (a large-scale activity or project)

推し進める，広範に繰り広げる

펼치다, 전개하다

| 7 | 薄弱 | bóruò | （形） | 不雄厚；不坚强 |

力量薄弱 / 那个国家的军事力量还很薄弱。

weak, fragile

弱い, 薄弱である

박약하다, 취약하다

| 8 | 进程 | jìnchéng | （名） | 事物发展变化或进行的过程 |

城市化进程 / 这几年，城市化进程明显加快了。

progress (in a course of action)

過程

진행 과정, 경과

| 9 | 曲折 | qūzhé | （形） | （事情发展、故事情节）复杂，变化多 |

曲折的故事 / 他的一生被写成了一个曲折的故事。

complicated, tortuous (also means 'twists and turns')

複雑である，波乱に富んでいる

복잡하다, 곡절이 많다

| 10 | 缓慢 | huǎnmàn | （形） | 慢；不迅速 |

运行缓慢 / 这台机器运行得十分缓慢。

slow

遅い, ゆっくりとしている

느리다

| 11 | 加速 | jiāsù | （动） | 加快速度 |

加速发展 / 改革开放以后，中国的许多城市开始加速发展。

to accelerate

速める

가속하다, 빨라지다

| 12 | 显著 | xiǎnzhù | （形） | 非常明显 |

效果显著 / 这种锻炼方法效果显著，很适合想减肥的人。

very obvious

著しい

현저하다, 뚜렷하다

| 13 | 规律 | guīlǜ | （名） | 事物之间的内在的本质联系 |

每年的气候变化都是有规律的。

law, inevitable feature of the development of a system (as in a 'scientific law' derived from

observing regularities in natural phenomena)
法則
법칙

**14** 阶段  jiēduàn  （名）
第一阶段 / 这项工作已经进入最后的阶段了。

事物发展进程中划分的段落
stage (of development)
段階
단계

**15** 违背  wéibèi  （动）
违背规律 / 在这条河的干流上建造水库是一种违背自然规律的行为。

违反；不遵守
to defy, to disobey, to contradict
背く
위배하다, 어기다

**16** 客观  kèguān  （形）
客观事实 / 这个城市一年有四个季节，这是客观事实。

在意识之外，不依赖主观意识而存在的
objective
客観的である
객관적이다

**17** 发展中国家  fāzhǎn zhōng guójiā
中国属于发展中国家。

指尚处于贫穷落后或不发达状态，正在加快经济发展的国家
developing country
発展途上国
개발 도상국

**18** 行列  hángliè  （名）
先进行列 / 工作几年以后他又回到学校读书，加入了学生行列。

人或物排成的直行和横行的总称
ranks, category
行列，隊列
행렬, 대열

**19** 国内生产总值  guónèi shēngchǎn zǒngzhí
这个国家今年国内生产总值增长的速度与去年一样。

一定时期内一国居民在本国范围内所生产的全部最终产品和劳务的市场价值总额
GDP (Gross Domestic Product)
国内総生産（GDP）
국내 총생산 (GDP)

**20** 推动  tuīdòng  （动）
推动经济发展 / 为了推动经济发展，政府采取了一系列措施。

使工作展开；使事物前进
to push, to promote
促進する
추진하다, 촉진하다

**21** 社会主义  shèhuì zhǔyì
社会主义国家 / 中国是一个社会主义国家。

指社会主义社会，是共产主义的初级阶段
socialism

社会主义＜共产主义的初级段階＞
사회주의(공산주의의 초기 단계)

## 22 市场经济　　shìchǎng jīngjì
只有能适应市场经济的企业才能有发展空间。

以市场作为资源配置的基础，通过市场机制进行调节的国民经济
market economy
市場経済
시장 경제

## 23 国民经济　　guómín jīngjì
发展国民经济 / 发展国民经济是国家的一个重要任务。

指一个国家生产、流通、分配和消费的总体
national economy
国民経済
국민 경제(한 국가의 생산, 유통, 분배, 소비의 총체)

## 24 紧迫　　jǐnpò　　（形）
时间紧迫 / 完成任务的时间紧迫，他都没时间休息。

时间非常紧
urgent, pressing
差し迫っている
긴박하다

## 25 运用　　yùnyòng　　（动）
灵活运用 / 现在，人类可以运用科学技术治疗多种疾病。

根据事物的特征加以利用
to employ, to make use of, to use
用いる
운용하다, 활용하다

## 26 施加　　shījiā　　（动）
施加压力 / 她总给他施加压力，让他在结婚以前买房。

给予（压力、影响等）
to exert, to bring, to bear on
（影響・圧力などを）与える
주다, 가하다

## 27 庞大　　pángdà　　（形）
机构庞大 / 治疗这种病需要一笔数目庞大的费用。

（形体、组织、数量等）很大（多含过大或大而无当的意思）
huge, massive
とてつもなく大きい
방대하다, 거대하다

## 28 转移　　zhuǎnyí　　（动）
转移目标 / 你应该转移一下注意力，别老想着失恋的事。

改换位置，从一方移到另一方
to shift, to transfer
移す, 変える
옮기다, 이동하다

## 29 搭　　dā　　（动）
搭车 / 我每天搭同事的车上下班。

乘；坐（车、船、飞机等）
to take (a bus, train, taxi, boat)
（乗り物に）乗る
(교통수단을) 타다

| 30 | 兴建 | xīngjiàn | （动） | 开始建造（多指规模较大的） |
|---|---|---|---|---|

兴建城市 / 这个城市决定兴建一个科技城。

to establish, to build, to construct

新しく建てる

건설하다，창설하다

| 31 | 安置 | ānzhì | （动） | 使人或事物有着落 |
|---|---|---|---|---|

安置人员 / 飞机出了问题，所以今天晚上我们被安置到机场附近的一家宾馆，等待另一架飞机。

to accommodate, to settle (people in need of employment, refugees, etc.)

落ち着かせる

배치하다

| 32 | 拥挤 | yōngjǐ | （形） | 地方相对地小而人或车船等相对地多 |
|---|---|---|---|---|

交通拥挤 / 交通拥挤是许多大城市面临的问题。

crowded, packed

こみあう，ひしめいている

붐비다，혼잡하다

## 课文导入

1. 你们国家的城市化水平如何？

2. 你如何看待中国现在的城市化进程？

### 中国城市化(1)是进入快车轨道(2)的列车(3)

#### 李景国

　　世界各国城市化的历史，大致(4)经历了由慢到快、由快到慢，直至停止不前的曲线发展过程，这一过程直接与社会经济发展水平紧密(5)相关。

　　1949年新中国成立时，城市化水平只有10.6%，当时世界城市化的平均水平是29%，欧美等发达国家的城市化水平早已超过60%。可见，中国是在一个起点极低的基础上展开(6)城市化建设的。改革开放前，由于工农业生产落后、经济基础薄弱(7)及与城市化相关的政策、制度等原因，城市化进程(8)曲折(9)缓慢(10)，直到1978年城市化水平仍低于18%。改革开放后，工农业生产迅速发展，经济基础日益增强，城市化进程随之加速(11)，城市化水平显著(12)提高，2000年城市化率达到36.09%。

　　从城市化水平看，世界城市化发展的规律(13)表明，一个国家或地区的城市化水平达到30%左右时，城市化进程将进入快速发展阶段(14)，这是一个不可违背(15)的客观(16)规律。从经济发展水平看，世界银行对全球133个国家的统计资料表明，当人均国内生产总值从700美元提高到1000～1500美元、经济步入中等发展中国家(17)行列(18)时，城市化进程会加速，城市人口占总人口比重将达到40%～60%。有专家分析，在未来的十几年中，我国的人均 GDP（国内生产总值<sup>(19)</sup>）将从 1997 年的 800 多美元，快速提高到 2000 美元以上。城市化和经济发展水平的指标都表明，我国城市化的列车已奔入快车轨道，进入快速发展的阶段。有预测到 2020 年中国城镇化水平将达到 50% 甚至更高。

经过改革开放 20 多年的发展，我国的农业生产力水平得到显著提高，城市经济实力增强，推动<sup>(20)</sup>城市化发展的物质基础基本具备。社会主义<sup>(21)</sup>市场经济<sup>(22)</sup>体制初步建立，推动城市化发展的体制环境逐渐形成，国民经济<sup>(23)</sup>的进一步发展也促使城市化的需要日益紧迫<sup>(24)</sup>，推动城市化发展的条件和时机已经成熟。

城市化有其自身的客观发展规律，但政府仍可运用<sup>(25)</sup>一些方式对自然发展的城市化施加<sup>(26)</sup>影响。推动城市化发展的进程，**就是**要促进农业人口向非农业人口的转化，农业劳动力向城市非农产业的转化。我国人口数量庞大<sup>(27)</sup>，农业人口占绝大多数，城市化水平每提高一个百分点，即意味着要有 1000 多万农村人口转移<sup>(28)</sup>到城市，搭<sup>(29)</sup>上城市化的列车。如果城市化水平提高到 50%，需要将约两亿人口从农村转移到城市，如果兴建<sup>(30)</sup>城市去安置<sup>(31)</sup>这些人口，需要兴建 100 万人口的城市 200 座！面对农村人口与城市人口均拥挤<sup>(32)</sup>的现实，完成大量农业劳动力向城市非农产业的转化，将成为我国城市化面临的最大挑战。城市化这辆列车的加速，需要经济发展提供强大的动力，只有经济快速发展，城市化的列车才能在快车轨道上顺利奔跑。

（全文字数：约 1020 字）

（节选自《北京青年报》，略有改动）

## 注 释

1. 世界各国城市化的历史，大致经历了由慢到快、由快到慢，直至停止不前的曲线发展过程，这一过程直接**与**社会经济发展水平紧密**相关**。

   [解释] 与……相关：与……有关系。

   [例句] ① 我写的这篇文章与中国文化相关，你可以看看。
   ② 这份工作与我的专业相关，我很喜欢。
   ③ 可能是手机与每个人都相关，所以《手机》这部电影才引起很多争论。但是《手机》就是一部电影，希望大家不要太认真，夫妻之间还是应该互相信任。

2. 可见，中国是**在**一个起点极低的**基础上**展开城市化建设的。

   [解释] 在……基础上：在……上面；以……为基本条件。

   [例句] ① 那两个国家是在平等的基础上建交的。

② 她在已经学好英语的基础上，又学习了西班牙语。
③ 恋爱是建立在相互了解的基础上的，所以我不相信一见钟情。

3  推动城市化发展的进程，**就是**要促进农业人口向非农业人口的转化，农业劳动力向城市非农产业的转化。

[解释] 就是：表示强调肯定，对前面的情况进行解释和说明。

[例句] ① 这叫剪纸，就是用剪刀在纸上剪出不同的图案。
② 你看见我的书了吗？就是我经常看的那本。
③ 他想当一名军人，理由很简单，就是觉得经过训练的军人有一种与众不同的感觉。

### 报刊长句

社会主义市场经济体制初步建立，推动城市化发展的体制环境逐渐形成，国民经济的进一步发展也促使城市化的需要日益紧迫，推动城市化发展的条件和时机已经成熟。
　　　　　体制　　建立，　　　　　　　环境　　形成，
　　　　发展　促使　　　　需要　　紧迫，　　　　　　条件和时机　成熟。

## 读报小知识

### 《环球时报》

《环球时报》（原名《环球文萃》）是人民日报社主办的国际新闻报纸，创刊于1993年1月。从2006年1月起，《环球时报》已改为日报，每星期一至星期五出版，星期一至星期四16版，星期五24版。《环球时报》在世界75个国家和地区驻有350多位特派、特约记者，单期发行量超过200万份。刊发的文章受到党和国家领导人的高度重视，引起国内外媒体广泛关注，经常被美联社、路透社、法新社、共同社编发通稿，并多次被世界知名报纸转载。所设立的栏目有：新闻速递、关注中国、台海风云、军事、环球扫描、深度报道、史海回眸、国际论坛、体育娱乐、域外箴言和轻松生活等，既有新闻的时效性，又有一定的深度和知识性。每逢周末，手机报还将推出环球之旅、时尚科技、名车欣赏等特别栏目。此外，手机报还将根据《环球时报》的报道计划，不定期地推出各种特刊，满足读者深度阅读的需求。

## 练 习

**一** 课外阅读近期中文报刊上的文章，把你喜欢的一篇剪贴在笔记本上，阅读后写出摘要，并谈谈你的观点。

**二** 给下列动词搭配适当的词语

违背_____          运用_____

安置_____          推动_____

施加_____          转移_____

兴建_____          展开_____

**三** 选词填空

> 与……相关    在……基础上    违背    运用    就是
>
> 安置    推动    转移    兴建    施加    展开

1. 这个时代的最大特点，_____资本主义已经从生产过剩型经济转为生产不足型经济，资本运动的主体已经从物质产品生产_____到虚拟产品生产。

2. 为了_____残疾人就业，政府决定征地兴办福利工厂，按残疾人占工厂人员比例，给予其税收减免照顾。

3. 《手机》的故事并不复杂，它_____每个人的生活密切_____，展示了许多人目前的生活状态。

4. 有媒体评论说，公众力量正越来越多地对大型工程决策_____影响。

5. 我们的交通建设虽然发展很快，但还不能适应社会交往频率提高的要求，继续改善交通运能，把设计能力放_____流动的_____，是今后相当长的时间内的一个重要任务。

6. 发展的内涵不是"消灭"，而是协调。比如，对目前存在的高中低收入现象，也不是"消灭"高收入，而是提高低收入，_____低收入增长。

7. 欧盟的相关法律规定，电子产品生产厂家必须负责电子垃圾的回收或承担电子垃圾回收的费用。但是这些废弃物处理起来非常复杂，费用极高，_____电子垃圾处理厂不仅投入巨大，而且在五六年内都很难赢利。

8. 推进政府决策的科学化、民主化、规范化，是通过公共政策的_____，扩大政府服务的公益性影响，提高政府服务质量和效率的制度保证。

9. 在经济全球化进程日益加快的今天，人才争夺已在世界范围内_____。

10. 人类的行为如果_____自然规律，必将遭到自然的惩罚。

## 四 根据课文内容判断正误

1. 1949年，中国的城市化水平相当低。（　　　）

2. 从1949年到1978年，中国的城市化进程较快。（　　　）

3. 改革开放后，中国的小城镇数量增加很快。（　　　）

4. 2020年中国城镇化水平将达到50%左右。（　　　）

## 五 将下列各句组成一段完整的话

1. A 在未来的十几年中

   B 快速提高到2000美元以上

   C 我国的人均GDP（国内生产总值）将从1997年的800多美元

   D 有专家分析

   正确的语序是：（　　）（　　）（　　）（　　）

2. A 城市化水平每提高一个百分点

   B 搭上城市化的列车

   C 我国人口数量庞大

   D 即意味着要有1000多万农村人口转移到城市

   E 农业人口占绝大多数

   正确的语序是：（　　）（　　）（　　）（　　）（　　）

## 六 根据课文内容选择正确答案

1. 1978年中国的城市化水平与1949年相比，相差_____。

   A 10.6%　　　　B 18%　　　　C 8%　　　　D 不到7.4%

2. 2000年中国的城市化水平与1978年相比，相差_____。

   A 10.6%　　　　　B 超过18%　　　　C 18%　　　　　D 不到18%

3. 1997年，中国的人均GDP（国内生产总值）是_____美元。

   A 500　　　　　　B 800　　　　　　　C 1200　　　　　D 800多

4. 根据世界城市化发展的规律，中国目前的城市化正进入_____发展阶段。

   A 低速　　　　　　B 停止　　　　　　　C 快速　　　　　D 高速

## 七 尽量使用以下词语进行话题讨论

| 与……相关 | 推动 | 违背 | 运用 | 就是 | 安置 |
| --- | --- | --- | --- | --- | --- |
| 在……基础上 | 转移 | 兴建 | 施加 | 展开 | 规律 |

1. 你一直生活在城市还是农村？相比较你更喜欢城市还是农村？为什么？
2. 中国的城市化速度越来越快，你认为这会给中国带来哪些好处和哪些问题？可以结合自己国家情况来谈谈。

## 快速阅读

### 阅读一（字数约1020字；阅读与答题参考时间6分钟）

#### 对国人在城市化进程中生存状态的思考——评杜海军作品

彭 锋

　　杜海军以城市楼房为题材创作油画，这与他在北京和上海这样的大都市生活多年的经历有关，也与中国正在发生的城市化过程有关。

　　表面上来看，杜海军的作品体现了中国城市化的发展，但实际上，其作品更多的是在表达他对当前中国人生存状态的思考。与一般的写实绘画不同，杜海军的作品充满观念性和社会性，同时还具有很强的心理暗示性。理解杜海军的作品，需要从哲学、社会学和心理学各个角度，而不能只限于美学和艺术学的角度。

　　杜海军的某些作品中，尽管大面积的楼房具有很强的压迫感，但油画中的一抹天空仍然能带来清新。在另一些作品画面中，连让人感到清新的那一片天空也被大楼占有，画面完全为楼房所占据。大楼独占一切，可以说是中国社会的真实写照。

　　然而，就像杜海军的画面给人的印象那样，那些铺天盖地的大楼看起来很强大，其实很脆弱。先不说中国建筑有不少豆腐渣工程，就是压倒一切的地产经济如今也成了人们的一块心病。一方面，人们期待它能够继续膨胀，维持中国经济的高速发展；另一方面，又期待它尽早破灭，让放大的幸福安全降落世间。

为了表达大楼的压迫感和脆弱性，杜海军通常只描绘楼房的一个侧面，以此强化这种视觉效果：这些看似压倒一切的楼房，其实并不那么坚固，随时都有可能侧翻或者倒塌。

杜海军的这种画面处理，揭示了中国当前社会的现状和危机。这种危机不仅来自建筑和经济的安全性，也来自社会的单面性。表面上看，现代工业给了人类更大的自由，但是人类在获得这些自由的同时，也被技术所控制，成为只有物质生活缺乏精神生活、只有单一现实没有多种可能的"单面人"。

对于人类成为"单面人"的趋向，哲学家马尔库塞（Herbert Marcuse）有过明确的论述和警示："人类的解放事业，不是无产阶级的解放，而是单面人的解放。"杜海军的绘画，没有直接针对"单面人"，而是针对"单面社会"。在现代建筑的丛林中，人的生存方式已经被严格规定，余下的可供选择的可能性寥寥无几。

杜海军的作品涉及敏感的社会问题，但他并没有像某些当代艺术家那样，采取简单的解决方式，而是让人们直面事物本身。在杜海军的一些作品中，展现了生活在楼房中的人们的某些痕迹。我们既可以将这些痕迹视为多样性的人生对单一性的建筑的抵抗，也可以将它们视为单一性的建筑对多样性的人生的约束。

从杜海军作品的演变轨迹中可以看出，日益增多的建筑和日渐模糊的生活痕迹，表明在人与物相互争夺的战争中，人不可避免地处于劣势。

（选自《中国民族报》，2014年2月21日，有改动）

**回答问题：**
1. 杜海军以城市楼房为题材创作的油画作品有什么样的特点？
2. 杜海军是如何表达大楼的压迫感和脆弱性的？
3. 如何理解杜海军作品中"单面社会"的含义？

## 阅读二（字数约1040字；阅读与答题参考时间10分钟）

### 德国小城变身"国家公园"（城镇化在国外）

德国小城施韦特位于奥德河畔，紧邻德国和波兰边界。近些年，当地市政府采取措施，努力提升城市和周边农村居民的生活质量，使如今的施韦特拥有"国家公园之城"的美称。

二战后，前东德政府为发展经济，在施韦特兴建工厂，吸引了大量外来人口。施韦特市市长于尔根·波尔策尔向本报记者展示了当地的卫星地图：老城区依靠奥德河支流，西北部是大片的工业区，炼油厂和化工厂当初就建在那里，东北部河畔是造纸厂。自20世纪60年代起，因人口增加，大片住宅在老城区和工业区之间兴建，形成了老城区的卫星城。

20世纪90年代两德统一后，虽然每年都有外来人口流入施韦特，但其数量远不及人口流失的数量，加上城市的出生率很低，施韦特的人口持续减少，最直观的表现就是城市里的房子空了。

1992年，施韦特市房屋的空置率为2%，这一数据在2001年上升到15%。为此，市政府拆除了一些后来建的板楼住宅区，让城市的居住地带向老城区收缩。截至2013年11月，施韦特已拆除6000多套住房，房屋空置率下降到4%左右。波尔策尔说："我们不能只是一刀切地拆房子，那样会让市民对城市失去信心。因此，我们也会修复老房子，比如把整排平板楼中间的几幢拆掉，改造成城市别墅。我们还会对住房进行能源改造，让居民更满意。"

两德统一后，施韦特原工业区的炼油厂仍然保留，与之相配套的服务行业、物流业、电信业等也成为城市主要产业。为了吸引更多人口前来生活和就业，市政府花费了不少心思。

"我们新建了音乐学院、剧院，拥有了自己的剧团，修复了历史建筑作为文化活动场地。我们的医院有400多个床位、100多名专业医生，我们还有综合购物中心、国家自然公园等。我们希望人们更愿意来这里生活。"波尔策尔说，每年还会邀请德国和波兰艺术家前来进行艺术创作，举办节日活动。

让记者感到惊讶的是，炼油厂和造纸厂并没有让施韦特成为受污染的区域。波尔策尔指着地图说："造纸厂就在奥德河支流的边上，河对岸就是国家公园，是一片自然生态保护区。"德国十分重视环保，早在东德时期工厂就实行了严格的环保排放标准，两德统一后，第一笔大资金就投入到了环保建设。

施韦特市还有10个下属村。波尔策尔说，市政府努力让生活在农村的居民也能从城市的发展中受益。"我们在农村建了幼儿园，并设置了专门的公交线路，方便村民们去剧院、医院、学校。"

20世纪90年代，德国兴起回归农村的浪潮，很多人从城市搬到郊外。如今，德国正在经历再城镇化，人们更愿意居住在公共设施完善、文化生活丰富的城市里。

（选自《人民日报·海外版》，2014年3月19日，有改动）

**回答问题：**
1. 二战后，施韦特的老城区布局是怎样的？
2. 两德统一后，施韦特的变化有哪些？
3. 如今德国小城施韦特有什么样的美誉？
4. 你们国家的城镇化发展如何？

阅读三（字数约970字；阅读与答题参考时间 9分钟）

## 新型城镇化"新"在五大方面

### 万 鹏

**广东建设报讯** 1月21日上午，中央党校经济学部主任、教授、博士生导师赵振华做客人民网强国论坛，以"新型城镇化的'新'与'路'"为题与网友进行在线交流。

赵振华谈到，城市化率就是城镇人口占全部人口的比重，从世界各国情况来看，发达国家的城市化率都很高，是不是城市化率越高越好呢？也不是。拉美一些国家，比如墨西哥、阿根廷，他们的城市化率超过了美国，但发达程度、文明程度不如美国，也不如新加坡、中国香港，所以要根据每个国家的实际情况推进城市化。

赵振华指出，新型城镇化的"新"到底"新"在什么地方，可以从以下几个方面考虑：

第一，我们国家在推进新型城镇化的过程中要和新农村建设联系起来，它是一体的，不能像以前有些人讲的，我们国家的城市像欧美的农村或者像非洲，这不是我们追求的，我们既要追求城镇化也要追求新农村。

第二，在推进城镇化的过程中要和自然、民族、历史特点结合起来，不是简单的房地产的发展，我们国家在一个时期以来存在的一个问题就是大拆大建，这是我们不应该看到的，城市应该有城市的面貌，城市有城市的历史，就像中央城镇化工作会议上谈到的，"让老百姓住在城市里望得见山、看得见水、引得起乡愁"，这是要提高他们的生活水平。

第三，新型城镇化应该"新"在城镇化是产城融合的过程，有了产业发展才能引导各种生产要素到城市来，当然人口比例也就增加了。城镇化的核心很重要的方面就是产城融合，不能简单地搞房地产化，盖上几栋楼、修几条马路，农民从平房里搬到楼房就是城市化了，各方面规划要符合要求，要有公园、湿地、绿地、历史文化遗迹以及古迹。

第四，新型城镇化建设应该注重绿色发展、低碳发展、循环发展。城市化意味着更多人口聚集到城市，原来在农村里能够消化的废品、垃圾，到城市聚集以后没有办法自然消化，这就更要求绿色发展、低碳发展、循环发展。

第五，应该是大中小城市和小城镇协调发展，既要有大城市也要有小城市，根据我国的实际情况要严格控制大城市规模，适度发展中等城市，积极发展小城镇。达到这个目标最重要的方面就是让产业、让企业到中小城市、到小城镇。中小城市、小城镇有了产业，人口自然就往中小城市、小城镇流。把基础设施向中小城镇延伸，其他的公共文化设施、教育、医疗等等也要保证跟进，这样才能避免大城市病。

（选自《广东建设报》，2014年2月11日，有改动）

**判断正误：**

1. 一个国家的城市化率越高，说明这个国家的发达程度和文明程度就越高。（    ）
2. 中国的城镇化建设和新农村建设是一体的。（    ）
3. 推进城镇化，就应该大力发展房地产业，拆除旧房建设新房。（    ）
4. 城镇化是产城融合的过程，因此应该多盖上几栋楼、多修几条马路，鼓励农民从平房里搬到楼房。（    ）
5. 新型城镇化建设要求绿色发展、循环发展、低碳发展。（    ）
6. 城镇化建设应该积极发展大城市，适度发展中等城市，严格控制小城镇规模。（    ）

# 第九课　中国梦的世界意义

**背景知识**

中国梦，是中国共产党召开第十八次全国代表大会以来，习近平总书记所提出的重要指导思想和重要执政理念，于2012年11月29日正式提出。习总书记把"中国梦"定义为"实现中华民族伟大复兴，就是中华民族近代以来最伟大梦想"，并且表示这个梦"一定能实现"。"中国梦"的核心目标也可以概括为"两个一百年"的目标，也就是：到2021年中国共产党成立100周年和2049年中华人民共和国成立100周年时，逐步并最终顺利实现中华民族的伟大复兴，具体表现是国家富强、民族振兴、人民幸福，实现途径是走中国特色社会主义道路、坚持中国特色社会主义理论体系、弘扬民族精神、凝聚中国力量，实施手段是政治、经济、文化、社会、生态文明五位一体建设。

## 词语表

**1　赢得　　yíngdé　　（动）**
赢得信任 / 要赢得一个人的信任并不是那么容易的。

取得；获得
to win; to gain
勝ち取る
얻다, 획득하다

**2　认同　　rèntóng　　（动）**
这个看法并没有得到大家的认同。

承认；认可
to approve of, to admit (the truth or validity of something)
共通して認める，賛同する
인정하다, 승인하다, 동의하다

**3　实践　　shíjiàn　　（动）**
实践经验 / 我有很多的实践经验，这对我找工作可能会有帮助。

亲身实际去做
to practice
実行する
실천, 실행하다

**4 复兴** fùxīng （动）
民族复兴 / 他总希望能为民族复兴尽一份力。

衰落后再兴盛起来
to revive, to be reborn
復興する
부흥하다

**5 推翻** tuīfān （动）
推翻统治 / 这个国家的人民推翻了旧政府的统治。

用武力打垮原来的政权，使局面彻底改变
to overthrow (a ruler)
ひっくり返す、覆す
뒤집다, 전복시키다

**6 觉醒** juéxǐng （动）
意识觉醒 / 人们的环保意识开始觉醒了。

开始明白过来
to awaken
覚醒する、目覚める
각성하다, 깨닫다

**7 自立** zìlì （动）
家长应该从小培养孩子的自立能力。

不依赖别人，靠自己的劳动而生活
to be independent, to be self-reliant
自立する
자립하다

**8 开创** kāichuàng （动）
开创新时代 / 科技的发展开创了人类生活的新时代。

开始建立；创建
to initiate, to inaugurate
切り開く
창립하다, 일으키다

**9 深厚** shēnhòu （形）
深厚的友谊 / 我们认识快20年了，有着深厚的友谊。

（感情）浓厚
(of emotions) deep; (of a foundation) sturdy
深い、厚い
두텁다, 깊다

**10 底蕴** dǐyùn （名）
文化底蕴 / 北京是一座有着深厚文化底蕴的城市。

文明的积淀
(cultural) heritage
詳しい内容、いきさつ
상세한 내용, 속사정

**11 与时俱进** yǔ shí jù jìn
大家的思想要与时俱进，不要总是停留在过去。

随着时代的发展而不断发展、前进
to keep up with the times, to progress
時代と共に進歩する、増える一方
시대와 같이 전진하다

**12 倡导** chàngdǎo （动）
倡导新风尚 / 那位明星倡导大家要爱护动物。

带头提倡
to advocate, to propose
提唱する、唱える
제창하다, 창도하다

13 富强　fùqiáng　（形）
国家富强 / 国家富强是每一代人的心愿。

（国家）富足而强盛
(of a country) prosperous and powerful
富強な、（国が）富んでいて強い
（나라가）부강하다

14 振兴　zhènxīng　（动）
振兴经济 / 这个新政策对振兴经济很有帮助。

大力发展，使兴盛起来
to revitalize
盛んにする
진흥시키다

15 理念　lǐniàn　（名）
生活理念 / "健康并快乐着"是年轻人的生活理念和方式。

思想；观念
opinion; thoughts (on something)
理念
신념，이념，관념

16 传递　chuándì　（动）
传递消息 / 过去，人们常常通过写信来传递消息，现在变成用手机微信或电子邮件了。

由一方交给另一方；辗转递送
to transfer (from one party to another)
引き渡し
（차례차례）전달하다，전하다

17 核心　héxīn　（名）
核心问题 / 怎么让农民增加收入，这是农村工作的核心问题。

中心；主要部分
core, heart (of a matter, problem, etc), integral part
核心
핵심

18 浓厚　nónghòu　（形）
浓厚的气氛 / 这所著名的大学有着浓厚的学习气氛。

（色彩、意识、气氛）重
(of atmosphere, interests, etc.) great
濃厚な
（연기，안개，색채）짙다，농후하다

19 情结　qíngjié　（名）
思乡情结 / 大部分中国人都有着春节情结，在过春节时一定要和家人团聚。

心中的感情纠葛；深藏心底的感情
deep emotions associated with something; (in psychology) complex
コンプレックス
콤플렉스，잠재의식

20 不懈　búxiè　（形）
不懈努力 / 只有经过不懈努力，才能取得成功。

不松懈
relentless
怠らない
게으르지 않다，꾸준하다

### 21  充分　chōngfèn　（形）
我们应该充分利用互联网进行知识的传递。

尽量
as much as possible
充分に
힘껏, 충분히

### 22  模式　móshì　（名）
发展模式 / 每个国家的发展模式都不一样。

某种事物的标准形式或使人可以照着做的标准样式
mode
モード、模式
패턴, 모델, 양식

### 23  信仰　xìnyǎng　（名）
宗教信仰 / 在中国，很多人没有宗教信仰。

相信并奉为准则或指南的某种主张、主义、宗教等
faith
信仰
신앙

### 24  特色　tèsè　（名）
民族特色 / 我很喜欢北京的特色小吃，比如糖葫芦。

事物所表现的独特的特点、风格
defining feature, characteristic
特色
특색

### 25  情怀　qínghuái　（名）
爱国情怀 / 这篇文章表达了作者浓厚的爱国情怀。

含有某种感情的心境
feelings, sentiments
心持ち、気持ち
심경, 기분

### 26  分割　fēngē　（动）
分割遗产 / 这一家人正在对老人的遗产进行分割。

把整体或有联系的东西分开
to separate, to break off
分割りする
사물의 전체 또는 연관된 부분을 분할하다, 갈라놓다

### 27  特征　tèzhēng　（名）
气候特征 / 你能说说北京的气候特征吗？

可以作为人或事物特点的标志等
characteristic
特徴
특징

### 28  物质　wùzhì　（名）
物质生活 / 随着经济的发展，人民的物质和文化生活水平也提高了。

特指金钱、生活资料等
substance
物質
물질, 재물

### 29  奇迹　qíjì　（名）
创造奇迹 / 她的病居然奇迹般地好起来了。

想象不到的不平凡的事情
miracle
奇跡
기적

| 30 | 格局 | géjú | （名） |

传统格局 / 故宫比较完整地保留了中国古代建筑的传统格局。

结构和格式
layout, pattern
構造
구조와 장식

| 31 | 货物 | huòwù | （名） |

运送货物 / 现在运送货物的交通工具很多，如火车、汽车、飞机等。

用来出售的物品
(economic) goods, merchandise
貨物
물품, 상품

| 32 | 贡献 | gòngxiàn | （名） |

做出贡献 / 我们都应该从小事做起，为保护环境做贡献。

对国家或公众所做的有益的事
contribution
貢献
기여, 공헌

| 33 | 权利 | quánlì | （名） |

公民权利 / 每个孩子都有受教育的权利。

公民或法人依法行使的权力和享受的利益（和"义务"相对）
(legal) rights
権利
권리

| 34 | 鼓舞 | gǔwǔ | （动） |

鼓舞人心 / 你的话鼓舞了他，他现在工作更加努力了。

使振作起来，增强信心或勇气
to inspire, to incite
奮い立たせる、鼓舞する
격려하다, 용기를 북돋우다

| 35 | 探索 | tànsuǒ | （动） |

探索大自然 / 人们还在不断地探索大自然。

多方寻求答案，解决疑问
to explore
探究する、探索する
탐색하다, 찾다

| 36 | 国情 | guóqíng | （名） |

了解国情 / 年轻人可以通过这部电影，了解历史，了解国情。

一个国家的各方面的基本情况和特点
the current state of the country
国情
국정, 나라의 정세

# 专名

| 1 | 辛亥革命 | | Xīnhài Gémìng |

孙中山领导的、推翻清朝封建统治的资产阶级民主革命
A revolution led by Sun Yat-sen to overthrow the rule of Qing Dynasty
辛亥革命
신해혁명

| | | | |
|---|---|---|---|
| 2 | 封建君主专制 | fēngjiàn jūnzhǔ zhuānzhì | 国家最高权力在实际上或名义上掌握在君主个人手中，君主终身任职并且实行世袭的政权组织形式<br>The highest power in the country is in fact or in the name of the hands of the monarch. The monarch is a hereditary ruler and rules the country for a lifetime<br>封建君主制<br>봉건 군주제 |
| 3 | 新民主主义革命 | Xīn Mínzhǔ Zhǔyì Gémìng | 中国从1919年五四运动到1949年的革命，属于新民主主义革命<br>A revolution that happened in China from the May Fourth Movement in 1919 to 1949<br>新民主主義革命<br>신민주주의혁명 |

## 课文导入

1. 你了解中国梦吗？

2. 你觉得中国梦会给世界带来什么影响？

## 中国梦的世界意义

武汉大学　项久雨

中国梦自提出以来，不仅**赢得**(1) 中国人民的认同(2)，而且日益引起世界的关注，体现了超越国界的世界意义。这具体体现在以下几个方面：

历史性与时代性的统一。中国梦不仅要回答人类文明进程中的历史性问题，而且要在实践(3) 中解决时代性问题。实现中华民族伟大复兴(4) 是近代以来中华儿女的梦想，是几代中国人的愿望。孙中山先生领导的辛亥革命推翻(5) 了封建君主专制制度，中华民族开始觉醒(6)；毛泽东同志领导的新民主主义革命取得了胜利，中华民族开始自立(7)；邓小平同志领导开创(8) 了改革开放新时期，中华民族开始自强。在近几代领导人的带领下，中华民族迎来了伟大复兴的光明前景。中国梦具有深厚(9) 的历史底蕴(10)，带有鲜明的时代特征，世界价值也在与时俱进(11)。它体现了中国走和平发展道路的价值理念，对促进世界和平发展和人类文明进步具有重要意义。

民族性与世界性的统一。实现中华民族伟大复兴的中国梦是中华民族和中国人民的梦想，同时它倡导<sup>(12)</sup>的国家富强<sup>(13)</sup>、民族振兴<sup>(14)</sup>、人民幸福相统一的理念<sup>(15)</sup>具有世界意义。中国梦传递<sup>(16)</sup>给世界的核心<sup>(17)</sup>理念是：个人的幸福是建立在国家发展基础之上的，国家发展根本上是为了人民幸福。这种价值理念不仅体现了中华民族浓厚<sup>(18)</sup>的爱国主义情结<sup>(19)</sup>，也深刻反映了中华儿女对美好幸福生活的不懈<sup>(20)</sup>追求。与此同时，中国梦将中国的发展和世界的发展联系在一起，充分<sup>(21)</sup>尊重其他国家的发展模式<sup>(22)</sup>和发展目标。一位外国教授说："中国梦是中国人在新时期的集体期望和精神信仰<sup>(23)</sup>，具有鲜明的民族特色<sup>(24)</sup>，但是，中国梦就像我认识的中国人一样，热情开放，具有人类情怀<sup>(25)</sup>。"中国与世界是不可分割<sup>(26)</sup>的，民族性与世界性的统一构成了中国梦鲜明的特征<sup>(27)</sup>。

物质<sup>(28)</sup>性与精神性的统一。梦想的价值体现在物质和精神两个方面，是物质性和精神性的统一。一方面，中华民族在实现梦想的历史进程中创造了一个又一个奇迹<sup>(29)</sup>。新中国成立以来，已经解决了十几亿人口的吃饭问题，人民的生活水平不断提高，逐渐进入了小康社会。**不仅如此**，中国的经济发展还改变了世界经济格局<sup>(30)</sup>。中国已成为世界货物<sup>(31)</sup>贸易第一出口国，"中国制造"遍及世界。同时，近年来中国进口额一直在世界上排名靠前，既为中国人民生活水平的提高提供了更加丰富的物质基础，也为世界经济发展做出了重大贡献<sup>(32)</sup>。另一方面，中国梦对其他发展中国家具有重要的精神价值。它向世界证明，任何一个国家都有实现国家富强、民族振兴和人民幸福的权利<sup>(33)</sup>和可能。这种精神价值，将鼓舞<sup>(34)</sup>发展中国家人民积极**探索**<sup>(35)</sup>适合本国国情<sup>(36)</sup>的发展道路和模式。

（全文字数：约 1040 字）

（选自《人民日报》，有改动）

## 注 释

**1** 中国梦自提出以来，不仅**赢得**中国人民的认同，而且日益引起世界的关注，体现了超越国界的世界意义。

[解释] 赢得：取得；获得。后面可以接抽象事物和具体事物。

[例句] ① 今天是我第一次在这么多人面前唱歌，没想到赢得了热烈的掌声。
② 经过几年的追求，我终于赢得了她的心，成了她的男朋友。
③ 你真幸运，在这次比赛中赢得了两张去欧洲的飞机票。

**2** **不仅如此**，中国的经济发展还改变了世界经济格局。

[解释] 不仅如此：不仅仅是这样。表示后面的意思更进一层，常用来连接两个小句或两个句子。多用于书面语。

[例句] ① 那家航空公司的机票是最便宜的。不仅如此,在他们的候机室里,乘客还可享受到热茶、咖啡和小甜点等。
② 这部中国电影在中国很受欢迎,不仅如此,它在国外也很有名。
③ 她很善良,对身边的人都很关心、很宽容。不仅如此,她还经常主动帮助别人,所以大家都很愿意和她交朋友。

3 这种精神价值,将鼓舞发展中国家人民积极**探索**适合本国国情的发展道路和模式。

[解释] 探索:多方寻求答案,解决疑问。后面可以接抽象事物和具体事物。

[例句] ① 要想让公司发展得更好,我们就必须探索出更适合公司的发展方式。
② 他的梦想就是希望长大以后可以去探索神奇的海洋。
③ 历史上真有这样一个神秘的国家吗?一代又一代的历史爱好者和科学家为此探索了两千多年。

## 报刊长句

实现中华民族伟大复兴的中国梦是中华民族和中国人民的梦想,同时它倡导的国家
中国梦是　　　　　　　　梦想,
富强、民族振兴、人民幸福相统一的理念具有世界意义。
　　　　　　　　　　理念具有　意义。

## 读报小知识

### 《北京青年报》

《北京青年报》是共青团北京市委机关报,创刊于1949年3月,是北京地区最受欢迎的都市类报纸。该报以社会热点话题为焦点,引起了强烈的社会反响,报纸的影响力日益扩大。最近十年,该报敏锐地抓住了历史发展的机遇,以改革创新的作风,敢为人先的胆识,对市场经济条件下报业经营运作的新模式进行了有效探索,使事业发展取得了骄人的业绩,真正达到了社会效益与经济效益的双赢。

## 练习

一 课外阅读近期中文报刊上的文章,把你喜欢的一篇剪贴在笔记本上,阅读后写出摘要,并谈谈你的观点。

## 二 给下列动词搭配适当的词语

推翻_____　　　　传递_____

赢得_____　　　　鼓舞_____

开创_____　　　　探索_____

振兴_____　　　　倡导_____

## 三 选词填空

| 贡献　分割　不懈　充分　深厚　与时俱进　觉醒　实践 |

1. 那个国家被一条河_____成两个部分——南方和北方。

2. 经过_____的努力，我终于考上了那所大学。

3. 在课堂中学习理论知识的确很重要，但课外_____也是不可忽视的。

4. 他当了一辈子老师，为教育事业做出了一份_____。

5. 现在许多老年人也喜欢上网看新闻、聊天，看来他们的思想也在_____。

6. 在你批评过他之后，他终于_____了，决定坚持自己的目标，绝不放弃。

7. 如果没有_____的理由，你是不能请假的。

8. 我被电影中那对老夫妻_____的感情打动了。

## 四 根据课文内容判断正误

1. 毛泽东同志领导的新民主主义革命推翻了封建君主专制制度。（　　　）

2. 现在，中国人的愿望是实现中华民族伟大复兴。（　　　）

3. 中国即将成为世界贸易第一出口国。（　　　）

4. 中国梦的世界意义主要体现在四个方面。（　　　）

## 五 将下列各句组成一段完整的话

1. A 中国梦是中国人在新时期的集体期望和精神信仰

　　B 但是，中国梦就像我认识的中国人一样

　　C 热情开放，具有人类情怀

D 具有鲜明的民族特色

正确的语序是：（　　）（　　）（　　）（　　）

2. A 逐渐进入了小康社会

B 新中国成立以来

C 已经解决了十几亿人口的吃饭问题

D 人民的生活水平不断提高

正确的语序是：（　　）（　　）（　　）（　　）

## 六 根据课文内容选择正确答案

1. 课文中提到了中国的几次革命？

   A 3次　　　　　　　　　　　B 1次

   C 没提到　　　　　　　　　　D 2次

2. 以下哪项是错误的？

   A 中华民族正在朝着伟大复兴前进

   B 中国梦既有历史底蕴，又有时代特征

   C 中国梦倡导的理念包括世界和平发展

   D 中国梦对发展中国家有重要的精神价值

3. 以下哪项不能说明"中国的经济发展还改变了世界经济格局"？

   A 中国人民的生活水平已经大幅度提高

   B 中国已成为世界货物贸易第一出口国

   C "中国制造"遍及世界

   D 近年来中国进口额一直在世界上排名靠前

4. 课文中中国梦的体现不包括哪个方面？

   A 物质性与精神性的统一　　　　B 个体性与整体性的统一

   C 民族性与世界性的统一　　　　D 历史性与时代性的统一

### 七 尽量使用以下词语进行话题讨论

| | | | | | |
|---|---|---|---|---|---|
| 赢得 | 认同 | 开创 | 前景 | 底蕴 | 招生 |
| 富强 | 振兴 | 核心 | 充分 | 探索 | 技能 |

1. 你了解中国梦吗？说说你对中国梦的看法。
2. 一个国家的"梦想"应该包括哪些内容？为什么？

## 快速阅读

**阅读一（字数约 900 字；阅读与答题参考时间 7 分钟）**

### 让世界理解中国梦

列奥纳德·贝列罗莫夫

　　传统理念孕育新梦想。中国拥抱世界，让中国传统文化历久弥新，让中国梦与世界人民的梦想同行。

　　中国传统文化的繁荣发展，极大地丰富了当代中国的政治理论，并在治国实践中焕发新生。从"小康"到"大同"，当代中国的决策者将传统文化融入治国理念，创造性地提出了新的理论和奋斗目标——中国梦。

　　中国梦的组成部分包括国家富强、民族振兴和人民幸福。中国梦继承了中国传统文化，包含着富强、民主、文明、和谐、自由、平等、公正、法治、爱国、敬业、诚信、友善等价值取向。在冲突和变革不断上演的世界舞台上，和谐作为中国梦概念的重要部分，来源于中国传统文化中"和而不同"的理念，在中国的内外政策中具有重要地位。

　　春秋时，齐相晏婴是"和而不同"的最早阐释者之一。他指出，"和"比"同"更适合统治者，"和"可以让持不同观点的人们化解冲突，达成共识。"若以水济水，谁能食之？若琴瑟之专一，谁能听之？"晏婴看到，如果臣子只赞同君主而不发表自己的意见，就像用水调和水，索然无味；就像用琴瑟总弹一个音调，谁能听得下去？此后，孔子继承、发展了晏婴的思想，提出"君子和而不同，小人同而不和"。

　　包含"和而不同"理念的中国梦，是中国人民在历史实践中持续探寻的伟大梦想。中华民族的伟大复兴是指引中国人民奋斗不息的共同理想。不论什么样的身份、地位、文化程度，很多人都对中国梦中包含的道理有着准确的理解，因为这些道理虽然是关于人类命运的探讨，却来自人生中最平凡的经验。

　　经过几千年的发展，中国的传统文化被赋予了新的历史使命。中国改革开放的总设计师邓小平在改革之初提出了小康社会的目标。儒学中的"小康"概念与现实结合，让传统文化的内涵再度丰富。中国国家主席习近平提出实现中华民族伟大复兴的中国梦，承载着几代中国人的共同愿望，为国家创造新的伟大成就指明了前进方向。

传统理念孕育新梦想。中国已成为领跑全球的重要经济体，散发着独特魅力的中国文化也逐渐被世界接受。中国拥抱世界，需要让更多的外国人理解和接受中国梦，让中国传统文化历久弥新，让中国梦与世界人民的梦想同行。

（作者为俄罗斯孔子基金会主席，本报驻俄罗斯记者谢亚宏采访整理）

（选自《人民日报》，有改动）

## 回答问题：

1. 中国梦的组成部分有哪些？
2. 请用自己的话解释"和而不同"。
3. 文章中提到了中国的哪几位领导人？他们提出的目标分别是什么？

### 阅读二（字数约1650字；阅读与答题参考时间15分钟）

## 中国梦富有感召力

**本报驻哈萨克斯坦记者 黄文帝**

今日，哈萨克斯坦著名汉学家克拉拉·哈菲佐娃女士在家中接受了本报记者的采访，讲述了自己的中国故事，表达了对中国人民的祝福。

谈到中国的发展，哈菲佐娃表示："中国这些年变化很大，不仅是现代化高楼大厦多了，而且从普通民众的衣着、神情、与人接触的方式等细节的变化中，我能够明显感受到中国的发展和进步。最近去中国，发现中国青年也和以前不一样，他们熟练使用计算机、电子词典等最新科技产品，英语十分流利，做事也非常独立，大多有自己的见解。中国经济成就令人佩服，让人由衷赞叹，中国在国际舞台上的威望达到了前所未有的高度。中国在许多国际问题上的外交政策公正得当，令人尊重。中国国家主席习近平提出中国梦，我认为这不仅是对中国国内的民众，也是对海外的中国人和对华友好人士的一种伟大号召。"

哈菲佐娃研究汉学40余年，是目前哈萨克斯坦资历最深的汉学家，先后任教或任职于哈萨克斯坦多所高校和哈总统战略研究所，为独立后的哈萨克斯坦培养了大批汉语人才。她的研究领域涵盖中亚与中国相关的方方面面，并在哈萨克斯坦和中国发表过多篇论文，还出版了《14～19世纪中国在中亚的外交》等多部专著。她对中国和中国文化情有独钟，记者一进她的家门，就感受到扑面而来的中国风：写着"纵横天下"的挂历、墙上贴着的中国画、书房里一大堆与中国相关的书、书架上的孔子像……

"我一直都觉得自己是一个幸运的人，我曾有幸在北京大学学习，大约30年后又到兰州大学教了两年俄语。我去过19所中国大学，我由衷感谢中国的改革开放政策。1949年新中国刚成立时，我在上小学三年级，中国瓷器上的汉字给我留下了深刻印象，我又在一些苏联儿童杂志和《少先队真理报》上读到中国的风土人情，从此与中国结下不解之缘。上大学我选择了汉语专业，20世纪60年代到北京大学学习。我已经记不清去过中国多少次了。北京、乌鲁木齐、西安、洛阳、台北……每次去中国访问或进行学术交流，主办方都会组织丰富的文化活动，这让我有机会亲身体验丰富的中国文化。去年12月，我去北京参加了文化部主办的首届'汉学家与中外文化交流'座谈会，并到有'海上丝绸之路起点'美誉的泉州等城市参观，这些城市都给我留下了深刻、美好的印象。我们这些汉学研究者来自世界不同国家，思维、观点也不尽相同，但我们有个共同点——我们都爱中国。我个人的命运与中国紧密联系在一起，我能够自由进行研究创作，感到很快乐，中国也一直支持我。可以说，中国文化丰富了我的精神生活。"哈菲佐娃如是说。

"这些年，汉语在国际上的地位明显提高，可以说世界范围掀起了汉语学习热，在哈萨克斯坦也不例外。随着哈中关系的深化，两国经贸往来日益密切，哈萨克斯坦目前已有4个城市开设了孔子学院。去年9月，习近平主席访问哈萨克斯坦期间表示，中国将在未来10年向上海合作组织成员国提供3万个政府奖学金名额，并邀请1万名孔子学院师生赴华研修。听到这个消息，我非常高兴，这有利于我们更好地培养汉学家和各行各业的汉语人才。比起我们那时的条件，现在哈萨克斯坦学习汉语的学生们拥有难以比拟的宝贵机会。"

"文化沟通可以增加不同国家、民族之间的相互了解和信任，使我们的世界更宽容。我希望我的同行们在汉学研究领域取得更大成绩。我听到有的外国学者甚至感叹，我们迎来了汉学研究的黄金时代。的确，当前的形势对我们来说是难能可贵的机遇。我也祝愿孔子学院越办越好，更加壮大，为更多人学习汉语提供机会和帮助，不管是青少年还是老人。"

哈菲佐娃说："不知道历史上的中国，就不知道现在的中国。我经常叮嘱我的学生们，中国文化如此博大精深，一定要利用空闲时间多研究，培养兴趣。哪怕是收集中国扇子，多去博物馆看看徐悲鸿、齐白石的画，多听听京剧，或者学做中国菜。因为这些细节，都浓缩了中国的历史和文化。我也把对中国文化的热情传给了女儿和丈夫，女儿现在定居莫斯科，最近在研究柳宗元的散文。哈萨克斯坦目前在华留学生约有8000人，我希望未来会有更多年轻人研究中国，希望哈萨克斯坦有更多的人能了解中国。"

（选自《人民日报》，有改动）

**回答问题：**
1. 哈菲佐娃从哪些方面感受到了中国的发展和进步？
2. 介绍一下哈菲佐娃去年12月来中国的情况。
3. 哈菲佐娃举了哪些研究中国文化、培养兴趣的例子？

阅读三（字数约1160字；阅读与答题参考时间11分钟）

## 山东截肢女孩曾获救助　大学毕业后帮助残疾患者

马年春节，杨晓霞的手机不停地在响，她收到了近百条拜年短信。这些短信是和她一样的残疾病友从全国各地发来的。

19年前的春节，山东农家截肢女孩杨晓霞，曾牵动了千万人的心，并收到了高达87万元的捐款。如今的杨晓霞早已康复，大学毕业后，她回到了当初为她安装假肢的中国康复研究中心工作。

晓霞最大的梦想就是，像当初大家帮助她那样，帮助身边截肢的病友，指导他们安装假肢，早日走出心理阴影。

### 回忆往事：爱心捐款高达 87 万多元

杨晓霞来自山东临邑农村。1994 年她右手小拇指上有个"小黑点"，不停溃烂。这种罕见的"多种细菌协同性坏疽"，最终让她失去了右前端小臂和左手的两根手指。

1995 年春节，杨晓霞的故事先后被 70 多家媒体报道。在不到一个月时间内，引发了建国以来最大规模的爱心捐款——87 万多元。

在医学专家的努力下，杨晓霞被治愈了，她还来到中国康复研究中心安装了假肢，并接受了康复治疗。晓霞知恩图报，将剩余的 45 万多元捐款全部捐赠给了中国宋庆龄基金会，设立了"宋庆龄儿科医学奖"。

### 感恩回报：穿上白大褂帮助残疾患者

转眼 20 年过去了，当年的小女孩晓霞如今已成了大姑娘，有着自己的梦想和担当。春节前夕，记者在中国康复研究中心看到晓霞时，她穿上了白大褂，正在指导一名第一次安装假肢的农民工如何安装和适应假肢。

看到晓霞的右前端小臂也安装着假肢，这名农民工兄弟说，他觉得很亲切。早在 2007 年，晓霞从北京交通大学毕业，就来这里工作。7 年来，晓霞已经帮助 500 多位截肢的病友安装和练习使用假肢。

晓霞说，安装假肢不仅能遮掩形体的不完整，达到心理平衡，更主要的是在功能上有所帮助，尤其是帮助下肢截肢的患者重新站起来。因此，这些年，她一直在钻研假肢的学问，使每一位向她咨询的病友，都能选择到真正适合自己的假肢。

在晓霞帮助过的众多病友中，和她联系最密切的是 15 岁的小芳，她和晓霞当年生病截肢时差不多大。去年 6 月，小芳因为车祸失去了双腿，小姑娘从此总是哭，也经常和最关心自己的母亲吵架。

晓霞指导小芳安装和适应假肢，两人相处了 3 个多月。刚开始安装假肢的时候，每次需要检查测量，小芳都会躲着不让。于是，晓霞就耐心地和小芳聊家常，和她分享自己当年的故事。渐渐地，小芳变得开朗多了，她总是笑着邀请晓霞去她家乡玩儿……

### 追求梦想：攻读心理学继续辅导病友

这些年，晓霞也走过了一段心路历程。她坦言，每当生活上遇到困难，她都会提醒自己，有那么多好心人帮助过她，不能让大家失望。

工作之余，晓霞考取了心理咨询师证。眼下她还在攻读心理学硕士。"主要是系统的学习能够指导我的工作，还能帮病友从身体残缺的心理阴影中逐渐走出来。"

如今，晓霞已经过了而立之年，和普通人一样，她也有困扰，那就是早日成立自己的家庭。晓霞坦言，女人再要强，终究渴望身边能有个知心的爱人。

（选自《北京晚报》，有改动）

**判断正误:**

1. 杨晓霞现在在中国康复研究中心工作。　　　　　　　　　　　　　　（　）
2. 杨晓霞因为意外事故失去了右前端小臂。　　　　　　　　　　　　（　）
3. 杨晓霞治疗自己的病一共花了45万元。　　　　　　　　　　　　　（　）
4. 晓霞已经帮助500多位截肢的病友走出了心理阴影。　　　　　　　（　）
5. 杨晓霞希望每一位向她咨询的病友，都能选择到真正适合自己的假肢。（　）
6. 在晓霞帮助过的众多病友中，和她联系最密切的是比她小15岁的小芳。（　）
7. 杨晓霞希望能快点儿找到自己的爱人。　　　　　　　　　　　　　（　）

# 第十课　中国领衔发展实现全球"共赢"

**背景知识**

当前的世界经济形势复杂多变，经济增速一再放缓，国际市场大宗商品价格继续上涨，发达国家内需疲弱，而"世界需要中国"的呼声越来越高。近年来，中国经济的上升趋势比较明显，外界一片看好。如今，G20新兴经济体国家的地位逐渐追赶上G8发达国家，尤其是中国的话语权逐渐增强，外界由此对中国在世界经济格局中发挥更大作用有更多期待。而中国经济的稳定，让世界各国对中国充满了信心。1998年亚洲金融风暴，中国坚持人民币不贬值，避免本国陷入危机的同时为亚洲经济复苏做出了重大贡献。如今，世界经济陷入复杂情势，中国依旧以特有的方式发挥着作用。

## 词语表

**01　领衔　　　lǐngxián　　　（动）**
领衔主演 / 那位女明星又领衔主演了一部爱情电影。

排名在第一位
to lead; to star in
連署の筆頭になる
가장 주요한 위치를 차지하다

**02　共赢　　　gòngyíng　　　（动）**
实现共赢 / 我相信我们两家公司经过合作，一定可以实现共赢。

大家共同得到利益
wins for both parties, win-win
ウィンウィン、双方にプラスになる
다 같이 이익을 얻다

**03　新兴　　　xīnxīng　　　（形）**
新兴学科 / 那座小岛成了新兴的旅游目的地。

最近兴起的
rising, emerging
新興の
신흥의, 새로 일어난

| 4 | 轮 | lún | （量） |

一轮比赛 / 在上一轮的比赛中，你表现得很好。

用于重复的事物或动作
measure word for things/actions that are cyclical
ひと回り
순환하는 사물이나 동작을 세는 단위

| 5 | 复苏 | fùsū | （动） |

经济复苏 / 世界经济从去年开始慢慢复苏。

这里指生产逐渐恢复，市场逐渐活跃，物价回升，利润增加等
(economics) recover gradually
回復する、復活する
경제나 생산이 회생하다

| 6 | 一帆风顺 | yì fān fēng shùn | |

人一生不可能是一帆风顺的，总会遇到一些困难。

比喻非常顺利，毫无挫折
to go without a hitch; to be smooth sailing
順風満帆、とんとん拍子にいく
일이 순조롭게 진행되다

| 7 | 展望 | zhǎnwàng | （动） |

展望未来 / 展望未来，旅游业的前景很好。

对事物发展前途进行观察与预测
to look to the future
遠くを眺める、展望する
앞을 내다보다，전망하다

| 8 | 执行 | zhíxíng | （形） |

执行主席 / 他是这家上市公司的执行董事。

实际主持工作的
executive
執行する
집행하다，실시하다

| 9 | 风险 | fēngxiǎn | （名） |

担风险 / 这件事是我冒了很大的风险才办成的。

可能发生的危险
risk, danger
リスク，危険
위험

| 10 | 利率 | lìlǜ | （名） |

银行利率 / 银行利率会根据经济政治等情况适时调整。

利息和本金的比率
interest rate
利率
이율

| 11 | 迹象 | jìxiàng | （名） |

迹象可疑 / 种种迹象表明，他是在骗你。

指表露出来的不很明显的情况，可用来推断事物的过去或将来
sign, indication
兆し、形跡
흔적，자취，현상

| 12 | 紧缩 | jǐnsuō | （动） | 缩小；压缩 |

紧缩开支 / 紧缩性货币政策就是通过减少货币供应量达到紧缩经济的目的。

to shrink, to contract, to reduce

縮小する、減少する

긴축하다, 축소하다

| 13 | 稳定 | wěndìng | （形） | 稳固安定；没有变动 |

社会稳定 / 我想找一份稳定的工作，然后结婚、生孩子。

stable, steady

安定している

안정되다

| 14 | 改善 | gǎishàn | （动） | 改变原有情况使好一些 |

改善生活条件 / 我想赶紧工作、挣钱，帮家里改善生活条件。

to improve, to better

改善する

개선하다, 개량하다

| 15 | 动力 | dònglì | （名） | 指推动工作、事业等前进和发展的力量 |

缺乏动力 / 一个人如果有了理想，就有了强大的动力。

motivation, driving force, impetus (here used as a noun)

動力，原動力

동력, 원동력

| 16 | 提速 | tísù | （动） | 提高速度 |

大大提速 / 全国的铁路列车将全面提速。

to accelerate

速度を速める

속도를 높이다

| 17 | 低迷 | dīmí | （形） | 不景气 |

市场低迷 / 最近汽车市场低迷，出现了销售额下降的情况。

(of economy) depressed

低迷な

(경제가) 떨어지다, 쇠퇴하다, 불황이다

| 18 | 高速 | gāosù | （形） | 速度快的 |

高速公路 / 行人和自行车是不能上高速公路的。

high-speed

高速度の

빠른 속도의

| 19 | 效益 | xiàoyì | （名） | 效果和利益 |

经济效益 / 在经济危机时，许多小企业的经济效益都不好。

benefits, (economic) returns

効果と利益

이익, 효과와 수익

| 20 | 分工 | fēngōng | （动） | 分别从事各种不同而又相互补充的工作 |

分工合作 / 我们分工合作，一起完成了这次的任务。

to divide labour

分担する

분업하다, 분담하다

| | | | | |
|---|---|---|---|---|
| 21 | 链 | liàn | （名） | 用金属的小环连起来制成的像绳子的东西 |

手链 / 他送我的手链很漂亮。

chain

チェーン、鎖

쇠사슬

| | | | | |
|---|---|---|---|---|
| 22 | 订单 | dìngdān | （名） | 订购货物的合同、单据 |

出口订单 / 去年我们公司接到了许多出口订单。

(purchase) order

発注書

주문서, 주문 명세서

| | | | | |
|---|---|---|---|---|
| 23 | 倒闭 | dǎobì | （动） | 工厂、商店等因亏本而停业 |

公司倒闭 / 那家小公司在经济危机时倒闭了。

to go bankrupt, to go out of business

倒産する

(상점，회사 등이) 도산하다

| | | | | |
|---|---|---|---|---|
| 24 | 后备 | hòubèi | （形） | 为补充而事先准备好的（人员、物资等） |

后备力量 / 对于足球队来说，培养后备力量也是一项重要的工作。

reserve, backup (person, materials, etc.)

後備の，予備の

예비의, 보결의

| | | | | |
|---|---|---|---|---|
| 25 | 产业 | chǎnyè | （名） | 构成国民经济的行业和部门 |

第三产业 / 一般来说，第三产业指的是服务业。

industry

産業

산업

| | | | | |
|---|---|---|---|---|
| 26 | 运转 | yùnzhuǎn | （动） | 比喻组织、机构等进行工作 |

正常运转 / 这家公司虽然成立不久，但这几年运转正常。

to function, to operate

運行する回転する

돌다, 운행하다, 돌아가다

| | | | | |
|---|---|---|---|---|
| 27 | 红利 | hónglì | （名） | 企业分给股东的利润或分给职工的额外报酬 |

发放红利 / 领导决定，今年会根据公司的效益给员工们发放红利。

bonus, extra dividend

配当金，賞与

보너스, 상여금

| | | | | |
|---|---|---|---|---|
| 28 | 刺激 | cìjī | （动） | 推动事物，使起积极的变化 |

刺激经济发展 / 政府正在想办法刺激经济发展。

to stimulate (the economy)

刺激する

자극하다, 북돋우다

| 29 | 拼 | pīn | (动) |

拼能力 / 现在，人们在找工作时不仅要拼学历，还要拼能力。

比拼
to compete strenuously
つなぎ合わせる
필사적으로 하다

| 30 | 附加值 | fùjiāzhí | (名) |

高附加值 / 那家公司决定出口一些高附加值的产品。

原料经过深加工后所增加的价值
(economics) added value
付加価値
부가 가치

| 31 | 迫切 | pòqiè | (形) |

迫切要求 / 我们公司迫切需要会两门外语的人才。

需要到难以等待的程度；十分急切
urgent, pressing
切実である、差し迫った
절박하다, 다급하다

| 32 | 控制 | kòngzhì | (动) |

这个行业的所有企业都由国家控制。

使处于自己的占有、管理或影响之下
to control
制御する
통제하다, 억제하다

| 33 | 房地产 | fángdìchǎn | (名) |

房地产市场 / 听说他是做房地产生意的，非常有钱。

个人或团体保有所有权的房屋及地基。房产和地产的总称
real estate
不動産
부동산

| 34 | 泡沫 | pàomò | (名) |

房地产泡沫 / 地价的稳定可以有效地防止房地产泡沫的产生。

比喻某一事物所存在的表面上繁荣、兴旺而实际上虚浮不实的成分或现象
bubbles; economic bubbles
バブル、泡沫
거품

## 课文导入

1. 你对现在全球的经济形势有哪些了解？

2. 你怎么看中国对全球经济的影响？

# 中国领衔⑴发展实现全球"共赢⑵"

### 本报记者 罗兰

世界银行专家指出,新兴⑶市场仍将是未来世界经济发展的重要发动机,而中国的作用很大。随着新一轮⑷改革开放的展开,中国会为世界各国提供更多商业机会。

## 世界经济将复苏⑸

全球经济开始慢慢复苏。据预测,去年已经看到美国、欧洲和世界其他地区正在从经济危机中复苏,全球经济增长率将从去年的 2.4% 上升至 3.2%,明年和后年则有可能分别达到 3.4% 和 3.5%。

然而,经济复苏之路**并非**从此一帆风顺⑹。世界银行发展展望⑺部执行⑻主任安德鲁·彭斯认为,目前主要的风险⑼集中在美国,如果发达国家大幅度提高银行利率⑽,这将会引起从发达国家流入发展中国家的资金减少,短期内可减少50%。另外的风险当然还是在欧洲。虽然,欧元区复苏迹象⑾鲜明,但仍然未能解决很多导致危机的根本问题;还有一个必须提到的风险,就是中国的经济结构调整幅度和具体情况。

风险虽有,但发达国家和发展中国家经济仍**呈**增长**趋势**。在发达国家,各国经济紧缩⑿和政策不稳定⒀情况都将在今年得到改善⒁,从而促进经济增长速度从去年的1.3%提升至今年的2.2%,开始与发展中国家一起进入增长轨道,成为全球经济增长的第二动力⒂。

具体来说,美国是其中提速⒃最快的,预计美国经济增长将从去年的1.8%上升至2.8%;欧洲国家今年也将有1.1%的增长预期。同时,发展中国家总体增长也会有小幅上升,将从去年的4.8%上升至5.3%。

## 中国贡献很大

全球经济低迷⒄时,包括中国在内的新兴经济体一直强力带动着世界经济。据统计,近10年来,新兴经济体对世界经济增长的贡献率一直超过50%,甚至达到70%。

在新兴经济体中,中国对世界经济的贡献非常重要。统计显示,去年,在中国经济增速减慢的情况下,对世界经济的贡献仍达到近三分之一。未来,中国将对全球经济做出更大贡献。

"随着新一轮对外开放的展开,中国会对世界各国提供更多商业机会。"商务部国际贸易经济合作研究院国际市场研究部副主任白明说,因经济增长的高速⒅期已过,中国对世界经济的带动将不体现在速度上,而是质量和效益⒆上。

白明说,中国经济发展,从其他国家进口会增多。老百姓消费能力增强也能带动其他国家的出口。在金融危机和欧债危机时,国际产业分工⒇链㈡出现断点,比如有些国家生产电脑、汽车设备的企业,因订单㈢不够倒闭㈣了,而中国的后备㈤产业㈥及时补上,能让国际产业分工链及时运转㈦起来,这也是对世界经济的贡献。

## 改革是发展最大红利㈧

如何抓住世界经济向好的机遇赢得自身发展?专家指出,改革依然是未来中国经济发展的最大红利。只有通过改革,才能进一步刺激㈨经济发展。

"中国社会再一次到了改革的重要时期。"著名经济学家李义平认为,当前中国的经济、社会又进入了一个重要时期，具体表现在，现有的拼[29]资源、拼环境，附加值[30]低的速度型模式难以继续，迫切[31]需要转变经济发展方式。

目前，一系列改革正在进行中。"中国的经济增长依然稳定，今年应该继续在调整经济结构、控制[32]房地产[33]泡沫[34]以及提高人们实际生活水平方面做出更多努力。"安德鲁·彭斯建议。

（全文字数：约1220字）

（选自《人民日报·海外版》，有改动）

## 注 释

**1** 然而，经济复苏之路**并非**从此一帆风顺。

[解释] 并非：并不是，表示否定。多用于书面语。

[例句] ① 演员并非天天生活在掌声、鲜花中，永远是轻松快乐的。
② 许多生活在城市中的人觉得，生活在农村可以每天和大自然接触，可以让人放松、愉快，但农村人眼中的农村生活并非如此。
③ 在同学聚会时，他发现不少人都过得比自己好，自己并非最优秀的，这让他的自信心受到了一些打击。

**2** 风险虽有，但发达国家和发展中国家经济仍**呈**增长**趋势**。

[解释] 呈……趋势：显示事物发展的方向。

[例句] ① 最近水果价格呈下降的趋势。
② 近年来，旅游业呈高速发展趋势。
③ 人们的收入水平呈不断增长的趋势。

**3** 现有的拼资源、拼环境，附加值低的速度型模式**难以**继续，迫切需要转变经济发展方式。

[解释] 难以：不容易；不易于。主要用于双音节动词或形容词前。多用于书面语。

[例句] ① 这样的事实让我的心情久久难以平静。
② 由于天气原因，原定于今天下午两点举行的足球比赛难以正常进行，改为明日举行。
③ 人类对大自然的了解还很少，所以有些问题就连科学家也难以回答。

## 报刊长句

1. 世界银行发展展望部执行主任安德鲁·彭斯认为，目前主要的风险集中在美国，
　　　　　　　安德鲁·彭斯认为，　　　　　　风险集中在美国，
如果发达国家大幅度提高银行利率，这将会引起从发达国家流入发展中国家的资金减少，
如果发达国家　　提高　利率，这　会引起　　　　　　　　　　资金减少
短期内可减少50%。
　　　　　减少50%。

2. 在金融危机和欧债危机时，国际产业分工链出现断点，比如有些国家生产电脑、
　　　　　　　　　　　　　国际产业分工链出现断点，
汽车设备的企业，因订单不够倒闭了，而中国的后备产业及时补上，能让国际产业分工
　　　　　　　　　　　　　　　　　　中国的后备产业　补上，　让国际产业分工
链及时运转起来，这也是对世界经济的贡献。
链　运转　，这　是　　　贡献。

# 读报小知识

## 《新京报》

《新京报》是光明日报和南方日报两大报业集团联合主办的综合类大型城市日报，于2003年11月11日正式创刊，是中国第一次两个党报报业集团合作办报，是中国第一家得到国家有关部门正式批准的跨地区经营的报纸，是一份高度密集覆盖北京市场的强势新主流纸质媒体。

《新京报》日均88个版，周五超过100个版。《新京报》采用科学的版面分叠方法：分为A/B/C/D四叠，A叠为时政新闻和体育新闻，B叠为财经新闻和产业周刊，C叠为娱乐新闻和文化副刊，D叠为北京生活杂志。在各叠基础上，设置了十二周刊，周一为电视周刊和汽车杂志，周二通信周刊，周三数码周刊，周四食品健康周刊，周五商贸家电周刊、黄金楼市和书评周刊，周六财经周刊、娱乐周刊和赛道周刊，周日地球周刊。在分叠和周刊的框架上，新京报还推出了六大特色栏目，即来论/来信、北京宝贝、北京爱情、北京地理、气象新闻、漫画联盟栏目，成功融入北京生活，广受北京市民的喜爱。

《新京报》具备鲜明的城市特色，强烈的时代意识，浓郁的北京风味。《新京报》拥有中国最优秀的报业管理团队和人才队伍，以"负责报道一部分"为办报理念，以娴熟创新的专题策划见长。作为开启北京报业新格局的主流媒体，《新京报》依存于灵敏的市场化意识，依存于无穷无尽的团队智慧，已经成为中国报业最有影响力、最有价值的品牌之一。

## 练 习

**一** 课外阅读近期中文报刊上的文章,把你喜欢的一篇剪贴在笔记本上,阅读后写出摘要,并谈谈你的观点。

**二** 给下列动词搭配适当的词语

领衔_____     拼_____

展望_____     控制_____

紧缩_____     刺激_____

改善_____     运转_____

**三** 选词填空

> 倒闭　　分工　　后备　　低迷　　稳定　　新兴　　一帆风顺

1. 最近国内经济_____,很多人都丢了工作。

2. 作为小企业,想在经济危机中坚持下去、不_____,简直是太困难了。

3. 他一生中都没遇到过什么大的困难,可以说是_____。

4. 这项任务要由整个小组共同完成,我们先考虑一下怎么_____吧。

5. 她刚和男朋友分手,情绪还不太_____,你去安慰安慰她吧。

6. 虽然我现在还只是班里的_____干部,但我相信经过我的努力,我一定能赢得大家的认同,成为正式的班干部。

7. 那个_____的网络游戏吸引了很多年轻人,据说玩法和原来的游戏都不一样。

**四** 根据课文内容判断正误

1. 后年全球经济增长率可能比去年增加1.1%。(　　　)

2. 安德鲁·彭斯提出了经济复苏中存在的三个风险。(　　　)

3. 发展中国家是全球经济增长的第二动力。(　　　)

4. 近10年来,新兴经济体对世界经济增长的贡献率有时可达70%。(　　　)

## 五 将下列各句组成一段完整的话

1. A 国际产业分工链出现断点

   B 而中国的后备产业及时补上

   C 能让国际产业分工链及时运转起来

   D 在金融危机和欧债危机时

   正确的语序是：（　）（　）（　）（　）

2. A 具体表现在

   B 现有的拼资源、拼环境，附加值低的速度型模式难以继续

   C 当前中国的经济、社会又进入了一个重要时期

   D 迫切需要转变经济发展方式

   正确的语序是：（　）（　）（　）（　）

## 六 根据课文内容选择正确答案

1. 发达国家今年的经济增长速度是_____。

   A 2.2%　　　　　B 3.2%　　　　　C 2.4%　　　　　D 3.4%

2. 今年经济增长预期最高的是_____。

   A 美国　　　　　B 欧洲　　　　　C 发展中国家　　　　　D 发达国家

3. 以下哪一项是正确的？

   A 去年，中国对世界经济的贡献超过三分之一

   B 未来，中国对世界经济的贡献会更大

   C 全球经济低迷时，中国经济也很低迷，无法带动世界经济发展

   D 去年，中国经济的增长速度加快了

4. 安德鲁·彭斯建议，中国应进行的改革不包括_____。

   A 调整经济结构　　　　　B 提高人们实际生活水平方面

   C 控制房地产泡沫　　　　D 转变经济发展方式

七 尽量使用以下词语进行话题讨论

| 新兴 | 展望 | 迹象 | 改善 | 效益 | 红利 |
| 复苏 | 风险 | 稳定 | 动力 | 产业 | 控制 |

1. 你认为怎样才能实现全球"共赢"？
2. 你认为中国在大力发展经济的同时，还应该注意哪些社会问题？

### 快速阅读

阅读一（字数约 930 字；阅读与答题参考时间 8 分钟）

## "草根理财"、移动支付成国民信息消费新趋势

近日，中国最大的第三方支付平台支付宝发布"全民年度对账单"，不仅让每个用户直观了解到自己开支状况和生活轨迹，也可以成为观察网络新经济、社会生活和消费方式转变的新窗口。

### 信息消费异军突起：人均网上总支出迈进"万元时代"

如果说天猫"双十一"创下单日销量 350 亿元的销售额还太抽象，那么支付宝发布的这份"全民年度对账单"则对个人的消费能力作了更细致的描述：去年支付宝用户人均网上支出（包含网上消费、转账、还款、缴费等）突破万元大关，稳稳站在 1 万元以上。

根据这份年度对账单，去年网上支出金额排名前五的省份中，广东反超前一任"冠军"浙江，排在第一。其他排名前五的省市为浙江、北京、上海和江苏。

按地区来看，尽管沿海省份依然是网上支出的主力军，但是中西部省份增速要远高于东部沿海地区。

### 4303 万人用"余额宝"理财 用户平均年龄仅为 28 岁

绑定在支付宝中的"草根理财神器"——余额宝，过去半年以其低门槛、操作便捷的特点在中国开启了"全民理财"时代，半年时间发展 4303 万用户，户均持有额 4307 元。支付宝发布的"全民年度对账单"显示了用户的年轻化特征：余额宝用户的平均年龄仅有 28 岁，其中 23 岁的用户数量最多，超过 200 万人。50 岁以上的余额宝用户仅占约 2%。

从地域分布来看，互联网金融"草根理财"在中国各地的受欢迎程度各有不同。浙江人的理财需求最旺盛，截至去年年底的余额宝申购量超过 550 亿元，排名第一，位于第二、三位的是江苏和山东。

不过从用户数来看，位列前三的"理财大省"当属江苏、广东和浙江。打造"国际金融中心"的上海则以突破万元的人均持有量，占据余额宝人均持有金额第一的宝座。

### 聚餐拿手机AA 移动支付大潮到来，你"咻"了吗

移动支付在去年快速增长，吃饭用手机"咻"一声AA付款、逛街购物掏出手机买单，哪怕是打车也开始能用手机付车费。支付宝发布的"全民年度对账单"显示，去年移动端的支付宝钱包用户数同比增长547%，移动支付逐渐成为老百姓的新的生活方式。

统计显示，去年用户通过支付宝钱包进行转账、缴费、还款、充值业务总数超过5亿笔。从用户数量上统计，上海、北京、广州是支付宝钱包用户数最多的城市。最喜欢用支付宝钱包进行网上支出的是上海人，其次是浙江人和北京人。

（选自新华网，有改动）

回答问题：
1. 根据"全民年度对账单"，哪个地区是网上支出的主力军？
2. 为什么余额宝能在中国开启"全民理财"时代？
3. 在哪些地方可以用手机支付？

## 阅读二（字数约840字；阅读与答题参考时间7分钟）

## "中国大妈"是怎样炼成的

子 行

刚过完春节，"中国大妈"又开始争相购买黄金首饰。据说，"中国大妈"已经成了一个在全世界都很有名的词。

一段时期以来，关于"中国大妈"的消息占据了媒体的重要位置，她们抢购黄金，引起世界金价变动；她们占据了比特币贵宾用户40%的份额，花钱不眨眼，有些"土豪"的气魄；金价暴跌，她们待宰羔羊般被套牢的郁闷，又令人叹息。"中国大妈"被塑造成一个强势甚至强悍的、喜欢扎堆儿跟风、有些非理性的特殊群体。

显然，现在报道中的"中国大妈"多少有点被妖魔化了。然而，我更关注"中国大妈"是如何炼成的。

家庭是"中国大妈"最基本的活动场所。她们大都是家庭主妇，掌管着家中的油盐柴米酱醋茶等一应大事小事。操心多，对家庭的大小事务自然更有话语权，自然在物价的潮涨潮落、风云变幻中变得特别敏锐。

男女做同样的工作领同样的工资为"中国大妈"打好了必要的经济基础。她们从年轻时代起，就得以走出家门，参加工作，赚取工资，拥有了养家的能力。因此，在子女教育、家庭建设等方面，她们至少都可以和"中国大爷"平起平坐，共同决策。同时，由于融入社会，"中国大妈"的社会交往网络也比自己的前辈广泛得多，这就使她们有了更多交流的渠道，有了更多的信息，有了更多女性间的相互激励。

曾经的"铁姑娘"榜样是"中国大妈"特殊的文化背景。从 50 岁的中年妇人到 80 岁的老妇人，都经历过一个共同的时代——1960～1970 年代。那时候她们接受了"妇女能顶半边天"的社会化教育，受到了"不爱红装爱武装"的审美教育……

于是，敢想敢干、热情冲动的"中国大妈"出现在今天的经济生活里。

然而，事实上，"中国大妈"抢购黄金，根本改变不了金价的最终走势。

正如一些学者指出的，"中国大妈"现象折射的其实是当前的中国消费者不差钱，差的是投资出口的深层问题。如今中国居民个人储蓄余额已高达 41 万亿元，可见中国潜在的巨大投资需求。

"中国大妈"本无意与华尔街精英一决高下，支撑大妈对黄金不懈追求的，不全是升值的诱惑，更主要是安全感的缺失。

（选自《郑州日报》，有改动）

**回答问题：**
1. "中国大妈"为什么受到媒体关注？
2. "中国大妈"是从哪几个方面炼成的？

## 阅读三（字数约 1880 字；阅读与答题参考时间 15 分钟）

### 高房价成北漂离京主因　"逃离"者多在当地已购房

离京的"北漂"现在过得怎么样？近日，《新京报》记者对曾在北京打拼，最后选择二三线城市发展的 53 位来自不同阶层、从事不同职业的人士进行了问卷调查，近七成受访者表示，离开北京是出于高房价带来的压力，近半数的受访者"无悔"离开北京。

#### 高房价为"北漂"离京主因

所有受访者中，共有七成多在北京工作时间不到 5 年，坚守到 10 年以上的只有 2 人，占 3.77%。

数据显示，超过一半的受访者每个月的积蓄在千元以下；更有 32.08% 的受访者是"月光族"，攒不到一分钱，他们在北京最大的生活成本，是高额的房租；有 79.25% 的受访者因为房价高房租贵而烦恼；最终有 69.81% 的受访者因高房价离开北京。

#### "逃离"者多数在当地已购房

在二三线城市生活，买房压力相对较小。数据显示，超八成离京"北漂"居住（含租住）在 60 平方米以上的房子，超七成已购房。

但在居住条件改善的同时，"逃离"北京的人也要面对新的压力。不少受访者回到二三线城市后，不大适应当地的工作、生活氛围。约一半受访者认为自己所在的城市"公平公正较差，做什么事都得找人""家里没有背景，单靠能力升职很难"；另有超过一半受访者表示"看不惯做什么事情都得送礼"。

同时，有49.06%的受访者，对于自己离开北京的决定表示"不后悔"，有15.09%的受访者称"有点儿后悔"，而感觉"很后悔"的受访者，只有1.89%。

■ 观点

### 二三线城市发展前景同样广阔

"部分'北漂'去二三线城市发展，是理性的选择。"中国就业研究所副研究员、中国人民大学劳动人事学院副教授葛玉好表示，目前而言，北京等国际一线城市所具有的就业、薪酬等优势越来越少，而二三线城市前景广阔，发展空间大。"离开北京，前景同样广阔。"葛玉好说，因北上广房价物价高、距离父母远等原因，北漂者所耗费的经济成本及亲情成本都会增加，很难短时间实现安居乐业。在客观评估自身情况下"逃离北上广"，在房价物价等相对不高的环境中，经济负荷相对降低，更容易发挥自己的长处，实现安居乐业。"要改变不做池塘里的大鱼、只做大海里的小鱼的观念。"

针对离开北京后，在二三线城市所面临的"人情""关系"等产生的不适应感，葛玉好认为，由于一线城市汇聚全国知名企业及社会资源，能积累先进的工作经验以及体验丰富的文化生活。二三线城市相对落后和传统。因此选择"逃离北上广"到二三线城市发展，一方面要根据自身情况，敢于分享自己所学到的先进工作经验，另一方面也应抱着发展的开放的心态，去适应地方的社会环境。

■ 讲述

### "北漂"回家也幸福

2012年6月，22岁的小夏毕业于沈阳师范大学。不少同学都把简历投向北上广，让小夏也跃跃欲试，她之前唯一一次到北京，是高考过后和家人旅游。"很喜欢那儿，街道干净，马路宽阔，到处都有一种现代化的气息。"

不过在父母的"挽留"下，小夏于当年7月在沈阳找了一份私立学校教师的工作，每月收入3000元。但只过了几个月，她就对现状产生恐惧："22岁的我，每天重复同样的工作，42岁的我，是不是还是这样？"

去年五一，在说服父亲并与老家的男友分手后，小夏带着家人给的一万块钱，踏上开往北京的动车，成为一名"北漂"。之后，她入职劲松桥东南侧富顿大厦内的一家公司，每月工资3000元外加提成。

为了上班方便，小夏和在北京工作的高中同学租住在劲松桥附近一间50平方米的房子内，每月房租3700元，"每人1850元，加上水、电和网费，每个月在房子上要花2000块。"小夏说，当时她被北京租房的"行情"吓了一跳。因为在沈阳，在新盖的楼盘租间房不过一千出头。因为不愿再向父母张口要钱，小夏咬牙"押一付三"，带来的钱也所剩无几。

收入连日常开销都无法解决，三个月试用期还没到小夏就辞职了，直到当年10月才在双井一家公司找到月薪6000元的新工作。在此期间，为节省开支，小夏连超市都很少光顾，不过在电话里她还是告诉父母，自己"过得很好"。

转折出现在去年的11月初。小夏记得，那天下班打卡时，之前的男友打来电话，说要来北京看看她。"他想把我带回去，从来北京那天起我就明白，这一天早晚会来。"

男友见到小夏后，委婉地表达了双方父母委派自己来"催婚"的意图。后来在一天晚上遛弯儿时，男友问小夏，这座现代化、快节奏的城市，真的那么值得留恋吗？

望着男友，脑海里闪过这半年来在北京生活的片段，小夏发现，支撑自己坚持的那堵高墙坍塌了。"就在那个瞬间，我觉得自己应该回家了。"

去年12月离京回家后，小夏很快找到了工作，并与男友举办了订婚仪式，准备在今年下半年结婚。"我现在很轻松，每天不用起那么早，下班回家一进门就有热乎的饭和父母的笑脸，我会珍惜眼前的幸福。"

至于在北京的那半年，小夏说觉得是一场梦，"梦醒了，就该回家了"。

（选自《新京报》，有改动）

**判断正误：**

1. 大部分受访者因为北京房价太高而离开北京，但他们很后悔离开北京。（　　）
2. 三分之一的受访者每月攒不到钱。（　　）
3. 所有因为北京房价高房租贵而烦恼的人最后都离开了北京。（　　）
4. 离开北京后，受访者表示生活中几乎没什么压力。（　　）
5. 专家认为"逃离北上广"是理性的选择。（　　）
6. 小夏来北京的原因是她想找一份挣钱更多的工作。（　　）
7. 北京的房租比沈阳的贵得多。（　　）
8. 小夏并不后悔离开北京。（　　）

# 第六~十课测试题

答题参考时间：100 分钟                              分数：_____

## 一 给下列动词搭配适当的词语（20 分）

树立_____          筹集_____

改善_____          治理_____

预测_____          参与_____

面临_____          期待_____

违背_____          运用_____

安置_____          推动_____

推翻_____          迈进_____

兴建_____          赢得_____

紧缩_____          认同_____

展望_____          施加_____

## 二 选词填空（10 分）

| 呈……趋势 | 固然 | 尤其是 | 与……相关 | 取决 |
| 在……基础上 | 难以 | 不仅如此 | 从……来看 | 并非 |

1. 在一个竞争愈来愈激烈的社会里，人人都可以在事业上取得一定的成就。这在一定程度上_____于你是否善于学习、善于获取最新的知识。

2. _____总结以往经验的_____，政府将参照国际惯例，进一步提高 GDP 数据的透明度和准确度。

3. 大家对所学专业和工作经历在选择职业中的作用是有共识的，_____那些专业技术性比较强的学科，情况更是如此。

4. _____经济发达国家的发展历程_____,农村劳动力从占社会全部劳动力的70%～80%逐步减少到30%以下,是现代化进程的普遍规律。

5. 我要学好汉语,_____,我还要精通汉语。

6. 他后来的成就,_____与他的智慧分不开,但更与他的勤奋分不开。

7. 他不给你打电话_____他不想你,而是他怕你工作太忙,他的电话会打扰你。

8. 养育子女是一门学问,父母不掌握科学教育的知识,面对处于成长阶段的孩子,将_____承担教育他们健康成长的责任。

9. 我觉得未来银行利率_____上升_____。

10. 不少学生的梦想_____家庭、父母给自己带来的影响密切_____。

## 三 将下列各句组成一段完整的话(7分)

1. A 人们期待着服务方面有更多更好的选择

   B 逐步兴起的现代服务行业的竞争局面使绝大多数人为之欢喜、看到了希望

   C 期待着国际标准服务随处可见

   正确的语序是:(   )(   )(   )

2. A 全国在校生只有9.4万人

   B 十年前研究生在中国绝对是少数

   C "考研"已成了高校和社会最时髦的字眼

   D 2001年这一数字已超过了39万

   正确的语序是:(   )(   )(   )(   )

## 四 根据下面各段内容回答问题(10分)

1. 而且水资源空间分布欠佳,我国北方耕地占全国64%,水资源不足18%,地多水少,而长江流域及其以南地区则恰好相反。

   问题:长江流域及其以南地区水资源和耕地分布情况怎样?

2. 加入世贸组织以后，我国经济发展的状况主要取决于我国企业在国际竞争中的地位与实力，而我国现行的经济体制还存在着不少不足，使本来就因为生产力发展水平不高而缺乏国际竞争力的我国不少企业更难以应付国际竞争的挑战。

   问题：为什么说加入世贸组织以后，我国不少企业更难以应付国际竞争的挑战？

3. 改革开放前，由于工农业生产落后、经济基础薄弱及与城市化相关的政策、制度等原因，中国城市化进程曲折缓慢，直到1978年城市化水平仍低于18%。改革开放后，工农业生产迅速发展，经济基础日益增强，城市化进程随之加速。

   问题：改革开放前，由于什么原因，中国城市化进程曲折缓慢？

4. 1992年普通高等学校只有218万本专科学生在校学习，而目前的数字是719万，是1992年的2.3倍。大学生的地位悄悄发生了变化，广大民众得到了越来越多的接受高等教育的机会。

   问题：目前普通高等学校在校学习的本专科学生是1992年的多少倍？

5. 高速的经济增长使中国的生产力水平和国家实力获得极大提高。2003年，中国已经超过意大利成为世界第六经济大国，而20年前的意大利则远远强于中国，是中国GDP的2.3倍。

   问题：2003年意大利的经济居世界第几位？

**概括下面各段话的主要内容（字数不超过 30 个）（9 分）**

1. 据 2001 年全国重点水质统计资料显示，七大水系污染均比较严重，一类至三类，也就是较好的水质，所占比例不到三成，四类水质不到二成，五类和五类以上的水质占一半以上。即使按干流统计，一类至三类所占比例也不到一半。长江和珠江的水质较好，长江以二类水质为主，占八成，珠江以二类和三类水质为主，近八成。但长江流域水土流失日益严重，水中含沙量增高，水质逐渐变差。

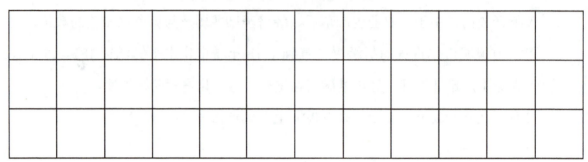

2. 从经济发展水平看，世界银行对全球 133 个国家的统计资料表明，当人均国内生产总值从 700 美元提高到 1000～1500 美元、经济步入中等发展中国家行列时，城市化进程会加速，城市人口占总人口比重将达到 40%～60%。有专家分析，在未来的十几年中，我国的人均 GDP（国内生产总值）将从 1997 年的 800 多美元，快速提高到 2000 美元以上。城市化和经济发展水平的指标都表明，我国城市化的列车已奔入快车轨道，进入快速发展的阶段。

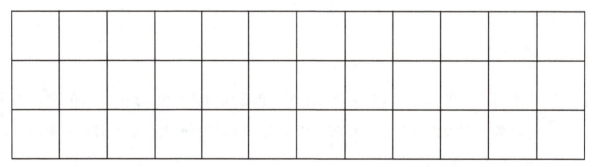

3. 从评价一个国家发展水平的关键指标——人均 GDP 来看，中国仍处于非常低的水平。1999 年中国人均 GDP 仅为 780 美元，排在世界第 140 位，是世界中等收入国家平均水平的 40%，是世界平均水平的 16%，是高收入国家平均水平的 3%，是美国的 2.5%。同时，我国的城市化水平仅为 36%，农村就业人口仍高达 50%，这些都表明中国经济发展水平刚刚从低收入国家进入中下收入国家行列。

## 阅读：（44分）

阅读一（17分）

### 注意求职"软包装"

记者在采访招聘会时注意到，用人单位在考察毕业生时，除了了解学习成绩、个人素质外，还常常通过求职"软包装"来全面考察求职者。所谓的求职"软包装"，就是你不经意间流露出来的细节。

#### 简历：不可因求简洁而过于简单

前几年厚厚一堆，今年只有一两页，求职简历从"面面俱到"终于回归到"简洁"。然而，记者注意到，不少缺乏就业指导的大学生，从一个极端走向了另一个极端，他们的简历因追求简洁而过于"简单"。

在北京举行的几场高校毕业生双选会上，记者发现，不少外地来京找工作的大学生的简历只有一页，既没有成绩单，也没有社会实践经历、获奖情况等。华北科技学院的几位女生告诉记者，她们准备简历时比较茫然，为了追求"一目了然"的效果，个人优势等用人单位看重的内容，竟然被她们糊里糊涂地"省略"了。

参加招聘会，毕业生带上足够的求职材料，求职心态会比较从容。虽然招聘会会场内设有复印点，但现场复印的肯定比不上提前准备的那样精致，那样具有统一的个人风格。最近一次招聘会上，中国人民大学经济学院几位研究生用彩色打印纸制作的简历，标新立异，大胆创新的风格得到不少用人单位的关注。

#### 现场"推销"很重要

在招聘会现场，总能看到不少忙忙碌碌的大学生奔波于展台间。好不容易挤到展台前，却放下简历，扭头就走。有些学生认为招聘会是免费投递简历的最佳场所；一位大学生自称这是在全面撒网。然而，这样随随便便撒的"网"是网不住"鱼"的。

一家公司负责招聘的工作人员告诉记者："招聘会又不是废纸处理厂，有些学生扔下简历就走，这种不认真的态度让我们也懒得看那些简历。而且有些学生专业还不对口，如果你都懒得介绍自己，不和我们交谈、沟通，我们怎么会录用你呢？现场'推销'很重要，不要认为简历一交就完事了。"

### 善用肢体语言

招聘会上，求职者与人事主管谈话，其实就是第一次面试。既然是面试，求职大学生就不要与家人、恋人在招聘会上表现得过于亲密，否则会给人以很不独立、很不职业的感觉。

人山人海的招聘现场，经常看到一些人事主管站在展台高处，给求职学生发放问卷或宣传材料。站得高，看得远，不少有经验的人事主管，会目送自己感兴趣的面试者回到人群中，看看他们面试后的真实面貌。所以，无论面试前，还是面试后，细节问题一定要注意。

### 给面试官一个坚定的眼神

一家企业负责招聘的工作人员曾向记者抱怨："现在求职的大学生底气不足，现场回答问题声音太小，有的男生不知道是不好意思还是害怕，说话时吓得连头都不敢抬。"

面谈时，双眼看着人事主管，是求职时基本的礼貌。声音洪亮，敢于在人群中大胆表达自己想法的求职者，更容易得到就业机会。

### 小小名片以小胜大

堆积如山的求职简历，不少用人单位只带走感兴趣的一部分。采访中，记者发现一位广告专业的毕业生给用人单位递交简历时，还送上一张自己设计的名片。名片体积小，便于携带、保存。这家广告公司的人事主管很是欣赏："这张小小的名片，可以看出这个年轻人的细心，一定程度上也体现了作为一名广告人的职业素质。"

（节选自《中国青年报》，有改动）

（一）判断正误（14分）

1. 几年前毕业生的求职简历和现在的差不多厚。（　）
2. 华北科技学院的几位女生的简历准备得很充分。（　）
3. 在招聘会现场，不少大学生挤到展台前，放下简历就走。（　）
4. 一家公司负责招聘的工作人员表示，他们不会录用放下简历就走的学生。（　）
5. 求职大学生不应该与家人、恋人一起出现在招聘会上。（　）
6. 面谈时，应该声音响亮，双眼看着面试官。（　）
7. 一位广告专业的毕业生给用人单位递交简历时，还送上一张自己设计的名片，得到了用人单位的欣赏。（　）

（二）回答问题（3分）

最近一次招聘会上，中国人民大学经济学院几位研究生为什么得到不少用人单位的关注？

阅读二（17分）

## 痛苦让人记忆犹新　人人怕风险，人人都是冒险家

面对风险决策，人们是选择躲避还是勇往直前？

让我们来做这样两个实验———

一是有两个选择：A是肯定赢1000元，B是50%的可能性赢2000元，50%的可能性什么也得不到。你会选择哪一个呢？大部分人都选择A，这说明他们是回避风险的。

二是有两个选择：A是你肯定损失1000元，B是50%的可能性你损失2000元，50%的可能性你什么都不损失。结果，大部分人选择B，这说明他们是有风险偏好的。

由此不难得出结论：人在面临获得时，往往小心翼翼，不愿冒风险，而在面对损失时，人人都成了冒险家了。

另一个重要结论是：人们对损失和获得的敏感程度是不同的，损失的痛苦要远远大于获得的快乐。

让我们来看一个问题：假设你得了一种病，有万分之一的可能性会突然死亡，现在有一种药，吃了以后可以把死亡的可能性降到零，你愿意花多少钱来买这种药呢？

再请你设想一下，假定你身体很健康，如果现在医药公司想找人测试他们新研制的一种药品，这种药服用后会使你有万分之一的可能性突然死亡，那么你要求医药公司花多少钱来补偿你呢？在实验中，很多人会说愿意出几百元钱来买药，但是即使医药公司补偿几万元钱，你也不愿参加试药实验。

这其实就是损失规避心理在起作用。得病后治好病是一种相对不敏感的获得，而自身健康的情况下增加死亡的概率，对人们来说却是难以接受的损失，显然，人们对损失要求的补偿，要远远高于他们愿意为治病所支付的钱。

不过，损失和获得并不是绝对的。人们在面临获得的时候规避风险，而在面临损失的时候偏爱风险，而损失和获得又是相对于参照点而言的。改变人们在评价事物时所使用的观点，可以改变人们对风险的态度。

根据人们在损失和获得面前的心理，在日常生活中可以用于好消息和坏消息的公布，有以下四个原则。a. 如果你有几个好的消息，应该把它们分开发布。比如假定今天你的老板奖励了你1000元钱，而且你今天在一家百货商店抽奖中了1000元，那么你可以把这两个好消息分两次告诉你的妻子，这样的话她会开心两次。因为分别经历两次获得所带来的高兴程度之和要大于把两个获得加起来所带来的总的高兴程度。b. 如果你有几个坏消息要公布，应该把它们一起公布。比方说如果你今天丢了1000元，还不小心把你妻子1000元的手机弄坏了，那么你应该把这两个坏消息一起告诉她。因为两个损失结合起来所带来的痛苦要小于分别经历这两次损失所带来的痛苦之和。c. 如果你有一个大大的好消息和一个小小的坏消息，应该把这两个消息一起告诉别人。这样的话，坏消息带来的痛苦会被好消息带来的快乐所冲淡，负面效应也就小得多。d. 如果你有一个大大的坏消息和一个小小的好消息，应该分别公布。这样的话，好消息带来的快乐不至于被坏消息带来的痛苦所淹没，人们还是可以享受好消息带来的快乐。

（节选自《中国青年报》，有改动）

(一) 判断正误（14分）

1. 在第一个实验中，大部分人都选择B。　　　　　　　　　　　　　（　　）
2. 在第二个实验中，大部分人都选择A。　　　　　　　　　　　　　（　　）
3. 实验结果表明，人们在面对损失时，愿意冒险。　　　　　　　　　（　　）
4. 损失的痛苦比获得的快乐对人的影响要大得多。　　　　　　　　　（　　）
5. 人们对损失要求的补偿，不会超过他们愿意为治病所支付的钱。　　（　　）
6. 如果你有几个坏的消息，应该把它们一起公布。　　　　　　　　　（　　）
7. 如果你有一个大大的好消息和一个小小的坏消息，应该把这两个消息分别告诉别人。　　　　　　　　　　　　　　　　　　　　　　　　　　（　　）

(二) 回答问题（3分）

如果你有一个大大的坏消息和一个小小的好消息，应该怎么做？为什么？

阅读三（10分）

## 情人节他出差了

在机场和先生告别，眼见没熟人在场，忸怩作小女儿态："这个情人节，算你欠我的啊！"老公一脸的抱歉："好好好，回来你说什么就是什么，都给你补上。"挥挥手看他进了候机楼，我长舒一口气，太好了，情人节前，他出差了！

你们猜得不对，我并没有婚外男友等在门口，也没打算和旧情人藕断丝连，只是觉得这个莫名其妙的节让人为难。过吧，心疼荷包不说，也觉得太为形式而形式；不过吧，满街都是鲜花和巧克力一起构成的强加于人的味道，逃不掉也躲不开。

一个办公室的同事A早几天就在嚷嚷，要和女友同飞上海去过情人节。选择这个日子兴师动众专程去外滩漫步，当然留下的记忆也将非比寻常。尤其是在同一办公室的女同事B感叹"真羡慕你女友"时，A的得意之情更加溢于言表。不过B在私下里却和我说，如果是她老公这样做，她不会感动只会反对。B刚刚新婚不久，却也已明白了一个道理，这样的浪漫是要花银子的，就算是他的，也是从自家荷包里出的。站在外滩，想想要上千元的机票，几百元的酒店住宿，平均一步一百块钱，哪儿还有什么浪漫，全剩下心痛了。

我的另一个女友这几天正和老公闹别扭，打电话来说要和我一起过情人节。开列的节目单有：共进午餐、看情人节专场电影、商场购物，最后以互赠一朵玫瑰花而达到高潮。我听后只给了她两个字的评价：有病！我说你要是为了让你老公有危机感我可以给你找个高大威猛的志愿者陪你演戏，前提是那些情人节翻番的开销一律由你买单。她说不是那意思，只是觉得没有男人照样可以过情人节。我说没有男人照样可以生活不是专指情人节，只要你自己觉得幸福快乐没有人能拦得住，但没必要非得情人节两个女人手挽手上街，好像要告诉全世界我虽然被抛弃了可我依然坚强。我说我可没这么大义凛然。

情人节来临，全世界都在焦虑。这一天，没有情人是可耻的，有而不过节也是可耻的，过了只送了或收了一朵玫瑰而不是一捧还是可耻的，送了或收了一捧玫瑰却不是蓝色妖姬依然可耻。其实，心意的表达是在平时点滴时刻，是夜里把她伸在外面的胳膊放进被子里，是在他疲惫归来时，给他放一缸洗澡水。但是，巧克力商当然不爱听这些，满大街跟着水涨船高的消费项目在无往而不胜的浪漫大旗下，齐心合力喊的都是同一句话：花钱吧！快花钱吧！花大钱！

公元270年，修士瓦伦丁为了反抗暴政，给年轻人主持婚礼，在2月14日被暴君杀害。而如今，在这个纪念他的节日里，却没有人敢于继承勇士的精神。在商业社会的暴政面前，谁敢反抗！

所以，情人节，我老公他———出———差———了。

（节选自《中国青年报》，有改动）

### 判断正误（10分）

1. 情人节前，丈夫出差了，"我"感到很难受。　　　　　　　　　　　　（　　）
2. "我"很喜欢过情人节。　　　　　　　　　　　　　　　　　　　　（　　）
3. 同事A打算要和女友同飞上海去过情人节，女同事B不希望她老公这样做。

（　　）

4. "我"的另一个女友打电话来说要和"我"一起过情人节，"我"表示反对。

（　　）

5. 情人节的产生，与修士瓦伦丁反抗暴政有关。　　　　　　　　　　　（　　）

# 第十一课　当今中国人的道德水平：下降，还是上升

**背景知识**

在计划经济时代，中国民众的道德观念比较单一，以政府的要求为标准，中国政府大力提倡、要求民众遵循大公无私、集体主义等道德准则，个人主义、利己主义等被严厉批判，政府要求民众以集体、社会、国家的利益为道德出发点。改革开放以来，发展经济成为整个社会的共识，中国人的道德观念发生巨大变化，走向多元化，出现许多新的道德现象。作为普通的民众，道德的重心与出发点已经下移，即每个人首先为自己的合法合理的利益着想。对于这种建立在个人利益之上的道德观念，不同的人有不同的评价。

## 词语表

**1　一再　　yízài　　（副）**
一再声明 / 他一再改变主意，我真受不了他。

一次又一次
again and again, repeatedly
再三再四，一度ならず
몇번이나, 수차

**2　引人注目　　yǐn rén zhù mù**
她穿了一件特别奇怪的衣服，走在街上非常引人注目。

引人注意
to attract people's attention
人の注目を引く
사람들의 주의를 끌다

**3　达成　　dáchéng　　（动）**
达成目标 / 为了达成目标，他尝试了各种方法。

商谈后得到（结果）、形成（意见）
to reach, to achieve, to succeed in
達成する，まとまる
도달하다, 달성하다

**4　共识　　gòngshí　　（名）**
达成共识 / 那两家公司已经达成共识，要共同发展。

共同的认识
common consensus
共通の認識
공통의 인식

| 5 | 倾向 | qīngxiàng | （动） | 偏于赞成（对立的事物中的一方） |
| --- | --- | --- | --- | --- |

两种意见我比较倾向于前一种。

to prefer

傾く

찬성하는 편이다, ~ 하는경향이다

| 6 | 特殊 | tèshū | （形） | 不同于同类的事物或平常的情况的 |
| --- | --- | --- | --- | --- |

特殊情况 / 对我来说，她送我的那本书是一份特殊的礼物。

special, unusual, unique

特別である

특수하다

| 7 | 规范 | guīfàn | （动） | 使合乎规范 |
| --- | --- | --- | --- | --- |

要用新的社会道德来规范人们的行为。

to standardise

規範に合う

규범에 맞다

| 8 | 榜样 | bǎngyàng | （名） | 作为仿效的人或事例（多指好的） |
| --- | --- | --- | --- | --- |

树立榜样 / 他经常帮助别人，为我们树立了榜样。

a model, an example

手本，模範

모범，귀감

| 9 | 赞扬 | zànyáng | （动） | 称赞表扬 |
| --- | --- | --- | --- | --- |

受到赞扬 / 他是个伟大的作家，常常受到读者的赞扬。

to praise

称賛する

칭찬하다

| 10 | 欣赏 | xīnshǎng | （动） | 认为好；喜欢 |
| --- | --- | --- | --- | --- |

他很欣赏这个乡村的独特风格。

to admire

すばらしいと認める

좋아하다，좋다고 여기다

| 11 | 崇拜 | chóngbài | （动） | 尊敬钦佩 |
| --- | --- | --- | --- | --- |

崇拜英雄人物 / 很多年轻人崇拜那名歌手，但我觉得他很一般。

to worship

崇拝する

존경하다，숭배하다

| 12 | 绝对 | juéduì | （形） | 没有任何条件的；不受任何限制的 |
| --- | --- | --- | --- | --- |

这些草莓是我洗的，绝对干净。

absolute, total, complete

絶対に

절대적으로，완전히

| 13 | 优势 | yōushì | （名） | 能超过对方的有利形势 |
| --- | --- | --- | --- | --- |

有优势 / 如果是和她比赛，那么我有绝对的优势。

advantage

優位

우세

第十一课　当今中国人的道德水平：下降，还是上升

153

### 14 意识　yìshí　（名）
环保意识 / 提高人们的环保意识是很重要的。

人的头脑对于客观物质世界的反映，是感觉、思维等各种心理过程的总和
consciousness
意識
의식

### 15 偶像　ǒuxiàng　（名）
那个著名的女演员是很多年轻女孩儿的偶像。

比喻崇拜的对象
idol
偶像
우상，숭배하는 대상

### 16 人格　réngé　（名）
高尚的人格 / 那位老教授有着高尚的人格，我们都很尊敬他。

人的道德品质
character, personality
人格
인격

### 17 依旧　yījiù　（副）
尽管已经看了很多遍，但我依旧觉得那部电影很感人。

仍旧
as before, still
依然として
여전히，예전대로

### 18 典型　diǎnxíng　（形）
他一说话我就知道他是个典型的北方人。

具有代表性的
typical (example)
典型的である
전형적이다

### 19 孝敬　xiàojìng　（动）
孝敬父母 / 孝敬父母是中华民族的传统美德。

对长辈孝顺尊敬
to be filial (to show respect for and to care for one's parents, grandparents, etc.)
（目上の人を）敬う
공경하다

### 20 遵循　zūnxún　（动）
遵循规律 / 发展农业需要遵循自然规律。

遵照
to follow; to keep to
従い行う
따르다

### 21 节俭　jiéjiǎn　（形）
生活节俭 / 他虽然很有钱，但生活依旧节俭。

在生活中不浪费钱物
frugal, austere
質素である，つましい
절약하다，(돈 등을) 절제있게 사용하다

| 22 | 加以 | jiāyǐ | （动） | 用在多音节的动词前，表示如何对待或处理前面所提到的事物 |
|---|---|---|---|---|

加以解决 / 现在社会中的很多问题都急需政府加以解决。

expression used in front of multiple-character verbs – added for emphasis to show how the object of the sentence is treated (it can be omitted with no alteration in meaning)

（ある行為を）加える＜常に複音節語を目的語に用いる＞

～를 가하다 (쌍음절 이상의 동사 앞에 쓰여 앞에 얘기한 사물을 어떻게 대하고 처리할 것인지를 나타냄)

| 23 | 继承 | jìchéng | （动） | 泛指把前人的作风、文化、知识等接受过来 |
|---|---|---|---|---|

继承传统 / 他继承了家族助人为乐的优良传统。

to inherit, to succeed to

受け継ぐ

계승하다

| 24 | 发扬 | fāyáng | （动） | 发展和提倡（优良作风、传统等） |
|---|---|---|---|---|

发扬精神 / 工作中我们要发扬工匠精神。

to develop, to encourage

発揚する

발전시키다

| 25 | 仍旧 | réngjiù | （副） | 仍然；和原来一样 |
|---|---|---|---|---|

我已经提醒他很多次了，可他仍旧经常迟到。

still

依然として, なお

여전히

| 26 | 体现 | tǐxiàn | （动） | 某种性质或现象在某一事物上具体表现出来 |
|---|---|---|---|---|

那位作家很关注社会问题，并经常在作品中加以体现。

to embody

体現する

구체적으로 나타내다

| 27 | 难免 | nánmiǎn | （形） | 不容易避免 |
|---|---|---|---|---|

世界上没有人是完美的，每个人都难免有一些缺点。

difficult to avoid; unavoidable

避けられない, 免れ難い

면하기 어렵다

| 28 | 空白 | kòngbái | （名） | （版面、书页、画幅等上面）空着，没有填满或没有被利用的部分 |
|---|---|---|---|---|

填补空白 / 我太紧张了，当时我的脑子里一片空白。

a vacuum

空白

공백

29 逻辑　　　luójí　　　（名）　　客观的规律性
符合逻辑／我觉得这个故事有点儿不符合逻辑。
logic
論理，ロジック
논리，로직

## 课文导入

1. 对当今中国人的道德观念，你有哪些看法？
2. 在你们国家，年轻人的道德观念和上一代有什么异同？

### 当今中国人的道德水平：下降，还是上升

20世纪90年代以来，社会急速变化中，道德观念的改变以及道德素质的现状曾一再(1)成为社会谈论的对象，引人注目(2)。面对众多令人关注却至少是一时难以达成(3)共识(4)的现象，学术界出现了"道德水平下降论"与"道德水平上升论"之争。在物质利益表现出其特有的巨大推动力的状况下，在商品生产与交换规律正日渐影响到社会生活的今天，是否还有必要重视，以及如何发挥道德的作用？应该如何看待现今道德的地位与状况？

据近年一项对农村地区的调查结果，对于"在今天讲道德已经没有多大用处"这一观点，农民中表示赞同的人占24.9%，持中性的"一般"态度的人占11.7%，表示不赞同的人占63.4%。也就是说，大多数人仍基本倾向(5)于重视道德在社会生活中的重要作用。"法律管不着的事就可以大胆地去干吗？"对于这一观点，仅有27.5%的人表示赞同，有15%的人持中性的"一般"态度，而有57.5%的人则表示不赞同。大多数人对于道德所具有的特殊(6)社会意义和规范(7)作用给予了极大的强调。

一个极有意义的例子是，前年教育部基础教育司组织、北京师范大学负责实施的一项对全国1万余名高中学生的调查表明，高尚的道德榜样(8)仍得到青少年的赞扬(9)。对于"你最欣赏(10)（或崇拜(11)）的人是谁"在没有具体列出人名而是让学生自己填写的情况下，选择"周恩来"的人为24.4%，以绝对(12)优势(13)排在第一位。对于所有歌星、影星的选择加起来不到20%。这说明具有强烈的自我意识(14)、判断能力的当今青少年，在偶像(15)崇拜方面更深刻认同的是道德人格(16)榜样。

值得注意的是，在这个道德更新与重建的时代，一些中国的传统道德规范在当今年轻一代身上依旧(17)普遍存在，最典型(18)的一个方面表现在，孝敬(19)父母仍是绝大多数青年人所遵循(20)的道德行为规范。去年的一项调查结果显示：对于自己在孝敬父母方面的表现，分别有43.1%和41.4%的人认为"做得很好"和"做得较好"，承认"做得较差"和"做得很差"的人分别为1.3%和0.5%，另有13.7%的人表示"做得一般"。另一典型方面是，节俭(21)观念仍然为较大比例的青年所认同。另一项调查，对于"即使有了钱，也要过节俭的日子"这一看法，表示"非常同意"和"较同意"的人分别为18.5%和63.4%，选择"完全不同意"和"不同意"的人分别为2.2%和13.5%，表示"说不清"的人占2.4%。共计81.9%的大多数人仍没有忘记节俭这一传统道德观念。现代化并非要放弃一切传统。吸收传统中的优秀成分并在新的时代条件下加以(22)继承(23)发扬(24)，仍旧(25)成为现代化的一种重要支持因素。

青年以自己的行动体现^(26)着这一点。

应该说，当今的道德观念中的确含有某种矛盾，难免^(27)存在某些空白^(28)，而新的道德因素的生长则是社会发展的历史和逻辑^(29)的必然要求。因而，不论是道德水平下降论，还是道德水平上升论，都不可能是对当今整体道德现状的一种准确判断和客观概括。处在一个剧变时代，评价道德的标准应该符合时代发展的要求。但在现实中，对于一些具有不同道德评价倾向的人而言，所得出的结论并不会一致。道德水平下降论的过于悲观，道德水平上升论的过于乐观，都会影响我们对道德重建实际上应该付出的努力。当今时代，我们应该更多地从道德转型论来正视道德的新质与道德的问题。

（全文字数：约 1270 字）

（节选自《北京青年报》，有改动）

## 注 释

1. 在物质利益表现出其特有的巨大推动力的状况下，在商品生产与交换规律正日渐影响到社会生活的今天，是否还有必要重视，以及如何发挥道德的作用？

   [解释] 以及：连词，连接并列的词或词组。但"以及"前面往往是主要的。表示联合关系。多用于书面。

   [例句] ① 尽管人们都知道学习很重要，但要坚持学习却很困难。调查结果发现，有四分之一的读者认为"工作忙，没有时间"以及"没有毅力坚持"是让他们停止学习的原因。
   ② 他问了我许多问题：那里的气候怎么样，和新同学相处得好不好，以及能不能习惯那里的生活。
   ③ 要去哪里工作，以及找什么样的工作，你都应该在毕业以前想清楚。

2. 据近年一项对农村地区的调查结果，对于"在今天讲道德已经没有多大用处"这一观点，农民中表示赞同的人占 24.9%，持中性的"一般"态度的人占 11.7%，表示不赞同的人占 63.4%。也就是说，大多数人仍基本倾向于重视道德在社会生活中的重要作用。

   [解释] 也就是说：表示对前面所说的事情、情况进行解释或总结。

   [例句] ① 他从来不给你打电话，也从来不关心你的事，也就是说，他根本不在乎你。
   ② 父母的教育方式会影响教育的效果。也就是说，如果父母重视对孩子品德的培养，那么很多孩子也就不会走上犯罪的道路。

③ 新的政策规定，在公共场所禁止吸烟。也就是说，你的同事以后不能在办公室里吸烟了。

**3** 但在现实中，**对于**一些具有不同道德评价倾向的人**而言**，所得出的结论并不会一致。

[解释] 对于……而言：对……来说。"对于"后接所谈论的对象。

[例句] ① 对于快要毕业的学生而言，他们最大的愿望就是找到一份满意的工作。
② 对于中国人而言，不管自己在哪里，春节的时候都希望能够回家，和亲人团聚。
③ 许多人觉得工作难找，但对于企业而言，要找到合适的人才，也很困难。

### 报刊长句

一个极有意义的例子是，前年教育部基础教育司组织、北京师范大学负责实施的一项对全国1万余名高中学生的调查表明，高尚的道德榜样仍得到青少年的赞扬。

例子是，
调查表明，　　榜样　得到　　赞扬。

## 读报小知识

### 《南方都市报》

《南方都市报》是广东唯一省级综合类大型城市日报，是中国版数最多的都市报，中国最富裕的珠三角城市群中覆盖最密集的都市报，广州和深圳两地合计零售量最大的日刊，国内外企业争夺珠三角市场首选主打媒体。

《南方都市报》在国内首创分叠出版模式，每天出版A、B、C、D等叠，其中A叠以时政和社会新闻为主，A2叠以地级市本地和珠三角新闻（广州读本、深圳读本、东莞读本、佛山读本等）以及南方阅读（周日）为主，A3叠以深度周刊（周三）、黄金楼市（周五）以及南方评论（周日）为主。B叠以娱乐新闻、体育新闻和文化副刊、体育周刊（周六）、地球周刊（周日）为主，B2叠以娱乐品鉴周刊（周六）、旅游时代（广州）（周一、周四）为主。C叠以经济新闻、声色周刊（周日）为主，C2叠以黄金车市（周四，但部分地区在A3叠）、汽车杂志（周一）、私人银行（周三）为主。D叠、D2叠、B特叠（周四）以生活消费资讯为主（分为广州杂志、深圳杂志等）。

《南方都市报》作为广东省的官方报纸，以其开放和大胆直言的特性吸引了中国大批的读者，并且如一些评论人士所说，测试了中国官方媒体的极限。

《南方都市报》官网：http://www.oeeee.com/。

## 练 习

**一** 课外阅读近期中文报刊上的文章,把你喜欢的一篇剪贴在笔记本上,阅读后写出摘要,并谈谈你的观点。

**二** 给下列动词搭配适当的词语

达成_____    欣赏_____

遵循_____    继承_____

赞扬_____    孝敬_____

发扬_____    体现_____

**三** 选词填空

> 以及    达成    也就是说    欣赏    遵循    继承
> 对于……而言    引人注目    孝敬    体现

1. 父母需要与孩子一起成长。唯有这样,才能理解和_____孩子的成长,才能在平等、双向的关系中,伴随孩子一起跨入人生的新阶段。

2. 我的理想是干一份能_____个人价值,并且值得努力奋斗的工作。只有符合自己兴趣的工作,才能证明自己存在的价值,让我充满激情地不断创造和发展。

3. 公司在挑选人才时,关注的是他是否适合这个职位。_____,按职位去选人,以职位所需要的性格特征和专业知识去挑人。应聘者要充分明白这一点,在面试时强化自己的职位特征,而不是强化个性特征。

4. "坚持以人为本,树立全面、协调、可持续的发展观,促进经济社会和人的全面发展。"这一新论断,是对以往有关人的全面发展理论的_____、丰富和发展。

5. 面试首先考核的就是应聘者的外在气质,应聘者的衣着、走姿,_____与面试人员打招呼、接送文件的举止,这些不经意间完成的动作,正是公司对他们外在气质的考察过程。

6. 在过去的一年间,一个_____的现象就是由拆迁导致的矛盾和冲突。

7. 有些高中生表示,只想成为一名普通工人,能够养活家,_____父母就行了,实在不喜欢名利相争的世界。

8. 参与协议的诸方，经过充分谈判和讨论，_____ 共识，协议才能成立。

9. 民事活动应当_____ 自愿、公平、等价有偿、诚实信用的原则。

10. 虽然我送给她的只是一双不起眼的手套，但_____ 我_____，它却是十分珍贵的。因为它代表了一个男人对一个女人最朴素、最纯洁，却也是最真诚、最值得信赖的感情。

### 四 根据课文内容判断正误

1. 据近年一项对农村地区的调查结果显示，大部分农民不赞同"在今天讲道德已经没有多大用处"这一观点。（  ）

2. "法律管不着的事就可以大胆地去干吗？"对于这一观点，仅有四分之一的人表示不赞同。（  ）

3. 在这个道德更新与重建的时代，孝敬父母仍是中国绝大多数青年人所遵循的道德行为规范。（  ）

4. 本文作者反对道德水平下降论，赞同道德水平上升论。（  ）

### 五 将下列各句组成一段完整的话

1. A 评价道德的标准应该符合时代发展的要求

   B 处在一个剧变时代

   C 对于一些具有不同道德评价倾向的人而言

   D 所得出的结论并不会一致

   E 但在现实中

   正确的语序是：（  ）（  ）（  ）（  ）（  ）

2. A 以及道德水平上升论的过于乐观

   B 都会影响我们对道德重建实际上应该付出的努力

   C 道德水平下降论的过于悲观

   正确的语序是：（  ）（  ）（  ）

**六** 根据课文内容选择正确答案

1. 对于"你最欣赏（或崇拜）的人是谁"的调查结果表明，当今中国青少年更认同_____。

   A 歌星　　　　　　　　　　B 影星

   C 名人　　　　　　　　　　D 高尚的道德榜样

2. 在一项调查中，对于"即使有了钱，也要过节俭的日子"这一看法，共计_____的中国人仍没有忘记节俭这一传统道德观念。

   A 六成　　　　　　　　　　B 七成

   C 八成　　　　　　　　　　D 八成以上

3. 为了说明当今中国人的道德状况，本文先后列举了_____项调查结果。

   A 三　　　　　　　　　　　B 四

   C 五　　　　　　　　　　　D 六

4. 本文作者对当今中国人道德状况的评价是_____。

   A 道德水平下降论　　　　　B 道德转型论

   C 道德水平上升论　　　　　D 道德不变论

**七** 尽量使用以下词语进行话题讨论

| 以及 | 达成 | 也就是说 | 欣赏 | 遵循 | 对于……而言 |
| 继承 | 赞扬 | 引人注目 | 孝敬 | 体现 | 崇拜 |

1. 你对当今中国人的道德水平有怎样的评价？
2. 你认为当今社会主要存在哪些道德问题？不同国家的人都应该遵循哪些道德规范？

## 快速阅读

阅读一（字数约 1220 字；阅读与答题参考时间 3 分钟）

### "敬老之星"蔡观超

本报记者　曾泽新　通讯员　黄洁滢　陈文星　文/图

"盲人彭婆婆，年轻时热爱写作，现在喜欢大家听她诵读自己的作品，对花生过敏；孙爷爷，爱听笑话，喜欢跟年轻人聊自己的人生经历……"在战士蔡观超的笔记本里，细致地记录着中山市火炬开发区敬老院里每位老人的信息。

据了解，8年来，蔡观超与敬老院的老人们有了深厚的感情，老人们称他为最可爱的"儿子"。

#### 盲婆婆"品尝他的爱心"

中山火炬开发区敬老院住着不少老人，除偶尔有人前去看望外，他们很少得到特殊的关心和照顾，但8年前，这一切开始发生改变。

2006年春天的一个上午，蔡观超带着战士一起到敬老院参加义务劳动，并不时主动与老人们拉家常。

看到这一群年轻小伙子不停地忙碌着，老人们感到非常高兴，不断竖起大拇指夸赞。

"那时，从老人们眼中流露出的喜悦，我依然清晰地记得。他们常年在敬老院生活，真的太孤独了，渴望常常有人来关心和看望，哪怕只是有人来陪他们说说话。"说起第一次与老人们相识的经历，蔡观超这样感慨道。

从那时起，蔡观超就经常利用周末时间去看望老人，逢年过节，还会买上一些水果、小礼品去慰问老人。很快，许多老人都记住了他，并盼着他常来。

而每次从敬老院回来，蔡观超都会第一时间在笔记本里记录下老人们的情况和心愿，以便为老人们送去更好的关爱和惊喜。

蔡观超在一次与盲人婆婆彭德欣聊天时得知，老人最大的心愿就是在她80岁生日时能有人专门为她庆祝生日。蔡观超立即记下了老人的这一愿望。

去年，在彭婆婆80岁生日时，蔡观超特地带上了一个精美的蛋糕，和敬老院的老人们一起为彭婆婆庆祝生日。

吃着美味的蛋糕，彭婆婆紧紧握着蔡观超的手，激动地说："我虽然看不见，但我品尝到了你的爱心，真是比我的亲人还亲呀！"

#### 他能想办法让老人开心

开发区附近有一块菜地。蔡观超是个种菜好手，在他亲自打理下，菜园里的瓜果蔬菜生长得很旺盛。隔三岔五，他就把种植的蔬菜送几大筐给敬老院的老人们"尝尝鲜"。

在与老人们聊天的过程中，蔡观超总是很关心老人们生活上的需求和困难。2008年1月，因受持续强冷空气影响，天气非常寒冷，当蔡观超了解到敬老院里的老人们因手脚冰冷而睡不好觉时，他立即给老人们买了一批电热袋。老人们深受感动。

敬老院里住着一位退伍老兵孙鉴初，他在抗美援朝战争时右腿受过伤，岁数大了，行动越来越不便。蔡观超每次去探望孙老，都会一边认真地为老人做按摩，一边和老人聊天。

在长期的交往中，他与孙老建立了深厚的感情。一段时间没有见面，孙老就会问起他。有一次，蔡观超因外出没能去敬老院参加活动。孙老知道后，有些失落地说："他每次来都能想办法让我们开心。我们都很喜欢他。"

蔡观超常说："小时候，邻居们都很关心照顾我，让我感受到了社会的温暖。如今，我有能力帮助别人，就应该付出自己的爱心，尽力去帮助别人。况且，我只是做了一些小事。"蔡观超用自己的实际行动温暖了老人们的心，也让身边的战友加入了关心老人的行列。

### 人物简介

蔡观超，2005年12月入伍，现为中山公安边防检查站监护中队二班班长。2012年被评为中山市第三届"十大敬老之星"，是该年度中山市唯一的获奖者。

（选自《南方法治报》，2014年3月26日，有改动）

回答问题：
1. 蔡观超第一次去敬老院与老人们相识后，他有什么样的感慨？
2. 蔡观超是如何实现彭婆婆的心愿的？
3. 蔡观超为什么帮助别人？
4. 蔡观超的什么行为最让你感动？

阅读二（字数约1120字；阅读与答题参考时间8分钟）

## 道德情感并非人类所独有

郑昊力

人类并不是地球上唯一拥有社会情感的生物。假设人类的各种情感，如嫉妒心和公平感是由人类在长期的自然进化中形成的，那么人类在生物学上的远亲——动物也拥有这样的社会情感。

当在公司年会上得到令人满意的年终奖时，人人可能都会喜出望外。然而，当得知公司里的另外一个同事拿的奖金比你多时，你的快乐可能就会立马消失。如果知道这个同事平时干得比你少，你可能就会变得更加愤怒。人们往往认为动物没有如人类这般的情感。一直以来，人们普遍认为道德情感（如同情心、公平感、正义感、嫉妒心、羞耻感和罪恶感等）是人类所独有的，但科学实验研究显示，动物也有道德情感。

### 实验一：成年僧帽猴有嫉妒心

莎拉·布罗斯南（Sarah F. Brosnan）和弗兰斯·德瓦尔（Frans B.M. de Waal）于

2003年发表在《自然》（Nature）杂志上的文章用实验的方法告诉我们：灵长类动物也有着类似的情感，如嫉妒心。该实验用雌性的成年僧帽猴作为实验对象。实验员首先花费了两年时间教会这些猴子使用一种筹码（token）来换取食物。平时，它们会很开心地用手中的筹码换取食物（几片可口的黄瓜片）。但当它们观察到它们的同类用其筹码换取食物时，它们的行为就发生了变化。对于猴子来说，它们更喜欢葡萄（比起黄瓜来说，它们更爱吃葡萄）。如果一只猴子看到另外一只猴子用一个筹码换到了一颗葡萄，它就不愿意用自己的那个筹码去换黄瓜片了。而当它看到另外一只猴子没有使用任何筹码就得到了一颗葡萄时，它就会把手中的筹码扔向实验者来表示抗议，并且拒绝接受黄瓜片。该实验证明了猴子也与人类一样具有嫉妒心。

### 实验二：成年黑猩猩有公平感

达比·普洛克特（Darby Proctor）及其实验团队发表在《美国科学院院报》（PNAS）上的文章验证了灵长类动物跟人类一样存在着公平感。

普洛克特对6只成年黑猩猩及20名2～7岁的儿童进行了研究。该实验并不是直接分配食物，而是需要用筹码来换取食物，黑猩猩和儿童需要在两种颜色的筹码中二选一，然后在实验人员的帮助下得到奖品（黑猩猩的是食物，儿童的是奖励彩纸）。一种颜色的筹码代表公平的分配（双方可以得到的奖品完全相同），另一种颜色的筹码则代表非常不公平的分配（绝大多数的奖品归实验人员）。实验中，黑猩猩和儿童需要将筹码交给实验人员，由实验人员来分配奖品。当然，黑猩猩和儿童可以通过拒绝把筹码交给实验人员来拒绝不公平的方案。实验结果显示，不论是黑猩猩还是儿童，他们都会选择把代表公平的筹码交给实验人员，这样奖品可以平分。

以上两个实验都证明了人类并不是地球上唯一拥有社会情感的生物。事实上，达尔文早在140多年前就提出过这一思想。在《人类的由来》一书中，达尔文就已经论述过道德感、审美感甚至宗教感在其他生物中的萌芽和表现。

（选自《中国社会科学报》，2013年8月19日，有改动）

**回答问题：**

1. 一只成年僧帽猴看到另外一只猴子用一个筹码换到了一颗葡萄时，它有什么样的表现？当看到另外一只猴子没有使用任何筹码就得到了一颗葡萄时，它又有什么样的表现？
2. 黑猩猩和儿童是如何选择筹码交给实验人员的？这说明了什么？
3. 达尔文是如何论述人类和动物的情感的？

阅读三（字数约 980 字；阅读与答题参考时间 15 分钟）

## 公共交通上的座位之争

赵志疆

公共交通工具上，让座之事很常见，相比之下，"要座"则有点儿奇怪。1月17日，武汉地铁就上演了一幕"要座"的闹剧——一位60多岁的老人一上车就拍醒一个熟睡的女孩，大声喊："快起来，我要坐。"女孩一头雾水："你干吗？"老人又嚷："起来，我要坐。"女孩生气了："你要座位不能好好儿说话吗？""你爹妈没教你尊老爱幼吗？没素质！"旁边一男生赶紧起身，招呼老人坐下。老人边坐还边骂这女孩。有位乘客听不过去，小声地插了一句嘴："您要注意自己的素质。"

年轻不代表强壮，年老者也未必衰弱，公交车上，谁更需要一个座位，显然不仅仅是个年龄问题。现实情况是，乘车让座已成为年轻人必须履行的义务，不仅乘客有这样的想法，一些老人也认为理所当然。2013年10月底，武汉公交车上又发生了类似一幕，前次只是"动口"，而这次则是"动手"——一位熟睡的女青年被几位老婆婆用力地拉起来，被迫让出了座位。

需要指出的是，公共交通工具上，除了老人、残疾人、孕妇享有专座之外，没有任何法律规定乘客必须给别人让座，也没有任何法律规定老人一定要享受座位。乘车让座原本就是一种自发性行为，需要的是让座者的主动参与，这样的一种道德行为，如何能强迫得来？

公交车上索要座位，追求的不只是一个看得见的座位，更是一种看不见的"待遇"。这种骨子里对"待遇"的极度渴求，将人性的自私充分地暴露出来，全然不考虑别人的感受。

其实，对于绝大多数人来说，公交车上的座位并非必须占有，一些人之所以执着于此，关键是想多得多占。虽然现代生活已满足了人们的物质需求，但不少人还怀有深深的焦虑，无论是否真的需要，占为己有才能缓解内心的压力。这样的心理，也表现在团购、抢购中。占座尽管只是短时间地拥有，也足以使不少人品味到胜利者的滋味。不得不提到的是，在类似的争抢闹剧中，抢座的都是上了点儿年纪的人。

"不是老人变坏了，而是坏人变老了"，这样的观点虽然有些绝对，但却不是没有道理。在一些老年人身上，人们看到的不是宽容与大度，而是公共意识的缺乏，使他们觉得一切都应该是这样的，甚至可以采取任何手段获得自己的利益。

尊老是中华民族的优良传统，但前提是老者先要自尊。不需要计较那些"老去的坏人"，过去的年代注定他们难以克服自身局限。不过，我们完全可以从自身做起约束言行，待到我们老去时，起码不至于使自己看起来令人讨厌。

（选自《法治周末》，2014年1月21日，有改动）

**判断正误：**

1. 作者认为乘车让座是年轻人必须履行的义务。（    ）
2. 乘车让座是一种道德行为，不能强迫得来。（    ）
3. 公交车上索要座位，追求的是一种看不见的"待遇"，体现了人性的自私。（    ）
4. 如今的团购、抢购，参加的都是些年轻人。（    ）
5. 一些人之所以执着于抢座，仅仅是为了让自己坐得舒服。（    ）
6. 作者认为老者先要自尊才能受到他人的尊重。（    ）

# 第十二课　我是一个特需要吹捧的人
## ——冯小刚对答浙江大学生

**背景知识**

冯小刚，中国著名的电影导演。1958年出生。从小喜爱美术、文学。高中毕业后进入北京军区文工团，担任舞美设计。转业后，到北京城市建设开发总公司当了工会文体干事。1985年，他调入北京电视艺术中心成为美工师，先后在《大林莽》《凯旋在子夜》《便衣警察》《好男好女》等几部当时很有影响的电视剧中任美术设计。他与王朔联合编剧的电视系列剧《编辑部的故事》使他成为家喻户晓的人物。

近些年，冯小刚陆续推出贺岁电影《甲方乙方》《不见不散》《没完没了》《大腕》《私人定制》等，票房成绩不错，影响很大，以致人们一提到中国的贺岁片，就自然想到贺岁片的开创者冯小刚。

## 词语表

1. **吹捧**　chuīpěng　（动）
相互吹捧／他们俩在别人面前总是相互吹捧。

　　吹嘘捧场
　　to lavish praise on; to flatter
　　おだてあげる
　　치켜세우다, 칭찬하다

2. **导演**　dǎoyǎn　（名）
他是中国最著名的导演之一。

　　担任导演工作的人
　　director
　　映画監督
　　감독

3. **对话**　duìhuà　（动）
英语对话／作为一个年轻记者，这次有机会可以对话著名演员，我很兴奋。

　　两个或更多的人之间的谈话
　　to dialogue
　　会話する
　　대화하다

| 4 | 拍 **pāi** （动）
拍电影 / 拍电影其实没有想象中那么简单。

拍摄
to take (a picture); to shoot (a film)
撮影する
찍다

| 5 | 题材 **tícái** （名）
爱情题材 / 那位女导演喜欢拍爱情题材的电影。

构成文学和艺术作品的材料
subject matter; theme
テーマ
소재, 제재

| 6 | 凭空 **píngkōng** （副）
凭空想象 / 谁说他是我男朋友？这是你凭空想象的吧。

没有依据地
without foundation; groundless
わかもわからなく、何の根拠もなく
근거없이, 터무니없이

| 7 | 未必 **wèibì** （副）
未必可靠 / 我可以先答应你，但到时候我未必有时间参加活动。

不一定
may not; not necessarily
～とは限らない
꼭 ～한 것은 아니다

| 8 | 似是而非 **sì shì ér fēi**
你应该相信自己看见的，而不是别人那些似是而非的说法。

好像对，实际上并不对
apparently right but actually wrong; specious
正しいようだが、間違っている
비슷한 것 같지만 사실은 아니다

| 9 | 迷 **mí** （动）
他最近迷上了网络游戏。

因对某人或某一事物产生特殊爱好而沉醉
to be absorbed in
迷う
빠지다, 매혹되다

| 10 | 迎合 **yínghé** （动）
迎合观众 / 这种新型汽车迎合了人们的需求，所以很受欢迎。

有意使自己的言语或举动适合别人的心意
to cater to; to pander to
人の気に入るようにする
영합하다, 비위를 맞추다

| 11 | 赔 **péi** （动）
赔钱 / 那家餐馆从3月份就一直在赔钱，估计快要关门了。

做买卖损失本钱（跟"赚"相对）
to suffer a (business) loss
償う
손해보다

| 12 | 赚 | zhuàn | （动） | 获得利润（跟"赔"相对） |
|---|---|---|---|---|

赚钱 / 做买卖嘛，有赔有赚是很正常的。

to make a profit

儲かる、儲ける

돈 벌다

| 13 | 散布 | sànbù | （动） | 广泛传播（多含贬义） |
|---|---|---|---|---|

散布消息 / 这家公司一直散布消息说，他们的这项计划将会很赚钱。

to spread; to disseminate

散らばる、散らす

퍼뜨리다

| 14 | 知足 | zhīzú | （形） | 满足于已经得到的（指生活、愿望等） |
|---|---|---|---|---|

知足常乐 / 不管挣多少钱，他都不知足。

be content with one's lot

満足する

만족하다

| 15 | 瞎 | xiā | （副） | 没有根据地；没有来由地；没有效果地 |
|---|---|---|---|---|

瞎说 / 你别瞎说，我没拿你的东西。

groundlessly; at random; in vain; for nothing

何の根拠もなく、でたらめに

되는대로, 근거없이

| 16 | 混 | hùn | （动） | 得过且过地生活 |
|---|---|---|---|---|

混日子 / 毕业以后他也不出去工作，整天混日子。

to muddle through

いい加減に過ごす

되는대로 살다, 그럭저럭 살다

| 17 | 闯 | chuǎng | （动） | 为一定的目的而奔走活动 |
|---|---|---|---|---|

闯世界 / 我还年轻，我想去大城市闯一闯。

to break through

突進する

뛰어들다, 부딪치다

| 18 | 有意 | yǒuyì | （副） | 故意 |
|---|---|---|---|---|

他有意拍一些迎合观众的电影，希望能多赚点儿钱。

intentionally; deliberately; purposely

わざと，故意に

고의로, 일부러

| 19 | 悟性 | wùxìng | （名） | 人对事物的分析和理解的能力 |
|---|---|---|---|---|

悟性高 / 她在音乐方面的悟性很高。

power of understanding; comprehension

悟り

이해, 판단력

| 20 | 灿烂 | cànlàn | （形） | 光彩鲜明耀眼 |
|---|---|---|---|---|

星光灿烂 / 照片上的她笑得很灿烂。

bright; magnificent; splendid; dazzling

きらきら光る

찬란하다

| | | | |
|---|---|---|---|
| 21 | 拍摄 | pāishè | （动） |

拍摄纪录片 / 我打算自己拍摄一段短片，作为毕业纪念。

用摄像机或摄影机把人、物的形象记录在存储介质上
to take (a picture); to shoot (a film)
摄影する
찍다

| 22 | 鼓励 | gǔlì | （动） |
|---|---|---|---|

老师经常鼓励我们，要不怕困难，为自己的理想努力。

激发；勉励
to encourage; to urge
励ます
격려하다

| 23 | 束缚 | shùfù | （动） |
|---|---|---|---|

束缚思想 / 现在很多年轻人都有自己的想法，不再被传统观念束缚。

使受到约束限制；使停留在狭窄的范围里
to tie; to bind up; to fetter
束縛する
속박하다，구속하다

| 24 | 搭档 | dādàng | （名） |
|---|---|---|---|

老搭档 / 他们俩可以说是一对好搭档。

合作共事的人
partner
協力者
파트너

| 25 | 相识 | xiāngshí | （动） |
|---|---|---|---|

我们已经相识多年了。

彼此认识
to be acquainted with each other
知り合う
서로 알다

| 26 | 编辑 | biānjí | （动） |
|---|---|---|---|

编辑工作 / 她正在对这期杂志的稿件进行编辑整理。

对资料或现成的作品进行整理、加工
to edit; to compile
編集する
편집하다

| 27 | 青春 | qīngchūn | （名） |
|---|---|---|---|

青春期 / 父母要处理好与处于青春期的孩子的关系。

青年时期
youth
青春
청춘

| 28 | 回顾 | huígù | （动） |
|---|---|---|---|

回顾历史 / 在那次会议上，经理回顾了过去一年公司的发展情况。

回想；反思
to review
顧みる
회고하다，돌이켜 보다

| 29 | 往事 | wǎngshì | （名） |
|---|---|---|---|

回忆往事 / 很多老年人总是喜欢回忆往事。

过去的事情
past events; the past
昔の事、過ぎ去った過去の事
지난 일，옛일

## 专名

**1** 冯小刚　　Féng Xiǎogāng

　　*中国著名导演*
　　Feng Xiaogang
　　*中国の有名な映画監督*
　　중국의 유명 영화 감독

**2** 浙江　　Zhèjiāng

　　*中国一个省份*
　　Zhe Jiang
　　*中国の省の一つ*
　　중국의 성

**3** 徐帆　　Xú Fān

　　*中国著名演员*
　　Xu Fan
　　*中国の有名な女優*
　　중국의 유명 여배우

**4** 王朔　　Wáng Shuò

　　*中国当代作家*
　　Wang Shuo
　　*中国現代作家*
　　중국 당대 작가

**5** 葛优　　Gě Yōu

　　*中国著名演员*
　　Ge You
　　*中国の有名な俳優*
　　중국의 유명 배우

**6** 刘晓庆　　Liú Xiǎoqìng

　　*中国著名演员*
　　Liu Xiaoqing
　　*中国の有名な女優*
　　중국의 유명 여배우

**7** 姜文　　Jiāng Wén

　　*中国著名演员*
　　Jiang Wen
　　*中国の有名な俳優*
　　중국의 유명 배우

**8** 周星驰　　Zhōu Xīngchí

　　*中国香港著名演员*
　　Stephen Chow
　　*香港の有名な俳優*
　　홍콩의 유명 배우

## 课文导入

1. 你看过冯小刚的电影吗？感觉怎么样？
2. 你最喜欢哪种类型的影视娱乐节目？为什么？

第十二课　我是一个特需要吹捧的人——冯小刚对答浙江大学生

## 我是一个特需要吹捧⑴的人 ——冯小刚对答浙江大学生

### 信报记者　郝晓楠

11月3日晚，由一千多名高校师生参加的"大学师生与导演⑵冯小刚对话⑶会"在嘉兴学院体育馆举行，在这个过程中，对话经常被笑声和掌声打断。

### 电　影

1. 为什么不拍⑷反映大学生生活的影片？

冯：我从来没有上过大学，真的是一天都没上过。所以我觉得我特别不适合拍大学生题材⑸的影片。自己完全没有体会，怎么能凭空⑹想象生活呢？我只能说，我想拍令大学生满意的电影。

2. 所拍电影都可找到生活原型吗？

冯：如果完全是的话，观众未必⑺愿意看；如果完全不是的话，观众也未必愿意看。所以"似是而非⑻"才是原则。我要做的就是，在看电影的一两个小时内，让观众迷⑼住，等电影演完了，再让他们醒过来，回到生活中去。

3. 导演应该为迎合⑽电影市场而拍片吗？

冯：我肯定不会这样，导演要领着观众走才对。这就好像当初所有人都觉得电影会赔⑾钱，可我自己拍的片子却赚⑿了钱，让大家都走进了电影院。这就是领导了观众。

4. 您拍了一部您觉得特别好的电影，可观众都特讨厌，您怎么办？

冯：啊？我的判断力会有这么差吗？我心目中的好电影，一定是观众最多的。

### 徐帆和家庭

1. 谈谈徐帆老师好吗？

冯：谢谢大家关心我，关心我的领导徐帆老师。不过好多朋友都告诉我，别四处散布⒀家里那点儿事，就显摆你们俩是明星似的。所以我就不说什么了。但是我确实觉得自己很走运，能找到这样一个老婆，我很知足⒁。

2. 有没有想让自己的孩子当演员或者导演？

冯：我过去上不了电影学院是因为家里没人能找关系，所以只能自己瞎⒂混⒃，现在混出来了，还不错。所以我最讨厌介绍一个人的时候先介绍这个人的父母。我的孩子应该自己去闯⒄，能闯到什么样算什么样吧。

### 个人发展

1. 怎么想到拍贺岁片的？

冯：我不是有意⒅拍贺岁片的，就是当初看了王朔的一本小说《你不是一个俗人》，我觉得这本书满足了我的孩子心理，就把它拍成了我的第一部贺岁电影《甲方乙方》，观众反应特别好。我就这么继续做下来了。

2. 您怎么能够把商业性和艺术性结合得那么好呢？

冯：我虽然没上过大学，可是拍电影就是靠一点点悟性[19]，我也不知道我是怎么结合的，反正不是老师教出来的。

3. 您曾经演过《阳光灿烂[20]的日子》等电影，以后还想继续做演员吗？

冯：我拍《阳光灿烂的日子》是个意外，当初那个角色本来姜文是想找葛优演的。后来刘晓庆跟姜文说"冯小刚也挺合适的"，姜文一想"对啊"，于是就找我来演了。我记得那还是我刚拍摄[21]完《北京人在纽约》的时候。我没怎么想过做演员，做演员只是为了能够换位思考，体会演员的心情。我觉得演员特别脆弱。像我和周星驰合拍《功夫》的时候，我每拍完一段，周星驰就过来鼓励[22]我。我是一个特别需要吹捧的人。（哈哈大笑）

4. 您想过用ＤＶ拍摄电影吗？

冯：我最近才弄明白ＤＶ是怎么回事。我发现这个小东西还挺有意思，能够没有束缚[23]地拍出很多东西。我现在拍电影做不到这一点，因为不是我自己花钱拍，别人花钱让我拍，我就要对得起人家的钱，否则是件很不道德的事情。等有一天我有了很多很多的钱，我会考虑拍一部没有限制的电影。

### 葛优，新书

1. 冯小刚和葛优这对黄金搭档[24]是怎么产生的呢？怎么能保持那么长久的合作关系呢？

冯：我是因为看《顽主》与葛优相识[25]的，我太喜欢他演的这部片子了。当时拍《编辑[26]部的故事》的时候立刻想找他演。就这样，我们俩就熟了，合作也就很多。我们打算拍到一定数量的时候好好儿开个大party庆祝一下。

2. 您的新书《我把青春[27]献给你》，销量非常好，以后有没有想过当作家，继续写书？

冯：去年没拍什么电影，冬天天又冷，干点什么呢？写书挺有意思的，回顾[28]往事[29]吧。我抢不了作家的工作，我没那水平，我只会拍电影。

（全文字数：约1480字）

（选自《北京娱乐信报》，有改动）

### 注 释

① 自己完全没有体会，怎么能**凭空**想象生活呢？

[解释] 凭空：副词，没有根据地。后面接动词或动词性短语。

[例句] ① 你没有事实证据，不能凭空认定是他偷了你的钱包。
② 那位女明星说，关于她恋爱的报道是记者们凭空想象出来的，希望大家不要相信。
③ 伟大的艺术作品不是凭空产生的，而是艺术家在丰富的人生和社会生活体验的基础上创造的。

2 如果完全是的话，观众**未必**愿意看。

[解释] 未必：副词，不一定。表示委婉的否定。

[例句] ① 虽然我们认识很久了，但你未必真的了解我。
② 就算他答应了你，他也未必会来。
③ A：他真的看过冯小刚的贺岁片《甲方乙方》《大腕》吗？
B：未必。

3 导演应该**为**迎合电影市场**而**拍片吗？

[解释] 为……而……："为"在介绍动作或行为的目的时，可以跟"而"搭配使用，组成"为……而……"的格式。

[例句] ① 他为毕业后能进大公司工作而努力学习汉语。
② 我们反对为艺术而艺术的做法。
③ 他真心为朋友的成功而高兴。

### 报刊长句

由一千多名高校师生参加的"大学师生与导演冯小刚对话会"在嘉兴学院体育馆
　　　　　　　　　　　　　　　　　　　对话会
举行。
举行。

### 读报小知识

#### 《南方周末》

《南方周末》创刊于1984年2月11日，以"反映社会，服务改革，贴近生活，激浊扬清"为特色，以"关注民生，彰显爱心，维护正义，坚守良知"为己责，将思想性、知识性和趣味性熔于一炉，寓思想教育于谈天说地之中，被称作是中国最有影响力的媒体之一。其报名采用的是手写体,是通过集字的办法,从鲁迅手稿中选出的。报纸的口号是"在这里,读懂中国"。

该报纸目前分为新闻、经济、文化、时局和评论五版。针对一些重大新闻事件会推出特别报道。2007年新加了评论板块,主要针对社会热点问题进行评述。

报纸的文章体现了人类最新的、最根本的价值观念,语言颇具特色,无矫揉造作之风,平实之中见深刻,读来沁人心脾。文章的作者多半是国内颇具思想性、前沿性的高级知识分子以及新兴的受国外教育影响的"精英"。很值得一读!

## 练 习

**一** 课外阅读近期中文报刊上的文章,把你喜欢的一篇剪贴在笔记本上,阅读后写出摘要,并谈谈你的观点。

**二** 给下列动词搭配适当的词语

拍_____    束缚_____

迷_____    散布_____

拍摄_____    吹捧_____

迎合_____    回顾_____

**三** 选词填空

> 为……而……  凭空  未必  拍  迷  有意

1. 他去桂林漓江旅游的时候,_____了很多精彩的照片。

2. 他对工作很投入,经常_____加班_____牺牲了休息时间。

3. 他这样做是_____为难我。

4. 他_____是喜欢看周星驰的电影,但为了陪女朋友,不得不去。

5. 我小时候有一段时间特别_____《花仙子》《聪明的一休》等动画片。

6. 再成功的导演也难以_____拍摄出自己根本不熟悉的生活题材的电影。

### 四 根据课文内容判断正误

1. 冯小刚打算拍大学生题材的影片。（　　）
2. 冯小刚为能找到徐帆这样的老婆感到很满足。（　　）
3. 冯小刚一开始就有意拍贺岁片。（　　）
4. 冯小刚并不打算去当作家。（　　）

### 五 根据课文内容回答问题

1. 冯小刚认为导演应该为迎合电影市场而拍片吗？
2. 冯小刚为什么出演《阳光灿烂的日子》？
3. 冯小刚和葛优这对黄金搭档是怎么形成的？
4. 冯小刚去年写了一本什么新书？

### 六 根据课文内容选择正确答案

1. 冯小刚的第一部贺岁电影是_____。
   A《不见不散》　　B《甲方乙方》　　C《没完没了》　　D《大腕》
2. 《阳光灿烂的日子》的导演是_____。
   A 冯小刚　　B 刘晓庆　　C 姜文　　D 周星驰
3. 葛优第一次出演冯小刚所拍的电影_____。
   A《顽主》　　B《功夫》　　C《手机》　　D《编辑部的故事》
4. 这场冯小刚与大学师生的对话会举办得_____。
   A 很活跃　　B 很冷清　　C 令人失望　　D 令人吃惊

### 七 尽量使用以下词语进行话题讨论

| 为……而…… | 凭空 | 未必 | 拍 | 迷 | 有意 |
| 似是而非 | 迎合 | 拍摄 | 鼓励 | 回顾 | 题材 |

1. 通过这场对话会，你对冯小刚有何认识和评价？你赞同或反对冯小刚的哪些观点，为什么？
2. 你看过冯小刚的什么电影？对他的电影有何评价？

## 快速阅读

阅读一（字数约1490字；阅读与答题参考时间7分钟）

### 《爸爸去哪儿》策划人：我的梦，就是圆别人的梦

于佳欣　明星

"爸比，你会看《我是歌手》吗？会呀！那我可以看吗？当然要看啊！为什么呀？因为那里讲的全是勇敢者唱歌的故事……"随着《爸爸去哪儿》和《我是歌手》的推出，这个模仿小孩子的语气、巧妙融合二者风格的唱段在网上迅速走红。

这两个热播节目背后有一个共同的策划人——洪涛。"我的梦想，就是让参与自己节目的嘉宾和观众，追梦并圆梦。"洪涛说。

#### 芒果台的音乐特色

其实，早在《我是歌手》和《爸爸去哪儿》播出之前，洪涛这个名字就早已因《百变大咖秀》《超级女声》等一系列音乐节目而被观众熟悉。

洪涛在很小的时候就表现出对音乐的热爱。20世纪80年代，一盒正版的磁带要十几元。洪涛家庭条件并不好，为了能听到自己喜欢的歌，他把所有的钱都攒下来买磁带。后来他去湖南一家电台应聘DJ时，发现自己家的磁带比台里所有的磁带都多。

但追逐梦想和实现梦想中间，往往并不是很顺利。大学专业是理工科的洪涛，算是"技术男"。毕业后的七八年间，他一直在工厂做技术工人。但对音乐的执着让他成了湖南电台的DJ。

在2012年芒果台收视率迅速下滑的危难时刻推出《我是歌手》，让湖南卫视的收视率又成为省级卫视第一。

节目走红后，很多上节目的歌手，比如黄绮珊、周晓鸥等人，之前本已放弃歌唱之梦，却因此再次点燃了梦想；而观看节目的歌迷，也圆了心中的音乐之梦。

#### 勇敢追求"真实"和"正能量"

娱乐节目如何才能打动人、影响人？这可以从获得收视冠军的《爸爸去哪儿》中寻找答案。"关注所有人都会关心的亲子关系问题"和"真实展现生活"，是洪涛给出的回答。

据他回忆，有一次，《爸爸去哪儿》在宁夏沙坡头拍摄。天气炎热，满眼荒漠，条件艰苦。田亮偷偷问几个工作人员，能不能找地方去洗澡。结果大家都假装不知道，一直坚持了三天，就是为了保证节目的真实性。

还有一期节目中，田雨橙在爸爸田亮生日那天，对忘了自己生日的他说出"生日快乐"。有人认为，这个情节一定是节目组故意安排的。事实上，这是在上千小时的视频中"淘"出来的亲情片段。很多观众反映这温馨的一幕让他们的心都融化了。

这种正能量的传递引发了全社会对亲子教育的讨论。有人说，看到郭涛和石头这父子俩

的相处,才感觉到严厉中也要有温柔。有网友甚至表示:"看完节目后,很想早点结婚生子。"洪涛说"只要让大家在轻松、快乐、感动中感受到正能量,有所启发和思考"就够了。

### 为"掏出生命唱歌"的人流泪

与《中国好声音》的"草根追梦"不同,《我是歌手》聚焦"真正的歌手"。在挑选歌手上,洪涛挑人唯一标准就是他们的实力和感染力。"他们不管在过去的拼搏奋斗中还是台上的比赛中,都有一种积极向上的能量。希望观众在享受音乐的同时,也能吸取他们身上的正能量。"

洪涛最感谢的是他的工作团队。"每个人的成长,不是你个人能力有多强,而是看跟谁在一起。要对得起信任你、跟你一起打拼的人。"

### 讲好故事让大家爱看

记者:无论是《爸爸去哪儿》还是《我是歌手》,都起用了艺人的嘉宾团队。不少人觉得节目过于注重明星效应。您怎么看?

洪涛:起用明星是让大家有机会看到他们普通人的一面。我们会更多地考虑选手的合适性。比如张亮父子,他们之间"哥们"一样的相处方式很特别。王诗龄虽然很小,但情商很高,有时像个小大人。其实,在节目拍摄中,明星身上的光环一点点褪去,爸爸身上爱的力量却越来越壮大。我们希望观众从真实的节目中得到正能量。

《我是歌手》追求的是对音乐的个性表达。这些歌手都是在行业中拼搏过奋斗过挣扎过、得到大家认可的歌手。我们希望观众在听歌感动的同时,也能从他们的经历中感受到他们对人对事的执着态度和做人的内在精神。

(选自新华社长沙2014年1月5日电)

**回答问题:**

1. 洪涛小时候如何追求自己的音乐梦想?
2. 《爸爸去哪儿》为什么能打动人、影响人?
3. 《我是歌手》与其他音乐节目有什么不同?
4. 洪涛是如何看待节目中的明星效应的?

---

阅读二(字数约1500字;阅读与答题参考时间13分钟)

## 奥运冠军田亮:做一个慈祥的爸爸我很享受

郭晓娜

21岁时,他是悉尼奥运会上的跳水冠军,轰动全国,家喻户晓;快奔三时,他转型成演艺新人,然后结婚生子,他的人生跨越了三重门,变得完整。现在的他,幸福快乐但又不知足,他说他还有好多愿望要实现,尤其是要做一个"慈祥的爸爸"。

从参加《爸爸去哪儿》之后,田亮的工作被安排得很满,一天飞三个城市的节奏让他变成空中飞人,"做完娱乐圈的工作,剩下的时间就可以陪伴家人"。

运动员出身让田亮有了两个优势:一是好体力,二是好心态。

说到心态，田亮身边的工作人员小贝深有体会："田亮的心态比工作人员还好，工作中遇到困难时，工作人员都十分急躁，但是田亮让我们不要着急，有了问题，想办法解决问题，久而久之，与如此淡定的田亮相处下来，我们也都十分淡定。"

35岁的田亮淡定、平和。但是有两年的时间，他一直感觉迷茫。

17岁参加第一次奥运会，在跳水运动员中表现突出；21岁，获得奥运会冠军；年少成名，帅气的外表，为他打开了演艺圈的大门。在光环下，他迷失过自我，也经历了很多明星没有经历过的事情，如比赛失败的复杂心情，从国家队离开的失落感，从高潮滑下低谷的迷茫感。

人们常说，要拿得起，放得下，但是"放下"二字又谈何容易。田亮放下，用了两年的时间。他说："退役前的两年是最迷茫的，就好比一个大学毕业生马上要毕业的心情。因为不能一直做运动员，未来事业的转型是一件大事，拿到奥运冠军，经历了一个事业的巨大成功之后，你要在一个新的领域里，从零开始，会很不适应，而当时，我的家人朋友，还有其他人，对我未来的事业期望很高，这种压力让我喘不过气。"

退役后，田亮攻读了清华大学的硕士学位，然后正式转型进入演艺圈。没有当成跳水教练，当时多多少少有一些遗憾，但是对田亮而言，这份遗憾反而让他有了更多体会："从侧面来看这件事情，不一定你爱跳水就一定要做教练，在担任《中国星跳跃》明星跳水总教练时，我就感到，现在的身份，现在的平台，从另一角度上来说，更容易让我传播跳水项目，我很满意现在的状态。"

2007～2008年，对于田亮来说，是人生中重要的年份，退役、读书、演戏、结婚和生子。也正是因为如此，35岁的田亮虽然外表依然萌态十足，但是内心早已经淡定从容。他说："该经历的都经历了，娱乐圈这点事都是小事儿，比起比赛失败对我的打击，这都不算什么。"

目前田亮最享受的是当爸爸。他带着女儿田雨橙（Cindy）参加一个亲子节目《爸爸去哪儿》，"风一样的女子"让Cindy家喻户晓，节目中那句"我要做慈祥的爸爸"成了田亮现在的目标。在微博上，田亮经常晒自己与Cindy有爱的生活小细节，不论是Cindy画画给他，还是他带着Cindy采草莓，又或者是唱歌哄Cindy睡觉，画面十分温馨，流露出浓浓的爱意。

说到女儿，田亮的语气变得兴奋起来："自从参加节目之后，她就开始黏我了，我特别幸福，我要向'做一个慈祥的爸爸'这个目标不断前进。"

最近，他要考虑Cindy上小学的事情，这是目前的头等大事。对于Cindy未来的规划，田亮也开始考虑，是进演艺圈还是走体育这条路，这一度让他很纠结，然后他又自己推翻了自己之前的打算，先让Cindy好好儿学习，学习文化知识，学习画画，学习乐器。他笑着说，这就好比是体育训练，先打好基础，不管未来做什么，先培养一个学习方向、学习习惯和学习态度，让她学会热爱、坚持不放弃。

也许是因为他骨子里运动员的那份拼搏劲儿，又或许是处女座的性格特点，田亮除了要成为一个慈祥的爸爸之外，还考虑怎样成为一名更全面的艺人，做好演员、出品和制作电视剧是他事业的新方向。

当记者要求他用一句话描述现在的自己时，田亮想了半天："幸福快乐着，满意但不满足，还有很多目标和愿望要实现。"

（选自《北京娱乐信报》，2014年3月28日，有改动）

回答问题：
1. 田亮现在的愿望是什么？
2. 田亮是如何从迷茫低落转变为淡定从容的？
3. 田亮对女儿Cindy的未来有什么规划？
4. 田亮如何评价自己现在的状态？

阅读三（字数约1330字；阅读与答题参考时间14分钟）

## 另一个角度看"粉丝"

时至今日，已经不能仅仅用荒唐、无知、疯狂来看待粉丝这个群体了。经过多年进化，粉丝已经从"追星族"成长为"全能选手"，他们不仅是影响票房、收视率和媒体的关键角色，还是公益活动、文化消费的重要推手。

制作横幅标语、联系外地粉丝住宿、写宣传稿……从9月底，好多"白菜"就开始在为《快乐男声》季军白举纲的北京巡演做准备。"白菜"是对白举纲的粉丝的称呼。

### 在偶像身上看到自己的梦想

24岁的"夏夏"是白举纲后援会会长，就任会长不过一个多月，他想做的事情很多。"夏夏"认为"粉丝和艺人保持足够的距离"是最好的选择。

"我们会在贴吧和QQ群里发文引导学生粉丝如何做素质粉、理智粉，也会在私底下对一些过度狂热的粉丝进行开导。"在"夏夏"看来，对粉丝的行为要客观理性地看待，适度地"花痴"有时是必要的。

"夏夏"是在听完白举纲的《父亲》之后成为铁杆粉丝的。那首歌让他与父亲在电话里长谈了一夜。而白举纲的另外一首原创歌曲《乘着破船回家》则让他回头审视自己屡次放弃梦想的过去。

据他了解，"白菜"中有很多大龄粉丝都有着类似的心路历程，他们中有白领、有老师、有妈妈、有知识分子，不同于学生粉丝，他们的追星更显得具有"理想主义色彩"。

"粉丝在偶像身上投射自我，追星其实是追寻理想中的自我，追寻理想的男女朋友。"研究流行文化的学者张嫱是这么解读的。

### 做什么才能给偶像加分

"白菜"团体是个新生的粉丝团体，一切刚起步，但这并不妨碍他们有着宏伟的目标。

"我们不希望偶像将来只出现在报纸的娱乐版里，我们更希望媒体更多地解读他的创作里有哪些更深的含义，希望可以更多关注他的成长历程和精神品质，关注可以带给这个社会的正能量。""夏夏"说。

为了给偶像的形象加分，粉丝们在改变自己。"接机时不要喧哗，避免在公共场合造成他人不便""观看演出时，整齐排队，有序进场""退场后，清理好身边的物品、垃圾"等，都是现在许多粉丝团体不成文的规定。

近年来，还有许多粉丝团体做起了公益。据"夏夏"介绍，"白菜"大学团目前已在成都敬老院做起了公益活动。而更资深的粉丝团如"玉米""星星"，或在自然灾害后积极捐款，或资助边远山区的贫困孩子，这在某种程度上改变了人们对粉丝的固有印象。

### 娱乐产业的螺丝钉

2009年，李宇春首次出演电影作品《十月围城》，"玉米"至少为其贡献了1亿元票房，此事经媒体报道后轰动一时，有业内人士将之称为粉丝经济时代到来的象征。

对粉丝文化中蕴含的商机，中国人民大学韩晓宁教授认为，与粉丝精神需求相关的社会生活的全部内容都可以称之为粉丝文化，如此一来，与该文化紧密相关的文化产业会得到发展，外围的其他社会经济部门也会受益。

事实上，粉丝经济已经不单纯是把钱花在购买明星的作品上，而已全方位、多角度地参与到娱乐产业链中。

网络，让粉丝与经济的结合更为迅速。通过贴吧，粉丝可以进行各种宣传，聚拢人气；通过电商等平台，粉丝可以购买演唱会门票、海报横幅；明星或娱乐公司也可以通过网络售卖各式纪念品、服装等周边产品、自创品牌，如刘德华、林志颖、罗志祥等都在淘宝上开了旗舰店。

"粉丝是娱乐产业链条里的最终端消费者，同时他们又是大流行制造和偶像制造的直接参与者。"有研究者如是指出。

（选自《人民日报·海外版》，2013年11月8日，有改动）

**判断正误：**

1. 时至今日，粉丝不但影响着票房和收视率，而且积极参与公益活动，推动文化消费。（　　）
2. "夏夏"认为粉丝和艺人应该是零距离接触。（　　）
3. "夏夏"是在听完白举纲的《乘着破船回家》之后成为铁杆粉丝的。（　　）
4. "白菜"们希望媒体能更多地解读偶像作品中的含义以及偶像的成长历程和精神品质。（　　）
5. "玉米"和"星星"在自然灾害后积极捐款，资助边远山区的贫困孩子，从而改变了人们对粉丝的固有印象。（　　）
6. 粉丝经济就是指把钱花在购买明星的作品上。（　　）

# 第十三课　后单位制时代：没有"铁饭碗"的应变

**背景知识**

中国经济由计划经济走向市场经济的过程中，中国的众多职工也在由单位制走向后单位制时代。在单位制时代，个人的生老病死、一切的工作与生活问题都依赖单位来解决，个人几乎完全属于某一个单位。在后单位制时代，人们的择业自由、流动自由大为增强，个人只是部分的属于所工作的单位，单位也不能绝对地控制职工，个人与单位之间更多的是一种合同、合约的关系。

## 词语表

**1　后单位制时代　hòu dānwèizhì shídài**
进入后单位制时代以后，许多人找工作时的想法发生了改变。

以社区为主要生活场域的时代
The 'post-work unit era'
住宅団地を主な生活領域とする中国独特な制度
아파트 단지를 주요 생활 영역으로 삼는 중국의 독특한 제도

**2　铁饭碗　tiěfànwǎn　（名）**
许多人觉得，当上了公务员，就等于有了铁饭碗。

比喻稳定而待遇有保障的职业、职位
'iron rice bowl'
食いはぐれのない働き口
아주 안정적인 직업이나 직위를 비유함

**3　应变　yìngbiàn　（动）**
应变能力／许多动物的应变能力都很强，能很快适应环境的变化。

应付突然发生的情况
to adapt oneself to changes
急な変化に対応する
변화에 대응하다

| 4 | 居然 | jūrán | （副） | 表示没有想到；竟然 |

你居然忘了今天是我们的结婚纪念日？

surprisingly

意外にも，なんと

뜻밖에도

| 5 | 户口 | hùkǒu | （名） | 户籍 |

解决户口 / 我希望能找到一份帮我解决北京户口的工作。

the residential districts with which all Chinese are registered

戸籍

호적

| 6 | 打工 | dǎ gōng | | 做工（多指临时性的） |

上大学的时候，他经常在快餐店打工。

to work

アルバイト

아르바이트，알바

| 7 | 始终 | shǐzhōng | （副） | 表示从头到尾；一直 |

我始终不明白，他到底为什么要这么做。

from start to finish, from beginning to end

いつまでも，一貫して

처음부터 끝까지

| 8 | 成员 | chéngyuán | （名） | 集体或家庭的组成人员 |

家庭成员 / 现在很多人把家里养的宠物狗也当成一名家庭成员。

member

構成員

구성원

| 9 | 医疗 | yīliáo | （动） | 医治；治疗 |

医疗条件 / 一般来说，农村的医疗条件都不太好。

medical treatment

医療，治療する

의료，치료하다

| 10 | 养老 | yǎnglǎo | （动） | 年老闲居休养 |

中国的养老问题引起了大家的关注。

to provide for the aged

（退職後）心おきなく日を送る

양로

| 11 | 依赖 | yīlài | （动） | 过分依靠某人或事物 |

依赖手机 / 现在的年轻人都太依赖手机了，无法想象他们不带手机就出门。

to rely on

頼る

의존하다

| 12 | 功能 | gōngnéng | （名） | 事物或方法所发挥的有利的作用；效能 |

主要功能 / 说明书的主要功能是说明商品的特点、用法等。

function

機能

기능

| 13 | 推行 | tuīxíng | （动） | 普遍实行；推广（经验、办法等） |

推行政策 / 中国从1978年开始推行计划生育政策。

to promote (a cause, movement, etc.)

推し進める

추진하다, 보급하다

| 14 | 开发 | kāifā | （动） | 发现或发掘人才、技术等供利用 |

开发新技术 / 软件开发是一项复杂而系统的工程。

to develop (natural resources, industry, etc.)

開発する, 引き出す

개발하다

| 15 | 官本位 | guānběnwèi | （名） | 指以官职及其权力大小来衡量人的社会地位和能力的价值观念 |

官本位思想 / 政府的这一系列措施，就是为了消除人们的官本位思想。

status

職務上の地位の高低、権力の大小で、個人または職場の社会的地位の価値を決める考え方

직위의 높고 낮음, 권력의 대소에 따라 개인과 직장의 사회적 지위를 결정하는 가치 관념

| 16 | 乐意 | lèyì | （动） | 甘心愿意 |

只要他乐意做的事，就一定会做好。

to be very willing

喜んで～する

～하고 싶다

| 17 | 愿 | yuàn | （动） | 愿意 |

别人向你借钱的时候，你愿借就借，不愿借就不借，没什么不好意思的。

to be willing

望む, 願う

원하다

| 18 | 流动 | liúdòng | （动） | 经常变换位置（跟"固定"相对） |

流动人口 / 北京的总人口中，流动人口占了很大一部分。

to be itinerant

移動する

유동하다, 옮겨다니다

| 19 | 跳槽 | tiào cáo | | 比喻人离开原来的职业或单位到别的单位或改变职业 |

因为收入太低，他跳槽去了一家房地产公司。

to switch (jobs)

転職する, 異動する

직업을 바꾸다

| 20 | 自愿 | zìyuàn | （动） | 自己愿意 |

自愿参加 / 参加这次活动的人都是自愿参加的。

to be willing (oneself)

自ら希望する

스스로 원하다, 자원하다

| 21 | 决策 | juécè | （动） | 决定办法或策略 |
|---|---|---|---|---|

决策者 / 作出这个决定的是决策者们，我改变不了。

to make policy

方策を決定する

방법·정책을 결정하다

| 22 | 畅销 | chàngxiāo | （动） | （货物）销路广，卖得快 |
|---|---|---|---|---|

畅销商品 / 这本畅销书你读过吗？

to sell well

よく売れる＜畅销书＝ベストセラー＞

잘 팔리다

| 23 | 奶酪哲学 | nǎilào zhéxué | | 一种思想观点，即人们应主动适应不断变化的社会现实，以获得自己最想得到的东西 |
|---|---|---|---|---|

我觉得奶酪哲学在生活中对我还是很有帮助的。

'cheese philosophy' (from the best-selling American book 'Who Stole My Cheese')

変化し続けている社会の現実に自主的に対応することで、自分が最も得たいものを獲得するというもの

주동적으로 사회의 변화에 적응해야 자신이 원하는 것을 얻을 수 있다는 것

| 24 | 假如 | jiǎrú | （连） | 如果 |
|---|---|---|---|---|

假如你输了，你就请我吃饭，怎么样？

if

もし～ならば

만약

| 25 | 主动 | zhǔdòng | （形） | 不待外力推动而行动（跟"被动"相对） |
|---|---|---|---|---|

主动性 / 他主动提出要帮我找工作。

conscious, deliberate

自主的である

자발적이다，주동적이다

| 26 | 淘汰 | táotài | （动） | 在选择中去除（不好的或不适合的） |
|---|---|---|---|---|

淘汰赛 / 她在第一场比赛中就被淘汰了。

to eliminate (inferior or unsuitable goods, etc.)

淘汰する

도태하다，탈락하다

**课文导入**

1. 在你们国家，人们就业、择业的观念是怎样的？
2. 你是怎样规划你的职业生涯的？

## 后单位制时代(1)：没有"铁饭碗(2)"的应变(3)

据《北京晨报》报道，在北京中关村高新技术企业中，**居然**(4)有10万名没有北京户口(5)的大学生在打工(6)。他们基本上是自己找上门的，其中近几年回家乡后又重回北京的和始终(7)没有离开北京的各占一半……

改革开放以前，在具有高度计划性特征的社会经济体制下，社会成员(8)并不存在选择职业的问题。当时"参加工作"，完全由组织安排或分配。而一个人自参加工作之日起，就成了"单位人"，他的工作、收入、医疗(9)、住房、自身养老(10)等几乎一切问题都完全依赖(11)于工作单位加以解决，从而形成了一种具有"小社会"功能(12)的"单位制"。

进入90年代以来，择业日渐成为一种社会现实，人们择业的自主程度越来越高。随着"单位制"影响的逐渐减弱，国家推行(13)直接面向市场、满足市场需求的就业政策，尤其是社会价值观念变化的深刻影响，当今社会成员，尤其是青年一代身上正表现出多样化趋势的择业心理，其主要特征有：

第一，在择业目标上，更关注开发(14)自己的潜能、实现自己的价值。当今青年在选择职业时所考虑的主要标准上，职业能否为自己提供良好的发展前景这一条件常常被排列在第一位。它表明，在小康社会来临的今天，人们求职时不只是将职业当作生存的首要手段，自我实现这种高层次的需要正逐渐被意识到。

第二，随着"铁饭碗"意识的减弱，职业风险意识正在提高。过去曾受到极度重视的"职业稳定性"，逐渐地被更多的人放在非优先考虑的地位上，总是被排列在"发挥自己潜能和实现自己价值""高收入"这类标准之后。现代社会所需要的职业风险意识正在开始形成。

第三，在就业机构选择上，单位意识已很大程度地淡化。市场经济体制的建立，社会世俗化进程的深入，人们自我意识的增强，使得青年在面对从业问题时，更少考虑前辈们身上那种单位依赖心理、官本位(15)意识，而更乐意(16)接受自由度较大、自主性较强的从业方式，更愿(17)选择时代特征鲜明、管理体制规范的从业机构。

第四，在职业流动(18)方面，主动改变工作的意识进一步增强。"跳槽(19)"心理实际上在一定程度上表现了自主择业意识的提高。自主择业带来的一个现象就是，职业流动的速度和范围的加快和扩大。其中人们自愿(20)选择流动的情形占有很大比例。大多数青年在选择职业时，最倾向于接受意见的对象是自己，**即**他们更倾向于择业问题上的自主决策(21)。

这种择业心理的多样化趋势有着特定的合理性：其一，它是社会结构分化、社会职业类型多样化的一种主观反映；其二，它是价值观念多样化的一种必然选择结果。表现这种择业心理的一个最鲜明的例子就是，当今社会中各种自由职业者人数的迅速增长。

一本中文名为《谁动了我的奶酪》的畅销[22]书，讲了一个同样简单的、有时代特色的、被称为"奶酪哲学[23]"的道理：**假如**[24]一个人不主动[25]加以改变，就不能适应多变的社会，最终就会被淘汰[26]。变，则意味着机会的产生，变化的丰富性也就意味着机会的多样性……

"奶酪哲学"，似乎也就成为对当今人们的择业心理所展现出的多样化趋势的一个独特解释。

（全文字数：约1210字）

（节选自《北京青年报》，有改动）

## 注 释

1. 据《北京晨报》报道，在北京中关村高新技术企业中，**居然**有10万名没有北京户口的大学生在打工。

   [解释] 居然：副词，具有转折作用。指本来不应该、不可能发生的事竟然发生了，或指本来不容易做到的事竟然做到了。

   [例句] ① 平时他的成绩是班上最好的，可这次考试他居然不及格。
   ② 他骗了你那么多次，你居然还相信他说的话？
   ③ 他来北京这么久了，居然还没去过故宫、长城。

2. 大多数青年在选择职业时，最倾向于接受意见的对象是自己，**即**他们更倾向于择业问题上的自主决策。

   [解释] 即：连词，也就是。用来连接两个意思相同的成分，后一成分是前面所说的情况的解释和说明。用于书面语。

   [例句] ① 三个月前，即今年7月，我们公司正式成立了。
   ② 9月1日，即后天，是学校正式开学的日子。
   ③ 人的一生有三个快速生长期，即生下来的前半年、1～3岁和12～23岁。

③ **假如**一个人不主动加以改变，就不能适应多变的社会，最终就会被淘汰。

[解释] 假如：如果。表示假设。

[例句] ① 假如别人指出你的缺点，那他是在帮你。
② 假如说，十年前他刚开始参加工作的时候一点儿工作经验都没有，那么他现在可以说是经验丰富。
③ 假如你的父母不同意你去国外留学，你会坚持吗？

### 报刊长句

过去曾受到极度重视的"职业稳定性"，逐渐地被更多的人放在非优先考虑的地位上，
　　　　　　　　"职业稳定性"，　　　被　　　放在　　　　　地位上，
总是被排列在"发挥自己潜能和实现自己价值""高收入"这类标准之后。
　　被排列在　　　　　　　　　　　　　　　　标准之后。

## 读报小知识

### 《解放日报》

《解放日报》最早创刊于1941年中国共产党延安时期，是中国共产党早期的政治理论刊物。建国后成为中国上海解放日报报业集团的一份日报，是中共上海市委机关报，日发行量55万份。

《解放日报》以广大干部、工人、知识分子为主要读者对象，兼顾其他各方面的读者。在宣传报道上立足上海，兼顾上海经济区，面向全国。以上海和上海经济区各省的经济建设作为宣传重点兼及党的建设、文化、教育、科技工作以及社会生活各方面，并以较大篇幅报道全国各地的重要情况和国际新闻，反映人民的呼声，重视刊登读者来信和回答读者的提问，每月来信多时达1万件。为满足广大读者的需要，办有十多种副刊、专刊，如"新论""朝花""人民广场""读者来信""上海市场""上海经济信息""上海经济透视""海外博览""祝您健康""读书""娱乐""班组生活""市郊大地""上海乡镇企业""上海经济区之页"等。另辟有"党的生活""社会新闻""体育"等专栏。

## 练 习

**一** 课外阅读近期中文报刊上的文章，把你喜欢的一篇剪贴在笔记本上，阅读后写出摘要，并谈谈你的观点。

**二** 给下列动词搭配适当的词语

推行_____    自愿_____

淘汰_____    开发_____

减弱_____    考虑_____

解释_____    淡化_____

**三** 选词填空

> 居然　推行　自愿　即　假如　淘汰　开发　铁饭碗

1. 对_____到西部参加开发建设的各类急需人才，有关部门将会在人事代理、社会保险费用征缴等方面提供便利。

2. 纳米材料人工增雨剂对更广泛地_____云水资源提供了契机，降雨效率会成数量级增加。纳米材料无资源制约，便于大规模生产，成本相对目前的人工降雨贵金属化合物而言要低得多。

3. 每年都有一部分毕业生在从事着临时性的工作，_____隐形就业。

4. 美国是世界上最大的电子产品生产国和电子垃圾的制造国，每年产生的电子垃圾高达700～800万吨，而且数量正在变得越来越大，未来几年内仅要_____的旧电脑就有约3亿台。

5. _____你想与她交往，就一定要主动，让对方感受到你的友好与诚意。

6. 为了保护劳方的利益，我国从1990年代中期就开始_____集体协商制度。但在出租车行业中，似乎并没有相应的制度安排。这样就使得一盘散沙的司机缺少用集体的方式为自己争取合法利益的机制。

7. 这么好吃的饭菜，他_____说不合自己的胃口。

8. 城市中的工人，在改革的过程中不仅逐步失去了种种过去令人艳羡的福利待遇，而且其中有几千万人失去了过去以为不可能失去的"_____"。

**四 根据课文内容判断正误**

1. 改革开放以前,在具有高度计划性特征的社会经济体制下,中国人没有自主择业的自由。(　　)

2. 当今中国青年在选择职业时所考虑的主要标准上,职业能否为自己提供高收入这一条件常常被排列在第一位。(　　)

3. 当今中国青年在考虑从业问题时,已经不再有前辈们身上那种单位依赖心理、官本位意识。(　　)

4. "跳槽"心理实际上在一定程度上表现了自主择业意识的提高。(　　)

**五 将下列各句组成一段完整的话**

1. A 完全由组织安排或分配

   B 就成了"单位人"

   C 而一个人自参加工作之日起

   D 从而形成了一种具有"小社会"功能的"单位制"

   E 当时"参加工作"

   F 他的工作、收入、医疗、住房、自身养老等几乎一切问题都完全依赖于工作单位加以解决

   正确的语序是:(　　)(　　)(　　)(　　)(　　)(　　)

2. A 就不能适应多变的社会

   B 假如一个人不主动加以改变

   C 最终就会被淘汰

   D 变化的丰富性也就意味着机会的多样性

   E 变,则意味着机会的产生

   正确的语序是:(　　)(　　)(　　)(　　)(　　)

**六 根据课文内容选择正确答案**

1. 进入20世纪90年代以来,中国人择业的自主程度与意识越来越高的主要原因有_____点。

   A 两　　　　B 三　　　　C 四　　　　D 五

2. 当今中国社会成员，尤其是青年一代身上正表现出多样化趋势的择业心理，其主要特征有_____个方面。

   A 三　　　　　　B 四　　　　　　C 五　　　　　　D 六

3. 当今中国人择业心理的多样化趋势的合理性主要有_____点。

   A 两　　　　　　B 三　　　　　　C 四　　　　　　D 五

4. 本文作者用畅销书《谁动了我的奶酪》中的"奶酪哲学"来说明_____的道理。

   A 社会变化太快　　　　　　　　B 人们难以适应社会的变化

   C 人们应努力找到最满意的工作　　D 人们应主动适应多变的社会

## 七　尽量使用以下词语进行话题讨论

| 居然 | 推行 | 自愿 | 即 | 假如 | 淘汰 | 开发 |
| 铁饭碗 | 应变 | 始终 | 依赖 | 跳槽 | 主动 | 流动 |

1. 你在择业时，会考虑哪些条件？
2. 为了更好地适应多变的社会，你认为应该做好哪些准备？应该具有哪些思想观念？

## 快速阅读

### 阅读一（字数约1060字；阅读与答题参考时间4分钟）

## 他们为啥不休假

带薪休假是劳动者的一项基本权利。但是，对许多普通人而言，不仅不能带薪休假，连周末也要工作。因为他们"不敢休、不肯休、不能休"。劳逸结合的日子离他们很遥远。

### 别人不休假，自己也难休

"每天都处于工作状态，周末和节假日也一样。有时候想休假，但别的同事都工作，我一个人去休假，很担心给人留下'工作不努力'的印象。"

——上海媒体从业者刘莉

小刘的工作时间看起来比较固定：从早上8点半至下午5点半。由于要跑新闻，工作节奏也很紧张。"不是在写新闻稿，就是在跑新闻的路上。""我的手机要保持24小时开机，周末和节假日也不例外。"

小刘说,周末加班的人不在少数,"同事们干活儿都很努力,我也担心自己会落后"。

按规定,刘莉工作已满10年,每年可享受10天带薪假,她从来没休过。刘莉说:"有时候很想请假,但一想到别的同事都没有提出休假要求,我也就'不敢休'了。"一年到头忙忙碌碌的工作状态,她已经习惯了。

### 收入靠加班,休假成奢望

"在我们厂,加班费是每月的重要收入。有时,加班都要排队,有限的加班名额一般只分给老员工,新来的只能一边待着。"

——江苏昆山产业工人吴俊芳

周一到周五,在江苏昆山一家笔记本厂工作的吴俊芳每天要工作10个半小时。有时周末也要全部用来加班。即使工作安排如此紧密,吴俊芳的腰包还是鼓不起来:每个月底薪1600元,这是工作日中每天8小时的工资。但这显然不够生活开支,加班费是每月的重要收入。为了多赚钱,她和同事们都愿意多加班。

但加班也不是那么容易,"在我们厂,加班都要排队,有限的加班名额一般只分给老员工,新来的只能一边待着。"

对于休假,吴俊芳根本没有概念,她只盼着加班:"周六日最好可以加班8个小时,国家法定假日加班就更好了,3倍工资!"

### "饭碗"最重要,担心丢工作

"年纪越来越大,找新工作的难度也越来越大。我只想安安稳稳干下去,如果因为休假丢了工作,就不值得了。"

——北京面食厨师路鑫

一个月休两天,每天工作八九个小时。轮到夜班时,要到凌晨两点半左右才能下班。这样的日子,路鑫已经过了十几年。

路鑫换过不少工作,也尝试过不同行业。如今,作为这家餐厅的面点厨师,他常常早班夜班连续上。

路鑫和同事合租在单位附近的一栋单元楼里。"住得虽然挤了点,但总比以前的地下室强多了。"

让路鑫感到安慰的是,他每个月工资都能按时发下来。遇上"十一"、春节等法定假日,还能按3倍工资算。

至于带薪休假,路鑫说:"在我们这行,通常都没有正式合同,虽然餐馆允许我每年休5天,可现在餐饮行业求职的人有很多。最怕是一请假,就很难回来了。"

(选自《人民日报》,2013年3月15日,有改动)

回答问题：
1. 为什么许多普通人不能带薪休假，连周末也要工作？
2. 刘莉不休假的原因是什么？
3. 在吴俊芳的工厂，为什么想加班都不容易？
4. 厨师路鑫为什么不敢休假？

阅读二（字数约1230字；阅读与答题参考时间9分钟）

## 从"考碗热"到"留学热" 职场青年求突破

记者 陈俊岭

### 从"考碗热"到"MBA热"

时隔两年，在某县级政府工作的黄先生再次来到北京，参加中央国家机关公务员的笔试。这一次，也是他大学毕业10年来，第二次向公务员梦想冲击。

两年前，黄先生首次报考中央国家机关公务员。当时，他以笔试第一名的成绩进入面试，面试通过后，却在审核中意外落选。

"当时有同学说，找找人花十几万块钱，可能就进了，但当时我没争取。"提到那次经历，黄先生表现出几分遗憾："现在想想十几万算什么，据说北京还分房子，几千块钱一平方米！"

北京户口、低价房……黄先生并不是对这些福利没有概念，在过去几年中，每逢寒暑假，他都要带着自己的儿子来北京旅游，他希望自己的孩子拥有一个更好的教育环境，这也是他再次冲击中央国家机关公务员考试的动力。

与黄先生不同，在北京某私企工作的张华，将个人职业寄托在报考名校MBA上。除了实现身价倍增的目标外，他还有另一个目的，就是希望MBA毕业时能拿到北京户口。

受张华影响，他的研究生同学中不少正尝试报考或已开始攻读MBA、EMBA。尽管MBA学费很贵，对于这些刚刚进入大城市职场的青年而言，并不是一个小数，但借此带来的人脉拓展和职场提升，仍是一笔十分有利的投资。

"任何投资都有风险，在职场上的投资当然也有风险，但MBA至少是一种经历，趁着还年轻赶紧多接触些人脉，或许一个新朋友，就会改变你的后半生。"一位紧随张华攻读MBA的同学感言。

### 投资理财不如投资自己

"今年刚毕业，有存款5000元，请问应如何理财？"面对职场新人这样的询问，一位专业理财师给出的建议是——好好儿工作，争取加薪，才是职场青年最好的投资。

从前些年的考研热到如今的MBA热，从人人争当公务员的"考碗热"再到如今的留学热，职场青年在寻求各种突破。

大学毕业两次考研失败后，梁蕾不情愿地回到了父母所在的小城市。她在当地某政府部门工作，没有正式编制，但却干着比正式工更多的工作，而其收入每月只有1000元。

眼看着年龄一年年增长，梁蕾决定放手一搏，趁着还年轻，决定去考雅思到国外见识一下，能拿到绿卡更好，即便将来回来也可以在简历上增加些留学背景。

梁蕾的留学计划仍在进行，而已在英国读完博士的刘虹，毕业后回到北京，目前在一家高校担任助教。尽管海外留学代价巨大，但回国后的收入却并不高。

尽管如此，在刘虹所在的高校，不少青年教师仍在积极地争取留学深造的机会。在他们看来，留学读博是其晋升加薪的重要基础，无论是对日后评教授副教授，还是拿到更多津贴和课题费都大有益处。

不过，随着留学热的升温，在国内用人单位中，"海龟"的身价也降低了不少。"以我所在大学为例，刚入学时一个班只有三五个中国留学生，毕业时就达到了十几个，而他们大多数都准备回来，真担心他们将来回国后的工作。"一位在英国某大学读研的留学生称。

事实上，无论是当下"考碗热"，还是正流行的"留学热"，职场青年对投资自身的尝试值得肯定，但实际效果低于预期的情况也应该引起注意。个人身价的提高，最终仍需勤奋和努力。

（选自《上海证券报》，2013年8月1日，有改动）

**回答问题：**

1. 黄先生为什么又一次参加公务员考试？
2. 张华及其同学为什么攻读MBA、EMBA？
3. 刘虹等人为什么选择留学深造？
4. 作者是如何看待如今的"考碗热"和"留学热"的？你的看法呢？

## 阅读三（字数约1500字；阅读与答题参考时间10分钟）

### 农林高校硕士毕业生为啥回家"务农"

陈胜伟

没有宽敞明亮的办公室，没有丰厚的工资，但是每天都能呼吸到清新的空气，每天都能闻到土壤的气息——这是2013届研究生殷欣欣的工作环境。

在山东省牡丹基地工作快一年了，作为基地里最高学历的姑娘，殷欣欣已经爱上了这片土地，在她看来："从事现代农业工作，就是在绿草鲜花之间开发金山银矿。"

#### 硕士毕业回家"务农"

2013年，殷欣欣从浙江农林大学研究生毕业了。但让导师和同学都没有想到的是，殷欣欣毕业时决定回老家从事现代农业。

她很喜欢这份工作：一则离家比较近，可以经常回家；二则在现代农业企业工作，能够应用她所学的专业技术。

然而，刚进公司的时候，殷欣欣被安排在市区的办公室和实验室工作。没过多长时间，殷欣欣就开始觉得，既然自己选择了从事农业工作，要想真正学到自己想要的东西，就应该从基层做起，到基地里去才能更好地发挥自己的专业特长。

殷欣欣的想法，也得到了公司领导的支持。公司认为，把她调到基层工作，既能让她得到更多的实践知识，也能更好地给农民提供技术支持。最终，她被派到牡丹基地工作，这里离她的老家解庄村更近了，骑电动车回家不过10分钟。

殷欣欣告诉记者，原先从事现代农业工作，父母还有些想法，现在离家这么近，父母也十分支持，这让她的压力小了很多。

### 深入基地学做"农民"

牡丹基地，种植着数千亩的牡丹。这里有几十名管理人员，但是绝大部分都是农民，最缺的就是技术指导，但像她这样既有技术，又有研究生学历的姑娘，在整个基地里从未有过。

"真是少见呢，这么年轻的姑娘，听说还是研究生毕业，竟然来农田里种地。现在村里的年轻人都出去打工了，怎么研究生反而回家种地呢，这书不是白读了吗？"刚到牡丹基地工作的时候，殷欣欣经常可以听到农民们的私下议论。也有朋友和亲戚得知她选择了"务农"，不止一次地"开导"她，让她重新找份"体面"工作。

虽然面临着很多压力，但是殷欣欣的"农民"生活依然开始了。每天骑着电动车往返于牡丹基地与家之间，活泼而朴素的殷欣欣就这样，在农民的争议中开始了她的第一份工作。

虽然出生在农村家庭，父母都是农民，但因为一直在外上学，殷欣欣此前对于种植了解甚少。但经过半年的锻炼，殷欣欣现在干活已经非常利索，而且对于很多以前学过的理论知识，有了更深的认识和理解。

### 基层锻炼收获财富

"以前我一直在校园里读书，从没干过体力活。工作以后，每天在农田里干活，有时候都不知道手上又多了一道划痕，不过，我已经习惯了。"殷欣欣说，期间的辛苦，恐怕只有她自己知道了。

去年八九月份，几千亩的牡丹油籽等着采摘，那个时候也就成了殷欣欣最辛苦的一段时间。"凌晨四点钟就带着村民在地里忙活，一直忙到晚上十一二点，回家躺床上就睡着了，第二天接着干。"殷欣欣说，如今她已经渐渐习惯了忙碌的生活，每天都有事情做，这让她感觉很充实。她说在牡丹园里的锻炼经历，肯定会是自己终身享用不尽的财富。

### 放飞希望追梦田野

对于当代大学生的就业情况，殷欣欣觉得近一年的锻炼，让她对工作有了更清晰的认识："无论干什么工作，都要先确定好自己的发展位置，积累工作经验和社会人脉。其次，要找一份自己喜欢的工作，否则，即使工资再高，又有什么意思呢？"殷欣欣说，她现在就很喜欢这份工作，也很看好自己的未来发展前景。

对于农林类大学生的就业，殷欣欣十分希望能有更多大学生投身现代农业："在农林这个大平台里，掌握技术的农林大学生应该有所作为，我们在农村田野里，可以更好地施展才华，实现自己的人生价值。现在回想起来，我觉得自己回到农村从事现代农业是非常正确的选择；我也相信随着现代农业的发展，有志青年到农村创业的前景也会越来越好。"

（选自《科技日报》，2014年3月25日，有改动）

**判断正误：**

1. 殷欣欣很喜欢从事现代农业，一是离家比较近；二是能够应用她所学的专业技术。
（    ）
2. 殷欣欣喜欢在市区的办公室和实验室工作。（    ）
3. 殷欣欣的父母始终支持她从事现代农业工作。（    ）
4. 殷欣欣是牡丹基地从事现代农业第一个既有技术又有研究生学历的姑娘。（    ）
5. 殷欣欣认为在牡丹园里的锻炼经历，肯定会是自己终身享用不尽的财富。（    ）
6. 殷欣欣十分希望能有更多大学生投身现代农业，因为在田野里工作环境很好。
（    ）

# 第十四课　20世纪十大文化偶像评选结果揭晓

**背景知识**

这次新浪网开展的"20世纪文化偶像评选活动",一开始就引起了很大争议。而在评选结果揭晓后,金庸、张国荣、王菲等流行文化或通俗文化的代表名列其中,引起的争议更大。由于参加此次评选活动的网民多是受流行文化或通俗文化影响较大的年轻人,评选的结果自然在很大程度上体现了这些年轻人的喜好。

## 词语表

**1　评选　píngxuǎn　（动）**
评选优秀学生 / 每学期期末都会有一次评选优秀学生的活动。

评比并推选
to choose through a system of appraisal
評議して選出する
선정하다

**2　揭晓　jiēxiǎo　（动）**
揭晓答案 / 你知道世界上什么车最长吗?我来揭晓答案吧——堵车!

公布（事情的结果）
to announce; to make known
公表する、発表する
발표하다, 공표하다

**3　争议　zhēngyì　（动）**
引起争议 / 他的那篇关于婚恋观的文章引起了很大的争议。

争论
to dispute; to debate
言い争う
논쟁, 논쟁하다

**4　蒙　méng　（动）**
蒙上眼睛 / 你先蒙上眼睛,我要给你个惊喜。

遮盖
to cover
覆い隠す、かぶせる
덮다

| 5 | 仇恨 | chóuhèn | （动） | 因利害冲突而强烈地憎恨 <br> to hate <br> うらむ <br> 증오하다 |
|---|---|---|---|---|

仇恨敌人 / 心中有仇恨，自己也不会快乐。

| 6 | 污蔑 | wūmiè | （动） | 捏造事实败坏别人的名誉 <br> to slander; to vilify <br> 中傷する、悪口を言う <br> 모독하다，중상모략하다 |
|---|---|---|---|---|

污蔑好人 / 他污蔑我，说我偷了他的手机。

| 7 | 珍贵 | zhēnguì | （形） | 宝贵；价值大；意义深刻 <br> valuable; precious <br> 貴重である <br> 귀중하다 |
|---|---|---|---|---|

珍贵的礼物 / 这张老照片很珍贵！

| 8 | 高峰 | gāofēng | （名） | 比喻事物发展的最高点 <br> peak, summit <br> ラッシュ、最高点 <br> 러시，절정 |
|---|---|---|---|---|

高峰期 / 上下班高峰期堵车是常有的事。

| 9 | 智慧 | zhìhuì | （名） | 辨析判断、发明创造的能力 <br> wisdom; intelligence <br> 知恵、知的 <br> 지혜 |
|---|---|---|---|---|

人类的智慧 / 机器人始终无法拥有人类的智慧。

| 10 | 典范 | diǎnfàn | （名） | 可以作为学习、仿效标准的人或物 <br> model; example; paragon <br> 規範、手本 <br> 모범，본보기 |
|---|---|---|---|---|

树立典范 / 钱学森可以说是科学家的典范。

| 11 | 注释 | zhùshì | （名） | 解释字句的文字 <br> annotation <br> 注訳 <br> 주석 |
|---|---|---|---|---|

详细的注释 / 详细的注释对我阅读古文很有帮助。

| 12 | 单纯 | dānchún | （形） | 简单纯一；不复杂 <br> simple; uncomplicated <br> 単純である <br> 단순하다 |
|---|---|---|---|---|

思想单纯 / 她还是个单纯的孩子，你别问她这么复杂的问题。

| 13 | 授予 | shòuyǔ | （动） | 给予（勋章、奖状、学位、荣誉等） <br> to confer (such as medals, titles of honor, etc.) <br> 授ける、授与する <br> 주다，수여하다 |
|---|---|---|---|---|

授予学位 / 在毕业典礼上，校长会为每个学生授予学位。

| 14 | 话剧 | huàjù | （名） | 用对话和动作来表演的戏剧 |
|---|---|---|---|---|

看话剧 / 明天晚上我们一起去看话剧吧。

drama; stage play
新劇
중국에서 대화와 동작으로 연출하는 연극

| 15 | 戏剧 | xìjù | （名） |
|---|---|---|---|

戏剧学院 / 如果你以后想当演员的话，你可以报考戏剧学院。

通过演员表演故事来反映社会生活中的各种冲突的艺术
drama; play; theatre
劇、芝居
극, 연극

| 16 | 良心 | liángxīn | （名） |
|---|---|---|---|

良心话 / 说良心话，这次是你做得不对。

本指人天生的善良的心地，后多指内心对是非、善恶的正确认识，特别是跟自己的行为有关的
conscience
良心
양심

| 17 | 飞跃 | fēiyuè | （动） |
|---|---|---|---|

巨大的飞跃 / 这种新药的出现是医学发展史的一次巨大飞跃。

比喻突飞猛进
to rapid
飛躍する
비약하다

| 18 | 前提 | qiántí | （名） |
|---|---|---|---|

在不影响学习的前提下，你可以去打工。

事物发生或发展的先决条件
prerequisite
前提
전제 조건

| 19 | 透露 | tòulù | （动） |
|---|---|---|---|

透露姓名 / 虽然他捐了很多钱，但他并不愿透露姓名。

泄露
to disclose; to reveal (information, intent, etc.)
洩らす、洩れる
누설하다, 드러내다

| 20 | 转折 | zhuǎnzhé | （动） |
|---|---|---|---|

转折点 / 去国外工作，是她人生中的一个转折点。

事物在发展过程中改变原来的方向、形势等
to turn
転換する
전환하다, 바뀌다

| 21 | 地步 | dìbù | （名） |
|---|---|---|---|

到……地步 / 他最近工作太忙，已经到了没时间吃饭的地步。

达到的程度
extent (most have an attribute of a very high degree)
程度
정도, 상태

### 22 毅然　yìrán　（副）
毅然决定 / 他毅然决定辞职，去别的城市发展。

坚决地；毫不犹豫地
resolutely; firmly; without hesitation
毅然として
단호하게, 의연히

### 23 报效　bàoxiào　（动）
报效国家 / 很多人选择当兵，是因为他们想报效国家。

为报答别人的恩情而为其尽力
to render service to repay somebody's kindness
恩に報いるために全力を尽くす
(은혜에 감사하여) 있는 힘을 다하다, 진력하다

### 24 原型　yuánxíng　（名）
人物原型 / 那部小说中的人物原型就是作者的家人。

原来的类型或模型，特指文学作品中塑造人物形象所依据的现实生活中的人
prototype (esp. refers to the original person in relation to a figure portrayed in literary and artistic works)
原型
원형, 원조

### 25 否认　fǒurèn　（动）
否认事实 / 不管你愿意不愿意，你都不能否认事实。

不承认
to deny
否認する
부인하다

### 26 影片　yǐngpiàn　（名）
科学影片 / 这部影片让她想起了自己的经历。

放映的电影
film; movie
映画
영화

### 27 缩影　suōyǐng　（名）
生活缩影 / 那部电影的主角是当代大学生的缩影。

指同一类型的人或事物中具有代表性的一个
epitome; miniature; microcosm
縮図
축소판

### 28 征服　zhēngfú　（动）
征服世界 / 他用这部精彩的电影征服了观众。

（意志、感染力等）使人信服或折服
to conquer; to subjugate
征服する
정복하다

| | | | |
|---|---|---|---|
| ○29 | 荣誉 róngyù (名) | 光荣的名誉<br>honour; credit; glory<br>영예<br>영예 | |
| | 荣誉感 / 他获得了今年最佳导演的荣誉。 | | |
| ○30 | 凑 còu (动) | 拼凑；聚集<br>to cobble together; to gather<br>集まる<br>모으다，채우다 | |
| | 凑钱 / 虽然他的收入不高，但还是凑钱买了辆车。 | | |

## 课文导入

1. 你的文化偶像是谁？为什么？

2. 你觉得一个社会的文化偶像可以给整个社会带来怎样的影响？

## 20世纪十大文化偶像评选⁽¹⁾结果揭晓⁽²⁾

特约点评：孔庆东（北京大学学者）

时间：6月6日～6月20日　　　　　　　　参加人数：14万多人

一直以来争议⁽³⁾很大的"20世纪文化偶像评选活动"于6月20日正式揭晓，十大获选偶像名单出现，他们分别是：鲁迅（57259票）、金庸（42462票）、钱锺书（30912票）、巴金（25337票）、老舍（25220票）、钱学森（24126票）、张国荣（23371票）、雷锋（23138票）、梅兰芳（22492票）、王菲（17915票）。

● 第一名：鲁迅

新文化运动的主将，现代文学的开拓者。一生努力改造国民性。在他去世时，为之送葬者人数极巨、规模极大，其身蒙⁽⁴⁾有"民族魂"之旗，深受民众尊敬。

点评：当然排第一，无论仇恨⁽⁵⁾他的人如何污蔑⁽⁶⁾他、攻击他，他永远是现代中国人珍贵⁽⁷⁾的精神财富。

● 第二名：金庸

所著《鹿鼎记》《笑傲江湖》等武侠小说风行华人世界。他使现代汉语的语言艺术达到了全新的高峰⁽⁸⁾，可谓是汉语艺术的奇迹。

点评：当然排第二。他远没有鲁迅那么深刻，但是他能够把学到的和悟到的深刻的东西，用最精彩最感人的故事展现出来，并影响了数量最多的人。

● 第三名：钱锺书

集知识与智慧⁽⁹⁾于一身的典范⁽¹⁰⁾。其巨著《管锥编》《谈艺录》尽管被一些人看作是古书和注释⁽¹¹⁾，没有自己，钱锺书自己却认为这些著作当中体现出了更深层次的思考。他的哲理小说《围城》则流传更广。

点评：学问远胜金庸，才华不让鲁迅，就是做的事儿离大众远了点。但是人民理解他。

● 第四名：巴金

20世纪三四十年代，有无数青年因为阅读了巴金的《激流三部曲》而走向革命的道路，"文革"以后，巴金又因为"说真话"的《随想录》而赢得人民更普遍的尊敬。

点评：中国最单纯[12]的人之一。天天说点真话，就成了大师。你以为这很容易吧？那你就错了。

● 第五名：老舍

社会上一直有一种广泛流传的说法，如果老舍不是投太平湖自尽，当年的诺贝尔文学奖就将授予[13]他。老舍的小说深刻地反映了老北京市民阶层的喜怒哀乐，话剧[14]《茶馆》更是当代戏剧[15]史上的重要作品。

点评：中国最有良心[16]的人。一肚子才学，说出来都是大白话；一肚子严肃，说出来多是逗你玩儿。

● 第六名：钱学森

为了新中国的科学事业，钱学森放弃了在美国优厚的工作待遇，把所有行李打包，随时准备回国。在他和其他无数爱国科学家的参与之下，我国的国防科技事业飞跃[17]前进。

点评：我刚好参加完今年的高考阅卷，在不违反阅卷纪律的前提[18]下，我透露[19]一段考生作文《转折[20]》中的妙语，可见钱学森的形象已经被神化到何种地步[21]："著名科学家钱学森留学美国十年，接着潜入德国获取了最新技术资料之后，毅然[22]回国报效[23]人民，这样的转折令人敬佩！"该文的阅卷老师批道："007原型[24]钱学森！"

● 第七名：张国荣

这是一个很有争议的人物，但是我们无法否认[25]他在众多影片[26]中的精彩表演，以及他独特的歌声。

点评：张国荣是当今的优秀艺术家，他的离世也令人痛惜。

● 第八名：雷锋

雷锋精神曾经影响了一代人，他可谓是一个时代的缩影[27]。他所体现的"全心全意为人民服务"的精神是集体主义文化传统在新时期的发展。

点评：要是不论作品，只论本人的伟大，雷锋仅次于鲁迅。

● 第九名：梅兰芳

梅兰芳就是中国人艺术精神的代名词。20世纪30年代，梅兰芳访美，他的表演征服[28]了无数好莱坞的演员，并对美国电影艺术的发展产生了积极影响；访问苏联，直接促进了布莱希特表演体系的形成。我国戏剧学家黄佐临先生认为，梅兰芳、斯坦尼斯拉夫斯基、布莱希特是世界三大表演体系的代表。梅兰芳一生塑造了无数美丽的舞台形象，他的表演生动地体现了中国传统艺术的精神。

点评：确实是艺术大师。不过真有人**以**之**为**偶像吗？现在的人理解梅兰芳吗？这十名偶像中，梅兰芳其实是最孤独寂寞的。

● 第十名：王菲

她赢得了歌坛和影坛天后的荣誉⁽²⁹⁾。歌迷喜欢她的歌、她在影片中的表演，但更多人喜欢的是她自由乐观的人生态度。在流行乐坛的女歌手中，她的成就和人气，无人能出其右。

点评：选民中年轻的歌迷一定很多，管她资格够不够，反正有十个名额呢，凑⁽³⁰⁾一个我的最爱，咋就不行？

（全文字数：约 1600 字）

（选自《北京娱乐信报》，有改动）

## 注 释

1 可见钱学森的形象已经被神化**到**何种**地步**。

[解释] 到……地步：到……程度。表示所达程度。"地步"前面要有定语修饰。

[例句] ① 她很崇拜王菲，对王菲的歌曲喜欢到了狂热的地步。
② 他的汉语水平很高，到了运用自如的地步。
③ 他爱读鲁迅的作品到了着迷的地步。

2 要是不论作品，只论本人的伟大，雷锋**仅次于**鲁迅。

[解释] 仅次于：次序或等级只排在……后面。

[例句] ① 中国的面积是世界第三，仅次于俄罗斯、美国。
② 这次你的考试成绩仅次于陈雪，在班里排第二。
③ 山东是仅次于河南的中国第二人口大省。

3 不过真有人**以**之**为**偶像吗？现在的人理解梅兰芳吗？

[解释] 以……为……：把……当作；把……作为。

[例句] ① 他来中国留学以学好汉语为目标。
② 不少毕业生以进大公司工作为荣。
③ 很多武侠小说迷以金庸为心目中的文化偶像。

## 报刊长句

20世纪30年代，梅兰芳访美，他的表演征服了无数好莱坞的演员，并对美国电影艺术的发展产生了积极影响；访问苏联，直接促进了布莱希特表演体系的形成。

## 读报小知识

### 《广州日报》

广州日报报业集团是中国内地第一家报业集团，《广州日报》是全国发行量较大的党报之一，日均发行量达到185万份，在珠三角有着广泛的影响。主要版面及栏目：说说议议、焦点新闻、文化、体育新闻、今日视野等。广州日报多年来注重通过新闻报道、市场推广、自身建设、业界创新等方面塑造品牌价值和影响力，成为华南第一报媒和最具品牌传播力的媒体。

## 练习

一、课外阅读近期中文报刊上的文章，把你喜欢的一篇剪贴在笔记本上，阅读后写出摘要，并谈谈你的观点。

二、给下列动词搭配适当的词语

评选_____　　　　透露_____

征服_____　　　　赢得_____

仇恨_____　　　　污蔑_____

报效_____　　　　否认_____

三、选词填空

| 到……地步　　以……为……　　评选　　透露　　仅次于　　征服　　赢得 |

1. 在2003年度_____"世界小姐"的活动中，爱尔兰小姐荣获冠军。

2. 他爱看金庸的武侠小说_____了疯狂的_____，甚至连课也不上了。

3. 他今天给我_____了一个惊人的好消息，他被一家发展前景异常看好的跨国公司录取了。
4. 邓丽君的歌声甜美而又有些淡淡的伤感，曾经_____了无数的歌迷。
5. 王菲的个人演唱会举办得非常成功，_____了歌迷的阵阵掌声。
6. 他是个热情的追星族，_____得到明星的签名_____荣。
7. 日本的纸产量_____美国，由于日本是森林资源较少的国家，很重视废纸利用，废纸利用达到纸产量的58%以上。

### 四 根据课文内容判断正误

1. 在20世纪中国十大文化偶像评选结果中，有5位是著名作家。（    ）
2. 钱学森是中国著名的科学家，曾留学美国。（    ）
3. 作者认为，表演艺术大师梅兰芳很容易为现代人所理解。（    ）
4. 作者明确表示反对王菲被评为20世纪中国十大文化偶像之一。（    ）

### 五 根据课文内容回答问题

1. 在20世纪中国十大文化偶像评选名单中，作者为什么认为金庸"当然排第二"？
2. 巴金的哪些作品产生了巨大影响？
3. 关于老舍，有一种什么样的广泛流传的说法？
4. 梅兰芳对国外艺术发展产生了哪些影响？

### 六 根据课文内容选择正确答案

1. 在20世纪中国十大文化偶像评选结果中，作者认为属于艺术家的是_____。

    A 王菲　　　　B 张国荣　　　　C 巴金　　　　D 钱学森

2. 在20世纪中国十大文化偶像评选结果中，善于写作最精彩最感人的故事、并影响了数量最多的人的作家是_____。

    A 鲁迅　　　　B 钱锺书　　　　C 金庸　　　　D 老舍

3. 在20世纪中国十大文化偶像评选结果中，体现了"全心全意为人民服务"的精神、个人人格的伟大仅次于鲁迅的是_____。

    A 雷锋　　　　B 钱学森　　　　C 巴金　　　　D 梅兰芳

4. 在20世纪中国十大文化偶像评选结果中，作品深刻地反映了老北京市民阶层生活的作家是＿＿＿＿＿＿。

   A 鲁迅　　　　　B 老舍　　　　　C 钱锺书　　　　　D 巴金

### 七 尽量使用以下词语进行话题讨论

| 到……地步 | 评选 | 透露 | 仅次于 | 征服 | 赢得 |
| --- | --- | --- | --- | --- | --- |
| 以……为…… | 否认 | 珍贵 | 智慧 | 典范 | 荣誉 |

1. 本文所提到的20世纪中国十大文化偶像中，你欣赏的有哪些人？为什么？
2. 你最欣赏的20世纪世界（或本国）文化偶像有哪些？为什么？

## 快速阅读

阅读一（字数约1530字；阅读与答题参考时间10分钟）

### 莫言：我狂不起来

采写：本报记者陈俊珺　王一　整理：实习生张先琳

作为首位获得诺贝尔文学奖的中国作家，莫言一直受到大家的关注。

得奖后的莫言，生活发生了哪些变化？他的下一部作品将会是什么？他又是怎样理解文学对于人生的意义的？

**解放周末：**您的创作一直把"人"看得很重，就像您在《蛙》的后记中写的一样，"文学的本质还是要关注人的问题，关注人的痛苦、人的命运"。

**莫言：**关注社会现实以及现实中的人，这是任何一个作家都必须坚持的立场和出发点。我们的前辈作家说过，文学的本质是人学。无论什么时代的作家，都应该从人的角度、人的立场，来体验、研究人的情感和命运，这样才能写出打动人心的作品。人是基本的出发点，也是最终的归宿。

一个作家要勇于写灵魂深处最痛的地方。也只有真正关注人的问题、人的命运，文学作品才能具有普遍意义，成为让全世界各个民族、各个国家的人都能够接受的作品。

我知道许多人都对我抱有期待。我经常提醒自己不要有任何压力，因为压力越大就越写不好作品。得奖只是暂时的，一切都会像过眼云烟一样飘过去。

**解放周末：**在您的阅读经验中，哪些作家的作品对您产生过影响？

**莫言：**这太多啦，许多经典作家的作品我都喜欢读，比如托尔斯泰、雨果、巴尔扎克，还包括莫泊桑、海明威、屠格涅夫等等。这些经典作品都是值得读的。经过一代一代读者的阅读，它们确立了自己的地位。文学并非没有标准，一代一代的读者肯定就是标准。

**解放周末**：您的老乡、知名作家马瑞芳曾经评价说，莫言的成功在于"向经典致敬"。

**莫言**：经典作品对我的影响确实很深。除了西方作品，中国的经典，比如《红楼梦》《三国演义》等等，我也爱读。在中国作家中，蒲松龄对我的影响很大。第一，蒲松龄的故乡离我的家乡山东高密很近；第二，他所使用的写作素材，跟我所掌握的素材十分类似。蒲松龄写《聊斋》时听过的故事，一直流传到现在，我小时候都听过。

**解放周末**：自从您获得诺贝尔文学奖以来，公众对您的关注度一直不减，"莫言买房""莫言参加'两会'"，而您在面对记者们的追问时，似乎一贯低调，并不多言。为什么？

**莫言**：我觉得我做的很多事情其实都不值得报道，对于那些已经报道的，我表示感谢。我想大家的热情都是出于对我的关爱吧，对此，我只有感谢。遇到读者要跟我合影，要我给他签名，我能签的，都会签。我相信大多数人都是充满善意的，故意来抹黑的人几乎没有。善意还是这个社会上最主要的精神。

**解放周末**：帕慕克曾经说过，"获得成功后，还是要成为普通人"。获奖以后，您觉得自己回归普通人的状态了吗？

**莫言**：得奖的时候，我也没感觉我不是一个普通人。我觉得没有必要洋洋得意，从此就高人一等。我依然匍匐在文学面前，匍匐在伟大的劳动者面前，非常谦虚地向他们学习。我需要学习的还太多。

**解放周末**：您刚刚用了一个十分谦卑的词——匍匐。

**莫言**：我就是这么个人，我的低调不是装出来的，而是发自内心的。你让我狂，我也狂不起来，因为我没有狂的资格。诺贝尔文学奖让我一下子成为众人注意的焦点，但是从我内心来讲，没什么变化，反而更加提醒我一定要谦虚。

得奖以后，我回老家看我父亲。他在全家人面前对我说："以前，我觉得我和村里的人是平起平坐的，现在你得了诺贝尔奖，我反而得更谦虚了，甚至觉得我要比他们矮一头。"我和父亲的想法是一样的，我也是这样的一个人。

**解放周末**：您怎么理解文学与人的关系？是可有可无，还是不可或缺？

**莫言**：文学与人的关系，就像头发与人的关系。如果满头黑发当然很好，如果像我这样头发很少，也还活着；但一个人去世以后，埋在地下，过了多少年被人挖出来，你会发现他的血肉都化为泥土，可是头发可能还依然存在。社会上的很多事物都在不断变化，不断更替，但是文学依然还在，并将继续对世界产生影响。

（选自《解放日报》，2014年3月14日，有改动）

**回答问题：**
1. 莫言认为怎样的文学作品才能让全世界各个民族、各个国家的人都能够接受？
2. 莫言认为文学的标准是什么？
3. 为什么说蒲松龄对莫言的影响最大？
4. 莫言为什么说自己狂不起来？
5. 你觉得莫言是怎样一个人？

阅读二（字数约1040字；阅读与答题参考时间10分钟）

## 越了解越喜欢中国

### 北京语言大学汉语速成学院巴基斯坦留学生

每一个人都想要快乐和幸福的生活，所以父母希望孩子接受好的教育，孩子自己也需要努力。我就是这些孩子中的一员。我的父母让我拥有好的教育，支持我追求梦想。小时候，我就已经听说了许多关于中国的事情，从那时候起，我就梦想有一天能来中国，和中国人交朋友，知道更多有关中国的事情。

去年，在父母的支持下，我开始在孔子学院学习汉语。慢慢地，我掌握了更多的汉语知识，成为班上最好的学生，我的父母和老师都特别为我骄傲。通过我的努力，我幸运地得到了孔子学院的奖学金，让我来到中国，来到北京语言大学学习汉语和中国文化。当得知自己获得这个宝贵的机会时，我和父母都特别兴奋。我上网查询关于北京和北京语言大学的信息，查看关于中国的视频和图片。

第一次来北京，我就被中国首都的伟大震惊了，那是我生命中最开心的时刻。在这里，我和来自世界各国的朋友一起学习汉语，他们非常友好，我们成了好朋友。学校的老师也很棒，他们的教学非常有趣和实用，我们的课堂充满了乐趣。周末，我喜欢和同学们一起出去逛逛，品尝中国食物，了解中国人的生活。我交了许多中国朋友，他们在学习汉语和了解中国社会方面给了我不少帮助。

第一次乘坐地铁给我留下的印象非常深刻，上下班高峰时的地铁里竟然有那么多人，在我们国家，我从来没见过这种场景。

利用周末和假期，我游览了中国许多的名胜古迹。和同学、老师一起登上长城的情景仍在眼前，我当时非常兴奋。长城有着伟大的历史，是世界上最长的城墙，我特别佩服那些修建长城的中国人。登长城一直是我的梦想，我做到了！

天安门、故宫、后海、香山都留下了我的足迹。我最喜欢香山，记得我们去香山的时候，漫山遍野的树叶全红了，特别美！站在山顶，我看到了北京城的全景。另外，老师还带我们参观了首都博物馆，让我们了解了老北京人的生活情况和北京城的历史。我非常惊喜地发现，中国一些文化和巴基斯坦很相似，比如服饰和婚礼。在我的家乡，婚礼时人们也会用轿子把新娘抬到新郎的家。

随着时间的流逝，我了解了越来越多的中国文化，也越来越喜爱中国文化。现在，我决定申请奖学金继续攻读硕士学位，当然专业是汉语。我希望成为一名教师，毕业后回到我的祖国教汉语。我会告诉我未来的学生们，中国的灿烂文化和中国人的热情友好。希望通过我的工作，让更多的巴基斯坦人学习汉语，了解中国，加强中国和巴基斯坦之间的友谊。同时，我也希望有更多的中国人对巴基斯坦感兴趣，去那里旅游或工作。

（选自《人民日报·海外版》，2014年3月31日，有改动）

**回答问题：**

1. 小时候作者的梦想是什么？

2. 第一次来北京，作者有什么样的感受？
3. 现在作者的梦想是什么？

阅读三（字数约1580字；阅读与答题参考时间13分钟）

### 与中国的一世情缘——访意大利汉学家阿德里亚诺·马达罗
本报驻罗马记者：陈晓晨

意大利汉学家阿德里亚诺·马达罗从小就对中国文化产生了浓厚的兴趣，小学时他就开始尝试书写陌生的汉字。自1976年起，马达罗先后到访中国170余次，中国各个城市都留下了他的足迹，有人称他为现代"马可·波罗"。马达罗还长期推动中意两国之间的文化交流，举办过多场与中国文化相关的展览活动，内容涉及丝绸之路、西藏文化、成吉思汗等。曾出版关于中国的各类著作十余部，其代表作为《中国，马可·波罗后的700年》《中国行》《北京1900》等。马达罗的女儿评价他说，"他上辈子一定是一个中国人"。马达罗今年已经71岁，回顾他半个多世纪来与中国的情缘，他总有讲述不完的话题。

**记者：** 请问是什么使您对中国产生了兴趣？是什么不断吸引着您30多年来一直推动中意文化交流和合作？

**马达罗：** 中国地大物博，其文化发展历程与西方有着巨大的差异，几乎是两条平行的线索。我认为，研究中国文化，首先要有充分的理论知识，再结合在中国的生活体验，才能不断靠近这种陌生的文化。因此，少年时期我主要是通过各种可以利用的方式，包括结交中国笔友、阅读关于中国的书籍等等，不断丰富关于中国的知识，然后通过思考总结出自己的观点。通过这样的学习，我越来越觉得中国文化犹如一个巨大的宝库，有着令人着迷和发掘不尽的宝藏。从那时起我就下定决心，要把自己的主要精力放在研究中国文化上，我真正感到自己的人生和中国已经无法分割了。

**记者：** 您第一次去中国是在1976年，从那时到今天，您已经到中国访问170余次。请谈谈这么多年来您感受到的中国城市的发展、中国人精神面貌的变化，什么给您留下了最深刻的印象？

**马达罗：** 我内心对中国一直充满了向往。从我第一次踏上中国的土地算起，我已经到访中国170多次。除了那些超级大都市外，我也到一些相对偏远的省份参观和考察。中国给我留下的最深刻的印象就是人们的精神面貌和生活水平发生了翻天覆地的变化。记得我第一次到中国时，人们还是穿着同样的衣服，对像我一样的外国人充满好奇。现在当你走在北京或者上海这些大城市的街头，你会觉得置身于真正的国际化大都市中。从我第一次去中国到今天，中国人民始终用最热情的方式迎接我，让我十分难忘。

**记者：** 前几年，您多次成功组织和举办了中国文化展览活动，如"丝绸之路和中华文明展""紫禁城的秘密——利玛窦在明朝"和"西藏，世界屋脊上的宝藏"。目前您正在组织哪些中意文化交流活动？

**马达罗：** 近些年来，我试图通过组织一些文化展览，让更多的意大利人能够近距离地了解中国。虽然中国和意大利两种文明之间的交往自马可·波罗时期就已开始，历史悠久，但作为一个意大利人，我也深深感受到，今天两国人民之间仍然有着巨大的"误读"。其中一个主要原因是，意大利人接触到的关于中国的信息往往是片面的、带有政治色彩的，并不是那么客观和真实，意大利人对中国形成了一种思维定式。

我想通过展览和展品，让意大利人重新认识中国，尽可能还原历史的真实性。例如"西藏，世界屋脊上的宝藏"这一展览，就是通过大量的实物告诉意大利人，历史上西藏没有独立于中国而存在，西藏自古以来就是中国的一部分。我还收集了1700年以来的、近200张不同国家出版的世界地图。在这些地图上，西藏都在中国内，这是西藏属于中国的一个最好例证。法国、英国、美国绘制的地图，都明确标注了西藏在中国的地理范围内。

**记者**：您曾说中国已经成为您的"第二故乡"，您认为中国文化的哪些因素已经融入您的生命？

**马达罗**：我为中国付出了许多，同时中国也给予了我很多，这是一种感情的交换，就像对待我的爱人一样。中国文化在某种程度上具有唯一性和独特性，而西方国家对于这一特点几乎是一无所知。现在我的两个女儿也在和我一起从事有关中国文化的交流工作。因此，我的生命已经无法与中国分割。能够亲眼见证中国多年来的发展变化，我感到非常自豪。

（选自《光明日报》，2014年2月10日，有改动）

**判断正误：**

1. 马达罗的女儿评价马达罗是现代的"马可·波罗"。　　　　　　　　　（　）
2. 马达罗认为研究中国文化，在中国的生活体验比书本的理论知识更重要。（　）
3. 中国给马达罗留下的最深刻的印象就是人们的精神面貌和生活水平发生了巨大的变化。　　　　　　　　　　　　　　　　　　　　　　　　　　　　（　）
4. 马达罗想通过举办中国文化展览活动让意大利人重新认识中国。　　　（　）
5. 马达罗通过收集到的1700张地图证明了西藏是属于中国的。　　　　（　）
6. 马达罗认为西方国家对中国文化的唯一性和独特性有清晰的认识。　　（　）

# 第十五课　谁是城里人

**背景知识**

城乡分离的户籍管理制度是 1958 年以后逐步建立和发展起来的，是计划经济的产物，更是短缺经济的结果，当时由于城镇居民生活用粮需要凭户口簿购买，定量粮的划分依据就是"农业户口"和"非农业户口"，同时公安部门实行户口的二元管理结构。改革开放以来，城乡分离的户籍管理制度越来越显示出局限性，进入 90 年代后期，中国各地加大了改革户籍管理制度的力度，逐步剥离附着在户口上面的不合理因素，还户口以本来面目。从 1998 年起，公安部已经逐步放宽了解决夫妻分居、子女投靠、婴儿随父母落户等问题的户口政策，确立了以"具有合法固定的住所，稳定的职业或生活来源"为基本落户条件、放宽户口迁移限制的户籍管理制度改革的基本方向。2001 年，吉林、湖南、广东、福建、辽宁等省打破"农业""非农业"二元户口管理模式，明确提出了取消农业户口、非农业户口性质，实行城乡统一的户口登记管理制度。

## 词语表

1. 堵　dǔ　（量）
一堵墙 / 仇恨就是心中的一堵墙。

   用于墙
   measure word for walls
   塀の数を数える
   벽 등을 세는 양사

2. 挡　dǎng　（动）
这条小黑狗挡住了我的路。

   拦住；抵挡
   to block off, to obstruct
   遮る
   막다

3. 以致　yǐzhì　（连）
他事先没有充分调查研究，以致得出了错误的结论。

   用于下半句话的开头，表示下文是前面的原因所形成的结果（多指不好的）
   so that, with the result that

～の結果を招く＜後節の初めに用い、前節で述べた事態から好ましくない結果がもたらされることを示す＞

～을 가져오다（뒷 구절 처음에 쓰여 뒷 구절의 결과가 앞 구절의 원인에서 비롯된 것임을 나타냄．결과는 주로 부정적임）

4 消除　　　xiāochú　　　（动）
消除疲劳 / 好好儿地睡一觉可以消除一天的疲劳。

除去（不利事物）；使不再存在
to eliminate, to get rid of
消し去る，取り除く
없애다，제거하다

5 计划经济　　　jìhuà jīngjì
中国实行改革开放后，计划经济逐渐向市场经济转变。

国家按照统一计划并通过行政手段管理的国民经济
a command economy (as in the former USSR and other Communist countries), a centrally-planned economy
計画経済＜国が定めた計画に基づいて国民経済をコントロールする＞
계획 경제（국가가 제정한 통일된 계획에 따라 관리되는 국민 경제）

6 短缺经济　　　duǎnquē jīngjì
在进行经济改革后，我们逐渐走出了短缺经济。

指经济中供给小于需求
an 'economy of shortages' (as in former Eastern Europe and pre-reform China)
物資がひどく不足している経済
상품 공급이 부족한 경제

7 色彩　　　sècǎi　　　（名）
政治色彩 / 那本书的政治色彩很浓。

比喻某种思想倾向或事物的某种情调
hue, tint or tinge (here used figuratively to refer to a tendency of thought)
（種々の事物や人の思想などの）色合い
색채（어떤 경향을 비유함）

| 8 | 公民 | gōngmín | （名） | 国民<br>citizen<br>公民<br>공민 |
|---|---|---|---|---|
| | 全体公民 / 全体公民在法律面前都是平等的。 | | | |

| 9 | 户籍 | hùjí | （名） | 属于某地区居民的身份记录<br>identity (as defined by the 户口 to which one belongs)<br>戸籍<br>호적 |
|---|---|---|---|---|
| | 户籍制度 / 很多人觉得应该取消户籍制度。 | | | |

| 10 | 产物 | chǎnwù | （名） | 在一定条件下产生的事物；结果<br>product, outcome<br>産物<br>산물 |
|---|---|---|---|---|
| | 发展的产物 / 人类是自然界发展的产物。 | | | |

| 11 | 供应 | gōngyìng | （动） | 用物资满足需要<br>to supply, to provide (a service or product)<br>供給する<br>공급하다 |
|---|---|---|---|---|
| | 供应牛奶 / 那家公司专门为运动员供应牛奶。 | | | |

| 12 | 原先 | yuánxiān | （名） | 起初；从前<br>in the beginning, originally<br>もとの<br>원래, 이전 |
|---|---|---|---|---|
| | 原先的工作 / 他原先是个农民，现在已经成了作家。 | | | |

| 13 | 补贴 | bǔtiē | （名） | 贴补的费用<br>a subsidy, an allowance<br>補助金<br>보조금 |
|---|---|---|---|---|
| | 生活补贴 / 对于居住在城市的没有养老金的老人，政府每月会发放生活补贴。 | | | |

| 14 | 福利 | fúlì | （名） | 生活上的利益，特指对职工生活（食、宿、医疗等）的照顾<br>welfare<br>福利<br>복지 |
|---|---|---|---|---|
| | 享受福利 / 你不是我们公司的正式职员，所以还不能享受公司的福利。 | | | |

| 15 | 区域 | qūyù | （名） | 地区范围<br>district, area<br>区域, 地域<br>구역 |
|---|---|---|---|---|
| | 中心区域 / 城市中心区域的房子一般都比较贵。 | | | |

| 16 | 差别 | chābié | （名） | 形式或内容上的不同<br>difference<br>格差<br>차이 |
|---|---|---|---|---|
| | 明显的差别 / 他对我和对你的态度有着明显的差别。 | | | |

**17 误解** wùjiě （名）
产生误解 / 话要说清楚，不然很容易产生误解。

不正确的理解
misunderstanding
誤解
오해

**18 天生** tiānshēng （形）
我天生怕水，别叫我去游泳。

天然生成的
natural, congenital, inborn
生まれつきの
선천적이다

**19 优越** yōuyuè （形）
优越感 / 他家很有钱，所以他总有一种优越感。

优胜；优良
superior, outstanding
優れている
우월하다

**20 法制** fǎzhì （名）
法制观念 / 随着法制观念的增强，这个地区的犯罪率正在下降。

法律制度体系、包括一个国家的全部法律、法规以及立法、执法、司法、守法和法律监督等
legal system
法制
법제

**21 健全** jiànquán （动）
健全制度 / 国家打算进一步健全法律制度。

使完备
to be in perfect condition
健全にする，健全である
온전하다，완비하다

**22 民工** míngōng （名）
外来民工 / 北京有大量的外来民工，他们每天都辛苦地工作着。

指到城市打工的农民
peasants working in the city
出稼ぎ農民
농민공이라고도 하며 도시에 와서 일 하는 농민을 가리킴

**23 歧视** qíshì （动）
性别歧视 / 现在，很多女性找工作时还是会受到歧视。

不平等地看待
to discriminate
差別視する
차별 대우하다

**24 依然** yīrán （副）
20年过去了，我依然记得我们第一次见面时的情况。

仍然
still, as before
依然として
여전히

**25 待遇** dàiyù （名）
待遇平等 / 农民与市民享受的待遇是不平等的。

指权利、社会地位等
salary; pay and conditions
待遇
대우

| | | | | |
|---|---|---|---|---|
| 26 | 融入 | róngrù | （动） | 进入，彼此接纳<br>to blend into, to assimilate<br>入る<br>들어가다 |

融入球队 / 那个新来的足球运动员很快就融入了球队。

| | | | | |
|---|---|---|---|---|
| 27 | 来回 | láihuí | （副） | 来来去去不止一次<br>coming and going, to-and-fro<br>行ったり来たりする<br>왕복하다，왔다갔다하다 |

来回播放 / 这条新闻在电视上来回播放，已经好几遍了。

| | | | | |
|---|---|---|---|---|
| 28 | 迁徙 | qiānxǐ | （动） | 迁移<br>to migrate<br>移動する<br>이주하다 |

人口迁徙 / 许多生活在北方的鸟会在冬天时向南迁徙。

| | | | | |
|---|---|---|---|---|
| 29 | 安定 | āndìng | （形） | （生活、形势等）平静正常；稳定<br>stable, steadfast, unchanging<br>安定している，訪ねる<br>안정적이다 |

生活安定 / 我不喜欢冒险的生活，我想要安定的生活。

| | | | | |
|---|---|---|---|---|
| 30 | 降临 | jiànglín | （动） | 来到；来临<br>to come<br>やってくる，訪れる<br>찾아오다，강림하다 |

夜色降临 / 有些幸福降临的时候，你可能都不知道。

| | | | | |
|---|---|---|---|---|
| 31 | 不幸 | búxìng | （形） | 不幸运；使人伤心、痛苦的<br>unlucky<br>不幸である<br>불행하다 |

不幸的消息 / 我本来以为她会喜欢这个礼物，可不幸的是，我想错了。

| | | | | |
|---|---|---|---|---|
| 32 | 遭遇 | zāoyù | （动） | 碰上；遇到（敌人、不幸的或不顺利的事等）<br>to meet with, to encounter (unlucky or unpleasant experiences)<br>境遇，（不幸なことに）遭う<br>（불행한 일이나 상황에）닥치다 |

遭遇困难 / 我在工作中遭遇了不少困难。

| | | | | |
|---|---|---|---|---|
| 33 | 扣 | kòu | （动） | 从原数额中减去一部分<br>to deduct<br>差し引く<br>깎다 |

扣分 / 在考试中，如果你的答案不对，就会被扣分。

| | | | | |
|---|---|---|---|---|
| 34 | 阻止 | zǔzhǐ | （动） | 使停止行动；使不能前进<br>to obstruct<br>阻む<br>막다，저지하다 |

你别老是阻止你的孩子做他喜欢做的事，应该让他培养兴趣。

| 35 | 广泛 | guǎngfàn | （形） | 范围大，涉及面广的 |
|---|---|---|---|---|

题材广泛 / 我有广泛的兴趣爱好，比如听音乐、滑冰、踢足球等。

widespread, extensive
幅広い
광범위하다

| 36 | 颁布 | bānbù | （动） | 公布 |
|---|---|---|---|---|

颁布法令 / 最近，国家颁布了一个保护动物的法令。

to proclaim or promulgate
発布する
(명령이나 법령 등을) 공표하다

| 37 | 适龄 | shìlíng | （形） | 年龄适合某种要求的（多指入学年龄和兵役应征年龄）|
|---|---|---|---|---|

适龄儿童 / 目前，小学适龄儿童的入学率已达 98.5%。

(to reach) the suitable or required age
適齢の
적령의，적당한 나이의

| 38 | 暂行 | zànxíng | （形） | 暂时实行的 |
|---|---|---|---|---|

暂行规定 / 这只是个暂行规定，不久国家就会颁布正式的法令。

to carry out temporarily
暫定試行する
잠시 실행하다

| 39 | 妥善 | tuǒshàn | （形） | 妥当完善 |
|---|---|---|---|---|

妥善处理 / 这件事我会妥善处理的，你放心吧。

proper, appropriate, satisfactory
適切である
적당하다，알맞다

| 40 | 返 | fǎn | （动） | 回 |
|---|---|---|---|---|

返京 / 我打算 12 号返京。

to return
帰る
돌아오다

| 41 | 心思 | xīnsi | （名） | 指思考、记忆等能力 |
|---|---|---|---|---|

费心思 / 这个蛋糕是我费了很多心思才做好的。

thoughts, intelligence (here 很费心思 means 'to spend a lot of time and effort thinking about…')
知恵，頭の働き＜费心思＝頭を絞る＞
머리，지력，생각

| 42 | 前夕 | qiánxī | （名） | 前一天的晚上 |
|---|---|---|---|---|

出发的前夕 / 在出发的前夕，我接到他的电话，他说他不想跟我一起去旅行了。

the previous evening
前夜
전날 밤

| 43 | 障碍 | zhàng'ài | （名） | 阻挡前进的事物 |
| --- | --- | --- | --- | --- |

消除障碍／这些工作中遇到的障碍是可以消除的。

obstacle
障害
장애

| 44 | 宪法 | xiànfǎ | （名） | 国家的根本法。具有最高的法律效力，是其他立法工作的根据 |
| --- | --- | --- | --- | --- |

颁布宪法／根据宪法，所有公民在法律面前一律平等。

constitution
憲法
헌법

| 45 | 彻底 | chèdǐ | （形） | 深入而透彻；一直到底 |
| --- | --- | --- | --- | --- |

彻底忘记／我想彻底忘记我的不幸。

thorough, complete
徹底している
철저하다

## 课文导入

1. 在你们国家，农村和城市的差别体现在哪里？
2. 对于中国的农民工现象，你有哪些看法？

## 谁是城里人

户口，几十年来像一堵⁽¹⁾墙挡⁽²⁾在农村和城市人口之间，难以越过，**以致**⁽³⁾发生了千千万万令人感叹不已的真实故事。如今，它正逐渐消除⁽⁴⁾计划经济⁽⁵⁾、短缺经济⁽⁶⁾的传统色彩⁽⁷⁾，逐步适应市场经济的需求，并将朝着实现公民⁽⁸⁾权利、经济发展、社会稳定等价值倾向的现代户籍⁽⁹⁾制度迈进。

城乡分离的户籍管理制度是1958年以后逐步建立和发展起来的，是计划经济的产物⁽¹⁰⁾，更是短缺经济的结果，是根据当时农业生产率低、农产品供应⁽¹¹⁾不足等状况作出的理性选择，与当时实施的粮油等主要农产品统一购买统一销售、计划分配制度是一致的。加在原先⁽¹²⁾户籍制度上的就业、上学、医疗、住房、物价补贴⁽¹³⁾、生活保障等权利和福利⁽¹⁴⁾因素等都是计划经济条件下的特殊产物，给予了户口不应有的福利功能。本质上正是这些不合理的功能把城乡区分成了两个发展机会与社会地位不同的区域⁽¹⁵⁾。一纸户口不仅限制了人口的流动，它带来的城乡重大差别⁽¹⁶⁾问题，成为中国城乡差异最集中的体现。

新中国成立初期根据我国当时短缺经济的现实，制定了城乡户籍分离的政策，这在当时有其合理性。但计划经济体制下对此政策近半个世纪的实施，似乎使人产生了一种误解⁽¹⁷⁾：城里人天生⁽¹⁸⁾是城里人，生在农村天生该种地。城乡户籍制度所造成的各种福利差异，又使本是不同职业的城市人和农村人，身份的差距日益扩大，于是城市居民有了优越⁽¹⁹⁾感。

虽然对人口流动的各种限制正在逐渐消除，但长期计划经济体制下所形成的观念、政策、制度难以在短时间内被完全改变，新的法制⁽²⁰⁾需要健全⁽²¹⁾。"城乡差别"**并没有因为**农民大量进城**而**消失，对民工⁽²²⁾的歧视⁽²³⁾及各种限制**依然**⁽²⁴⁾存在。

民工对城市建设与城市居民的日常生活做出了许多贡献，然而户籍等限制使民工处于城市的被忽视地位。他们在住房、医疗、子女教育等方面与市民还不能享受同样待遇(25)，无法真正融入(26)城市，无法转化为真正意义上的市民，只能在城乡间来回(27)迁徙(28)。这些都使民工们在城市不能真正安置自身，找不到安定(29)感。大多数进城民工收入不高，工作又太不稳定，有时一些不合理收费还降临(30)到他们头上。更不幸(31)的是，他们有时会遭遇(32)工资被扣(33)或不发的情形。上述种种情况，实际上阻止(34)了民工融入城市社会体系之中，使民工不幸地处于与城市的分离状态，进而进一步影响民工健康人格的形成。

这些问题已引起社会各界和政府的广泛(35)关注，上海市教委与市公安局曾颁布(36)了《上海市外来人口中适龄(37)儿童、少年就学暂行(38)办法》，要求各级政府和教育行政部门加强对外来流动人口中适龄儿童少年的就学管理，妥善(39)解决和处理他们的就学问题；最近国家作出了取消针对民工的7项收费的决定；各地每年为安排民工顺利返(40)乡过年，采取了不少很费心思(41)的措施；去年春节前夕(42)，许多地区针对民工工资不能按时发放的现象采取积极有力的行动，保护民工的合法权利；更为可喜的是，城乡间的障碍(43)正在消除，城市的大门正在向所有人打开。有专家乐观估计：将来，中国宪法(44)应该能重新确认公民迁徙自由权，农村人和城里人的"身份"意义将会彻底(45)消除，农民与市民将会成为平等的公民，城市将会成为公民共同的城市。

（全文字数：约1250字）

（节选自《北京青年报》，有改动）

## 注　释

① 户口，几十年来像一堵墙挡在农村和城市人口之间，难以越过，**以致**发生了千千万万令人感叹不已的真实故事。

[解释] 以致：连接表示因果的分句，前一个分句说明事态的发展、变化，后一个分句表示由此引起的结果，这种结果总是说话人所不希望的。

[例句] ① 她的腿受了伤，以致这几个月都不能来上课。
② 今天他总是失误，以致在第一场比赛中就被淘汰了。
③ 他不懂怎么做生意，又不听别人的建议，以致赔了不少钱。

② "城乡差别"**并没有因为**农民大量进城**而**消失。

[解释] 并没有因为……而……："并"放在否定词"没有"前边，用来加强否定语气，含有反驳的语气和阐明实在情况的意味。

[例句] ① 他是个很有责任心的人，并没有因为身体不好而推迟上班的时间，反而像以往一样，准时来到了办公室。
② 他们并没有因为我的失误而责备我，反而像以往那样继续支持我、鼓励我。
③ 他并没有因为父母的反对而改变主意，而是更坚定地要和她结婚。

3 对民工的歧视及各种限制**依然**存在。

[解释] 依然：依旧。表示某种情况维持不变，和原来一样。

[例句] ① 这么多年过去了，但你的样子依然没变，还是那么漂亮。
② 我跟她说了很多次对不起，可她依然不肯原谅我。
③ 他进入那家公司工作了很多年，可收入依然很低。

## 报刊长句

1. 他们在住房、医疗、子女教育等方面与市民还不能享受同样待遇，无法真正融入
　　他们　　　　　　　　　　　　　不能享受　待遇，无法　融入
城市，无法转化为真正意义上的市民，只能在城乡间来回迁徙。
城市，无法转化为　　　　市民，只能　　　　迁徙。

2. 这些问题已引起社会各界和政府的广泛关注，上海市教委与市公安局曾颁布了《上
　　问题　引起　　　　　　　　关注，上海市教委与市公安局　颁布《上
海市外来人口中适龄儿童、少年就学暂行办法》，要求各级政府和教育行政部门加强
海市外来人口中适龄儿童、少年就学暂行办法》，要求　政府和　行政部门加强
外来流动人口中适龄儿童少年的就学管理，妥善解决和处理他们的就学问题；最近国家
　　　　　　　　　　　　　管理，　　解决和处理　　　问题；　国家
作出了取消针对民工的7项收费的决定；各地每年为安排民工顺利返乡过年，采取了不
作出　　　　　　　　决定；各地　　　　　　　　　采取
少很费心思的措施；去年春节前夕，许多地区针对民工工资不能按时发放的现象采取积
　　　　措施；　　　　　地区　　　　　　　　　　采取
极有力的行动，保护民工的合法权利；更为可喜的是，城乡间的障碍正在消除，城市的
　　　行动，保护　　权利；　　　　　　障碍　消除，
大门正在向所有人打开。
大门　　　　打开。

## 读报小知识

### 《经济日报》

《经济日报》于1983年1月1日在北京创刊,是由中国国务院主办、中宣部领导和管理的中央级党报,是中共中央、国务院指导全国经济工作的重要舆论阵地。1984年,邓小平同志为经济日报题写了报名。《经济日报》是全国经济类报刊中权威性、公信力最强的报纸,是传播发布党和国家关于经济方面政策信息的重要渠道,是国内外了解中国经济发展动向的重要窗口,是政府和企业沟通的重要桥梁。《经济日报》以其经济领域的主流地位,依托丰富的政策资源,已成为各级政府展示改革业绩和经济成就、进行招商引资的核心媒体;也是国内外企业培育品牌、开拓市场的强势媒体;是社会各界寻求经济合作、获取经济信息的首选媒体,是外国政府和各相关机构研究中国经济的主要媒体。经济日报版面分为四大版块:1-4版为要闻版,5-8版为财经新闻版,9-12版为周刊专版,13-16版为今日导刊版。网址为:http://www.ce.cn/。

## 练习

**一** 课外阅读近期中文报刊上的文章,把你喜欢的一篇剪贴在笔记本上,阅读后写出摘要,并谈谈你的观点。

**二** 给下列动词搭配适当的词语

消除_____   供应_____

健全_____   遭遇_____

阻止_____   颁布_____

取消_____   忽视_____

**三** 选词填空

| 以致 | 消除 | 供应 | 健全 | 并没有因为……而…… |
| 依然 | 阻止 | 忽视 | 颁布 | 计划经济 | 户籍制度 |

1. 生产者要承担提供其所_____的产品的有关环境特性,以及该产品如何以环境可接受的方式再利用或再生等的信息的责任。

2. 我觉得并不是教练一发现队员有谈恋爱的现象就横加_____，很可能是队员由于谈恋爱已经对正常训练产生了一定影响。

3. 从1979年到2003年，中国用了25年时间改革此前30年建起来的_____。1992年之后，改革的目标明确为建立市场经济，这个任务至今仍在推进中。

4. 新的意见往往被认为可疑，_____常常遭到反对，这是因为新的意见还没有大众化的缘故。

5. 面对主考官，如何让自己保持镇静呢？我的经验是，带一只事先整理得井井有条的公文包，可能会在_____面试紧张心理时发挥奇特效果。

6. 中国需要的_____改革，应该是一个能够给所有人提供公平、公正的身份，使大家站在同一个起跑线上的改革，而不是从一个准入门槛换成另一个准入门槛的改革。

7. 大多数同学_____经常上网_____影响了他们与别人之间的交流。

8. 在孩子的成长过程中，父母的陪伴的作用是不能_____的。

9. 2003年7月初，欧盟正式_____处理废弃电子产品指导法令，明确要求欧盟所有成员国必须在2004年8月13日以前，将此指导法令纳入其正式法律条文中。

10. 像老王这样在北京的住宅小区里从事废品回收工作的外地人，更多的是把电脑当作像电视机一样并没有多大特殊性的物品，但是他们_____希望能够多收到"旧电脑"这样的大件，因为"这个东西好卖，而且给的钱也挺多的"。

11. 对于确需保留的行政审批，要建立_____监督制约机制，做到审批程序严密、审批环节减少、审批效率明显提高，行政审批责任追究制得到严格执行。

## 四 根据课文内容判断正误

1. 城乡户籍分离的政策，在新中国成立初期有其合理性。（　　）
2. 如今，中国的户口已经消除了计划经济、短缺经济的传统色彩。（　　）
3. "城乡差别"正随着农民大量进城而消失。（　　）
4. 目前，众多地方的民工还无法真正融入城市，无法转化为真正意义上的市民。（　　）

## 五 将下列各句组成一段完整的话

1. A 又使本是不同职业的城市人和农村人

   B 于是城市居民有了优越感

C 城乡户籍制度所造成的各种福利差异

D 身份的差距日益扩大

正确的语序是：（　）（　）（　）（　）

2. A 尽管其本意是为了减轻本城市的就业压力

B 并将这种措施制度化

C 强化了城里人和乡村人的身份等级色彩

D 许多大中城市公布了对外来劳动力就业行业、工种的限制措施

E 但在某种程度上却强化了就业领域城乡分离的制度性歧视

正确的语序是：（　）（　）（　）（　）（　）

## 六 根据课文内容选择正确答案

1. 城乡分离的户籍管理制度是在_____年以后逐步建立和发展起来的。

   A 1949　　　　B 1959　　　　C 1958　　　　D 1960

2. 城乡分离的户籍管理制度是_____的产物。

   A 市场经济　　B 商品经济　　C 工业化　　　D 计划经济

3. 根据目前的户籍管理制度，中国大多数城市的民工_____转化为真正意义上的市民。

   A 可以　　　　B 不能　　　　C 有希望　　　D 必须

4. 本文作者认为在市场经济形势下实施城乡分离的户籍管理制度是_____。

   A 合理的　　　B 有必要的　　C 不合法的　　D 不合理的

## 七 尽量使用以下词语进行话题讨论

| 以致 | 消除 | 供应 | 健全 | 并没有因为……而…… | 依然 |
| 取消 | 阻止 | 忽视 | 颁布 | 计划经济 | 户籍制度 |

1. 你是怎样看待中国城乡分离的户籍制度的？
2. 你们国家是怎样进行人口管理的？

## 快速阅读

阅读一（字数约1000字；阅读与答题参考时间7分钟）

### 新生代农民工消费观念开放　手头难结余

记者　吴铎思　通讯员　林时就　曾庆丰

**本报讯** "新生代农民工的工资普遍集中在每月2000～3000元，第二产业企业对有技术的员工工资一般给得较高。但他们储蓄意识比较薄弱，因此手头结余也少。"福建省西滨镇总工会的一项调查显示，新生代农民工的消费观念更为开放。

根据调查，新生代农民工收入在2000～3000元的占52%，整体平均在3000元左右。但是从消费情况来看，月消费额在1000元以下的只占19%，消费额在1000～1500元的约占42%，在1500元以上的约占39%。

"不同于老一辈的吃苦耐劳，新生代农民工更渴望享受，用于娱乐方面的消费比例在逐渐增加，新生代农民工的储蓄意识也比较淡薄，因此手头结余也在减少。"总工会副主席颜劲松告诉记者，新生代农民工多数是从学校毕业后直接进入工作环境，其消费观念受城市消费观影响较大，他们不再简单把钱用在衣食住行方面，逐渐重视娱乐、旅游、购物等休闲消费，对时尚性商品都有一定的消费能力，尤其是手机、电脑，同时也愿意通过学习充电来发展自己。

调查还显示，新生代农民工娱乐方式逐渐多样化，但多侧重娱乐享受。在业余休闲娱乐方面，65%的人表示喜欢看电视、上网，44%的人更愿意睡觉休息，37%的人喜欢逛街出门游玩，而愿意花时间在读书学习、文体活动方面的只有10%。

随着户籍概念和城乡界线的模糊，新生代农民工在工作过程中容易交往到异性朋友，但社交圈子仍比较单一。他们无法在短时期融入城市社交圈，对乡情、亲情和友情的依赖特别大，社会交往范围局限于农民工群体之内，与市民之间缺少互动与对话。

调查中，有40%的人表示对个人的工作生活现状不满意，48%的人表示语言不通、风俗习惯的不同大大影响到其融入本地。

尽管新生代农民工的生活目标是向城市转移，但是流动性还是很强。据统计，只做过一份工作的约占42%，做过两份工作的约占27%，三份以上的约占31%。

频繁换工作也和当今青年农民工较低的容忍度有一定关系。与老一辈农民工相比较，青年农民工显得更为浮躁，他们不再像老一辈一样做着稳定的工作，更希望能凭自己的能力去获取更好的就业机会，因此他们不愿意忍受艰苦而又没有发展空间的工作。

对此，调查报告提出，应逐渐改革户籍制度，适当放宽农民工落户条件，完善相关政策，督促企业进行薪资制度改革，提高新生代农民工的工资水平，缩小与本地人的贫富差距。企业积极完善新生代农民工的娱乐设施的同时，可以多增加和员工之间的互动交流，让其感受到人文环境下的温暖。

（选自《工人日报》，2014年3月20日，有改动）

**回答问题：**
1. 与老一辈农民工的吃苦耐劳相比，新生代农民工有什么样的特点？
2. 新生代农民工的社交圈子有什么特点？
3. 新生代农民工为什么频繁地换工作？
4. 本文作者认为应如何让新生代农民工融入城镇，感受到人文环境下的温暖？

阅读二（字数约1530字；阅读与答题参考时间10分钟）

## 新生代农民工的婚恋生活

记者 董建国 郭圻

她们向往爱情却常被阻碍，她们寻找幸福却充满无奈。对情感、婚姻的强烈渴望难以得到满足，是困扰新生代女务工人员的重要难题。记者日前走访了这一群体，探究她们婚恋经历中的酸甜苦辣。

### 哪里能将婚床安放

熟悉的电子元件，熟悉的人，对于劳作在电子厂流水线上的张晴看来，生活变得无聊。26岁的她来自山西农村，中专学历。"父母常催我结婚，可总得有合适的人。人品要好，经济状况也很重要。我的工资不高，找个赚钱多的，可以给家里减轻负担。"

在城市打工已有六七年，张晴觉得已和农村有了距离感，一直想要找一位城市伴侣，然而现实却并不乐观。"我相亲五六次，不少相亲对象看不起我的学历和身份。""我们圈子很窄，接触城市异性的机会很少，最后还是找老乡的多。"

城市中的爱情无法获得，在家乡找寻也并非易事。在福州一家汽车公司上班的小霞来自四川，前段时间回老家时，热心的好友给她介绍了邻村的一个男孩。由于工作在两地，她跟对方还没熟悉，就回来上班了。想念时，靠电话和网络联系，半年多也难见一面，慢慢地失去联系了。

"在城市，我们文化水平低的女孩很难找到如意的对象，回到农村找个对象又怕没有共同语言。今后的家在哪里？"

采访中，不少打工妹表示，找对象是她们遇到的难题。她们想交友没时间、想倾诉没对象、想恋爱没人选。而在一些服务业、服装纺织业中，几乎全是新生代女性农民工，她们的爱情受到重重阻力。

### 闪婚闪离——难以言说的婚恋苦旅

记者在采访中获悉，"候鸟"式的生活，让新生代农民工群体中闪婚现象普遍。在福州北大路一家服装店见到李雪梅时，她正在给男朋友打电话。小李是安徽人，男友是东北人。

"我们通过QQ认识，交往了几个月，觉得不错，就决定结婚。"李雪梅说，找一个合适的对象不易，身边很多朋友都是通过网络交友，"最快的认识两三个月就结婚了"。

闪婚的同时，闪离的情况也突出。在福州一家餐厅务工的小张来自湖南，几年前在广东打工认识了一个老乡，三个月后同居，直到怀孕了才回老家补办婚礼。"婚后发现没有共同话语，老公的脾气不好，我们经常吵架。"生了女儿之后，她选择了离婚。

小敏来自江西，前几年认识了一名福州当地人，不到半年便结婚。生了女儿后，谁知老公家里重男轻女思想严重，老公对她多次进行家庭暴力，直到前段时间她被打得左耳鼓膜穿孔，才办了离婚手续。

福州市妇联权益部部长李安红认为，新生代农民工在婚姻生活遇阻的同时，还要面对无法言说的痛苦——性，这也困扰着这一群体，并带来一定的社会问题。"同居、临时夫妻、未婚先孕甚至第三者，这些对打工妹都是不正常的，这种不正常现象的重要原因来自于她们的婚姻问题没有得到很好的解决。"

据国家统计局统计，2013年全国农民工总量为2.69亿人，其中，80后、90后农民工已经占到农民工总数的70%以上。目前，大批新生代农民工步入婚嫁之年。

### 珠三角外来工成重婚罪"主角"　"临时夫妻"引发社会问题

在广州、深圳、东莞等外来工聚集的城市，外来工"临时夫妻"现象并非个案，记者随机采访了几位外来工，他们都向记者列举了周围好几位工友已有家室却在外面与人同居的例子。

根据国家统计局2011年的调查，当年外出打工的15863万农民工中，只有3279万人是举家外出的，也就是说有12584万人是单身一人闯天下。他们的平均年龄是36岁，其中16至50岁的青壮年人口高达85.7%。

2013年以农民工代表身份参加十二届全国人大一次会议的刘丽曾提出，不少农民工因为长久分居，结成临时夫妻非常常见，导致了离婚现象的增加。

深圳当代社会研究所所长刘开明认为，外来工"临时夫妻"现象不仅触碰法律红线，而且会带来一系列问题，例如各种妇科病、婚前怀孕、多次流产、家庭夫妻关系破裂、甚至影响到下一代的健康成长，决不能任由这种现象蔓延下去。

（选自新华每日电讯，2014年3月12日，有改动）

**回答问题：**
1. 目前困扰新生代女务工人员的重要难题是什么？
2. 张晴为什么觉得找一个城市伴侣很不容易？
3. 新生代农民工群体中闪婚现象为什么如此普遍？
4. 外来工"临时夫妻"现象有什么危害？

**阅读三**（字数约1490字；阅读与答题参考时间10分钟）

## 农民工变身童话作家

本报记者　吴雪君　许锋

身形瘦小，穿蓝色短袖衬衣，看上去有几分书生气，又不失农民本色。这是农民工赵长发给人的第一印象。他创作的海洋童话题材作品如《抹香鲸历险记》《海豚王子历险记》等书籍即将出版。"只要执着追求,农民工一样可以实现自己的人生梦想。"这位农民工作家说。

为了识字,这个只上了三年学的农民工作家翻破了3本字典。为了写作,这个因双手受伤,只能用双手食指打字的农民工作家,却在300天的时间里写出了9部长篇小说、1部诗集,共计138万字,创造了三项世界纪录。

### 自小流浪　随身带字典学习

1977年,赵长发出生在一个普通的黑龙江农民家庭。不幸的是,6岁的时候,父亲因病离开了人世,第二年,母亲也去世了,留下年幼的赵长发和哥哥相依为命。

"当时太穷了,哥哥只好把我送到亲戚家。"由于养父母无法将他视作亲生儿子,8岁那年,赵长发离家出走开始了流浪生活。他吃餐馆里的剩饭剩菜,吃垃圾堆里捡来的食物。天桥下、汽车站、火车站都是他歇息的地方。

一次,他在垃圾箱翻找食物时,无意中翻出一本破旧的小人书。"当时啥也不懂,就只是觉得那上面的图片特别神奇。"就是那本小人书让自己与文字结下了不解之缘。

9岁那年,赵长发被一位好心老人收留,并有机会上了三年学,可后来赵长发不得不再次外出流浪,靠打工养活自己。

"在工地干活除能吃饱饭外,还能有一点钱买书识字。"赵长发领到第一份工钱后花了2元1角钱买了一部《新华字典》,然后向别人借书看,不认识的字就翻字典。

此后的日子,字典再没有离开过他。

### 用食指敲字　每天创作上万字

2005年,对赵长发来说是有特殊意义的一年。由于爱人生病,他辞掉工地的活来到海南照顾妻子。空闲时,开始创作自己的第一部小说《被爱遗忘的童年》。由于一次意外受伤,手部受损,赵长发只能用双手食指打字,这给写作增加了一定难度。

身为中学老师的妻子不断鼓励他,这让赵长发有了动力。每天天不亮就起来坐在电脑前,从每天打3000字到后来的5000字、8000字。很快,赵长发便完成了他的第一部长篇小说《被爱遗忘的童年》。

此后,赵长发的写作热情更是一发不可收拾,在2010年8月到2011年6月的300多天的时间里,他共创作出了9部长篇小说和1部诗集,共计138万字。

令人感到不可思议的是,赵长发向吉尼斯世界纪录协会申请并获得了三项世界纪录奖项:世界上用双手食指打字创作长篇小说数量最多、用双手食指打字创作文学作品字数最多、用双手食指打字创作文学作品时间最长的人。

### 创作系列童话　作品出版发行

赵长发创作的历险传奇故事,或温暖,或夸张,或美丽,让人很难想象这是出自一个农民工之手。

"人生就这么神奇。"赵长发回忆说,有一次在广东参加书香节时,无意听到老前辈说起国内以海洋为主题的童话极为稀缺,他便决定创作海洋童话。

为了搞好创作，除购买大量童话、海洋科普书籍阅读学习外，赵长发还参加了各种关于海洋知识的学习和讲座，以及体验活动。很快，赵长发确定了以海洋动物为主角的创作思路。2012年5月，初稿完成，共12册。

然而，一开始并不顺利。赵长发向全国四十多家出版社投稿，可都被拒绝了，理由大多是"你知名度太低，没市场"。尽管如此，赵长发并没放弃，每隔一段时间都会打电话给出版社问一问自己作品的优缺点，不断地修改。

历经11遍修改，最终，这套共5册的系列书籍最终定稿，并出版发行。

"真没想到会有今天这样的结果。"谈起这一切，赵长发不禁感慨。他认为，无论什么样的出身，只要执着追求，农民工一样可以实现自己的人生梦想。

如今，随着作品的出版发行，赵长发也越来越有自信，除了得到相应的稿酬，给家里买了商品房，改善生活条件外，他也在慢慢适应"赵作家"这个称呼。

(选自《工人日报》，2014年3月27日，有改动)

**判断正误：**

1. 赵长发幼年时父母相继病逝，只有他一个人留在人间。　　　　　　（　　）
2. 9岁那年，赵长发被一位好心老人收留，并有机会上了三年学。　　（　　）
3. 在妻子的不断鼓励下，赵长发完成了他的第一部长篇小说《被爱遗忘的童年》。
　　　　　　　　　　　　　　　　　　　　　　　　　　　　　　　（　　）
4. 赵长发在阅读了大量以海洋为主题的童话后决定创作海洋童话。　　（　　）
5. 赵长发向全国四十多家出版社投稿，一开始就有很多出版社同意出版他的作品。
　　　　　　　　　　　　　　　　　　　　　　　　　　　　　　　（　　）
6. 赵长发在300多天的时间里写出了9部长篇小说和1部诗集，共计138万字，创造了三项世界纪录。　　　　　　　　　　　　　　　　　　　　（　　）

# 第十一～十五课测试题

答题参考时间：100 分钟    分数：_____

## 一 给下列动词搭配适当的词语（16 分）

遵循_____    欣赏_____

继承_____    拍摄_____

散布_____    回顾_____

淘汰_____    开发_____

评选_____    否认_____

征服_____    供应_____

颁布_____    阻止_____

取消_____    忽视_____

## 二 选词填空（9 分）

| 以及 | 也就是说 | 未必 | 为……而…… | 依然 |
| 即 | 以……为…… | 假如 | 并没有因为……而…… | |

1. 山里人_____相信天上真有神，或者山就是神，但是他们却深信，自然界确有一种不可侵犯的威严和神圣，自然界是不能任意破坏的。

2. 她_____周游世界_____自己的生活目标。

3. 他_____这次比赛没有正常发挥_____不断责怪自己。

4. 小王是个很乐观的人，_____失去工作_____对自己丧失了信心。

5. 水电部门搞开发规划，应该有生物、生态、地质、环保、农业、林业、卫生、城建、旅游、文物考古_____社会科学专家学者的广泛参与。

6. 我帮助毕业生找工作的信息，主要是从我以前教过的学生，_____往届毕业生那儿得到的。

7. 在投资、消费和出口"三驾马车"当中，投资具有扩大需求和增加生产力的双重效应，即乘数效应，_____，增加投入必然构成新的需求，进而启动消费，带动再投入。

8. 据中华英才网（www.ChinaHR.com）《北京、上海、广州三地高级人才访寻报告》显示，北京的IT类高级人才_____十分抢手，而上海非IT类、快速消费品、制药类高级人才的需求量较大。

9. _____我们认为"人是理性的"，那么我们的一切经济行为必然符合经济学家构筑的精密数学模型。但事实往往不是这样，人们的消费投资往往受到自身的心理特质、行为特征的巨大影响。

## 三 将下列各句组成一段完整的话（7分）

1. A 当年的诺贝尔文学奖就将授予他

    B 如果老舍不是投太平湖自尽

    C 社会上一直有一种广泛流传的说法

    正确的语序是：（  ）（  ）（  ）

2. A 我觉得这本书满足了我的孩子心理

    B 观众反应特别好

    C 当初看了王朔的一本小说《你不是一个俗人》

    D 就把它拍成了我的第一部贺岁电影《甲方乙方》

    正确的语序是：（  ）（  ）（  ）（  ）

## 四 根据下面各段内容回答问题（10分）

1. "法律管不着的事就可以大胆地去干吗"，对于这一观点，仅有27.5%的人表示赞同，有15%的人持中性的"一般"态度，而有57.5%的人则表示不赞同。大多数人对于道德所具有的特殊社会意义和规范作用给予了极大的强调。

    问题：对这一问题的调查结果说明了什么？

2. 我过去上不了电影学院是因为家里没人，所以只能自己瞎混，现在混出来了，还不错。所以我最讨厌介绍一个人的时候先介绍这个人的父母。我的孩子应该自己去闯，能闯到什么样，算什么样吧。

   问题：冯小刚认为他的孩子应该怎样发展？

3. 择业心理的多样化趋势有着特定的合理性：其一，它是社会结构分化、社会职业类型多样化的一种主观反映；其二，它是价值观念多样化的一种必然选择结果。表现这种择业心理的一个最鲜明的例子就是，当今社会中各种自由职业者人数的迅速增长。

   问题：为什么说择业心理的多样化趋势有着特定的合理性？

4. 王菲赢得了歌坛和影坛天后的荣誉。歌迷喜欢她的歌、她在影片中的表演，但更多人喜欢的是她自由乐观的人生态度。在流行乐坛的女歌手中，她的成就和人气，无人能出其右。

   问题：更多的人喜欢王菲的什么？

5. 加在原先户籍制度上的就业、上学、医疗、住房、物价补贴、生活保障等权利和福利因素等都是计划经济条件下的特殊产物，给予了户口不应有的福利功能。本质上正是这些不合理的功能把城乡区分成了两个发展机会与社会地位不同的区域。一纸户口不仅限制了人口的流动，它带来的城乡重大差别问题，成为中国城乡差异最集中的体现。

   问题：一纸户口带来了哪些社会问题？

## 五 概括下面各段话的主要内容（字数不超过30个）（9分）

1. 节俭观念仍然为较大比例的青年所认同。另一项调查，对于"即使有了钱，也要过节俭的日子"这一看法，表示"非常同意"和"较同意"的人分别为18.5%和63.4%，选择"完全不同意"和"不同意"的人分别为2.2%和13.5%，表示"说不清"的人占2.4%。共计81.9%的大多数人仍没有忘记节俭这一传统道德观念。

2. 随着"铁饭碗"意识的减弱，职业风险意识正在提高。过去曾受到极度重视的"职业稳定性"，逐渐地被更多的人放在非优先考虑的地位上，总是被排列在"发挥自己潜能和实现自己价值""高收入"这类标准之后。现代社会所需要的职业风险意识正在开始形成。

3. 虽然对人口流动的各种限制正在逐渐消除，但长期计划经济体制下所形成的观念、政策、制度难以在短时间内被完全改变，新的法制需要健全。"城乡差别"并没有因为农民大量进城而消失，对民工的歧视及各种限制依然存在。

阅读：（49分）

阅读一（17分）

## 我们的环境怎么了

本报近来完成的一项调查显示：近半数青年感觉自己周围的生活环境在一天天变差，而水污染、大气污染和土地荒漠化，已经成为当下最受青年关注的三大环境问题。

### 近半青年感到生活环境在变差

面对目前自己周围的生活环境，受访者的感觉差异很大：47%的青年感觉"一天不如一天"，33%的青年觉得"越来越好"，还有20%的受访者表示"一直这样，没有变化"。

值得注意的是，来自农村的青年与来自直辖市的青年对这个问题的回答差异明显：农村青年中，有更多的人觉得环境在变差，持此观点的受访者比例（53%）要明显高于持相反观点的人的比例（26%）；而在直辖市青年中，情况则刚好相反，认为环境在变差的青年人数比例为33%，而感觉环境在一天天变好的人数比例则为46%。

农村青年与大都市青年在回答这个问题上的差异很耐人寻味。按常理推断，在工业化程度相对较低的农村，环境遭到破坏的程度应该相对较轻，但为什么农村青年对此的感受却正好相反？也许对于大城市来说，在经济得到相对充分的发展之后，已经开始意识到保护环境的重要性并采取了一些行动；而对于广大农村来说，一方面，经济发展的相对落后可能使得环境污染问题在一定程度上更容易被忽视，另一方面，一些污染相对严重的企业从城市向远郊区县或农村的转移也在一定程度上加剧了环境污染。

### 水污染成为最受关注的环境问题

在调查中，我们给出了10种环境问题，请受访者从中选出他们最为关注的环境问题（可多选）。最终，水污染、大气污染和土地荒漠化成为最受当代青年关注的三大环保问题。其中，水污染问题以76%的获选率高居榜首，即每4名受访者中就有3名在关注该问题，成为最受当前青年关注的环境问题。此外，大气污染问题和土地荒漠化问题也分别受到70%和66%的青年的关注。另外，垃圾回收利用（58%）、野生物种减少（52%）、臭氧层遭到破坏（51%）等环境问题受到的关注程度也都超过了半数。

### 提高全民环保意识是当务之急

面对这些日益严重的环境污染问题，有没有行之有效的解决办法？调查显示，超过半数（52%）的受访青年认为"提高全民的环保意识"是解决这些环境问题的根本。具体到受访者本身，环保意识则更多地从以下几方面体现出来：

85%的青年在日常生活中非常注意节约用水；

65%的青年不会乱扔废弃电池；

64%的青年不吃野味；

53%的青年会尽量少用塑料袋/盒；

50%的青年曾经做过或正在做环保志愿者。

不过，我们在调查中也发现，在"尽量买再生制品"（26%）和"垃圾分类处理"（30%）等方面，目前青年做得还很不够。看来，要把环保意识全面而深入地贯穿到我们的日常生活当中，还需要一定的时间和过程。

除此之外，有22%的青年认为"人人从我做起"是解决环境问题的根本。还有两成多的青年寄希望于国家的宏观政策法规：认为应该严惩造成环境污染的个人或集体（10%），同时加快健全环保法规（8%）并加大对高污染企业的监管力度（5%）。而对于"开征环境保护税"（2%）和"国家设立环保基金"（1%）等做法，赞成的青年人数则非常少。

尽管有相当数量的青年对环境问题的现状表示担忧，但依然有超过70%的受访者相信，环境问题在不久的将来能够得到很大的改善，10年后的生活环境会越变越美好（表示肯定会的占35%，表示可能会的占到38%）。而明确表示对此不抱任何希望的青年只有5%。

（节选自《中国青年报》，有改动）

（一）判断正误（14分）

1. 目前青年们只关注三大环境问题。　　　　　　　　　　　（　　）
2. 农村青年中，有将近一半的被调查者认为环境在变差。　　（　　）
3. 在直辖市青年中，感觉环境在一天天变好的青年人数比例要高于认为环境在变差的人数比例。　　　　　　　　　　　　　　　　　　　　　　（　　）
4. 水污染问题是最受当前青年关注的环境问题。　　　　　　（　　）
5. 调查显示，有22%的受访青年认为"提高全民的环保意识"是解决这些环境问题的根本。　　　　　　　　　　　　　　　　　　　　　　　　　（　　）
6. 调查中，半数或半数以上的青年在五个方面体现出了环保意识。（　　）
7. 调查中，大部分青年并不认为环境问题在将来会得到很大改善。（　　）

（二）回答问题（3分）

调查中，哪些环境问题受到的关注程度都超过了半数？

阅读二（17分）

有多少时间可以孝顺

夜里，一位朋友打来电话，说自己刚和父母大吵一架，心里十分烦躁。"我不就是参加同学聚会回家晚了吗？至于冲我发那么大脾气吗？他们真是瞎操心。"

听着朋友的话，我不禁陷入沉思。

在很多问题上，我们年轻人和父母存在很大的分歧，一直以来，我们都将这种矛盾称为难以越过的"代沟"。比如：

当我们沉醉于流行音乐时，父母可能觉得那都是些无病呻吟，而当父母专注于民歌、戏剧时，我们可能会躲得远远的，恨不得往耳朵里塞棉花。

当我们化着浓妆，穿着奇装异服，张扬着个性时，父母可能会说："这像个什么样子？"而当父母面对大红大紫的衣服感叹已老了时，我们可能会在心里笑他们过时了。

当我们因为吃不完而倒掉碗里的饭菜时，父母可能会骂我们是在浪费粮食，而当父母在饭桌上朗诵"谁知盘中餐，粒粒皆辛苦"时，我们可能会不耐烦地打断他们。

当我们为追求高质量的生活，今天花着明天的钱时，父母可能会皱着眉头说我们是"败家子"。而当父母为了几毛钱和小贩讨价还价时，我们可能会说他们才是真正的"守财奴"。

当我们和同学、朋友狂欢通宵时，父母可能会因为担心我们夜里回家不安全而大发脾气。而当父母晚上九点钟就打电话催我们回家时，我们可能会烦他们在瞎操心，而把电话挂断甚至关机。

当我们遇上心爱的人而不顾一切时，父母可能会劝我们要理智地对待感情；而当父母把经济条件、家庭背景等视为婚姻的必要条件时，我们可能会说他们是纯真爱情的"杀手"。

……

我们和父母可能会因为这些问题发生争执，谁都想说服对方，但谁也战胜不了对方。

其实，这样的战争从一开始就注定了没有谁输谁赢。不管是谁的道理更充分，也不管谁的想法更真实，这些都不重要。因为父母都曾和我们一样拥有飞扬的青春，也一样经历过人生的抉择、爱情的伤痛和创业的起起落落。而我们终有一天也会和他们一样，为人父，为人母。到那时候，我们也一定会像他们一样对我们的下一代有太多的不理解、看不惯。

身为子女，我们无须刻意去改变父母的观念，重要的是在我们年轻时，在我们的父母还在身边时，应该尽可能地敬一份孝心。

想想我们一生中到底有多少时间去孝顺他们呢？

读书时，他们把我们当宝贝似的照顾着，而我们全然不懂得他们的良苦用心，反倒认为这是天经地义。

工作了，开始忙于社交应酬，千方百计地追求事业的成功，就连待在家里陪父母聊天，都以忙为借口草草收场。

恋爱了，脑海里全是他（她）的身影，整天只想和心爱的人在一起，父母却被放在了心灵深处最不打眼的角落。

结婚了，得去经营自己的小家，父母自然也想得少了。

自己有小孩了，还希望父母能帮着带自己的孩子，哪有时间去照顾他们？

而父母的要求却只有那么一点点，看着孩子们生活得幸福，他们也就心满意足，即使我们很长时间才给他们打一次电话，即使很久都没有回家陪他们吃顿饭，他们都没有半点埋怨。

想一想，我们真的没有多少时间可以去孝顺父母啊！

等到我们真的经历了世事的沧桑，真的懂得了父母的伟大，想要好好儿孝顺一下父母时，可能他们都已经老了。可能他们走不动了，哪里也去不了了；可能他们的牙齿掉光了，什么也吃不下了；可能他们身体不好了，每天与药罐、针头为伴，很快就要与我们告别了。既然如此，为什么我们还要在有限的时间里与父母争吵、冷战呢？

　　我真想告诉我的朋友，从现在开始孝顺父母吧！多花时间陪他们说说话，多抽时间带他们旅旅游，多让他们脸上绽放笑容，多让他们心里感觉快乐吧。这样，当他们离去的那一天，我们才不会后悔和遗憾，因为在他们有生之年，我们给了他们最真的爱与关怀。

（节选自《中国青年报》，有改动）

## （一）判断正误（12分）

1. 一位朋友打来电话，说自己刚和父母大吵一架，但他并不生气。（　　）
2. 当父母很喜欢民歌、戏剧时，我们可能也喜欢听。（　　）
3. 在服装方面，我们可能和父母的看法不一样。（　　）
4. 在恋爱问题上，父母可能和我们的看法不一样。（　　）
5. 在人生的不同阶段，我们忙着各种事情，没有多少时间孝顺父母。（　　）
6. 本文作者认为，父母应该多理解我们，支持我们。（　　）

## （二）回答问题（5分）

　　本文为了说明父母和我们之间可能存在的"代沟"问题，举了几个例子？为了说明我们一生中没有多少时间可以去孝顺父母，举了几个例子？

阅读三（15分）

## 打开生命之窗
### ——只要有爱就有希望　只要活着就有可能会出现转机

　　当一个人失恋、失业，同时又遭遇非典的时候，他会做什么？

　　去年的三月到五月，我作为一个22岁的女孩，带着失恋的伤痛，面临失业的危险，同时又害怕患上非典，每天走在广州熙熙攘攘的人群中，我想到的是什么呢？

　　是的，死亡。

　　死是件多么容易的事，也许今天还在街上活蹦乱跳，明天却已经到了太平间，更何况在非典最为迅猛的时候，死真的不是件难事。

　　可活着却是多么的不易。

　　首先要面对那么多不愿意面对的事情。相恋多年的男友趁我南下找工作的时候，选择了背叛。人是耐不住寂寞的吗？还是校园的爱情原本就是经不起考验的？

　　自认为优秀的我碰上了扩招后的第一个毕业求职高峰，我竟然找不到工作了，难道毕业就是失业？

失恋、失业、死亡，这些不和谐的字眼每天都出现在我脑海里，我不禁惶恐了。

死是很容易，但是死了不就什么都没有了吗？不会有将来，不会有人来疼我爱我了。父母每天的问候，亲戚每天温情的叮嘱，那都是因为爱。

只要有爱就有希望，只要活着就有可能会出现转机。

于是，我继续坚强地走在体育中心的那条大道上，戴着口罩和身边无数的人擦肩而过，同时，也与死神擦肩而过。

那时的我，体验到了生命的脆弱，体会到了活着的不易。

看着每天新增的病例，看着每天死亡人数的递增，不害怕是假的。但我庆幸自己选择了坚强，选择了希望。

生命，或许是黎明，只有穿过黑暗的勇士，才能到达光明。

我做到了。

如今的我，坐在办公室里享受着好天气带来的好心情。虽然家乡早已下雪，但是广州却非常暖和。太阳静静地将光辉洒在广州的每个角落。打开窗户，看见外面的紫荆花开得正灿烂，花蝴蝶也绽放着笑脸。

想起去年三月至五月的那段日子，我不禁有流泪的冲动。当时的我，确实是孤独绝望的，还好，我挺住了，没有放弃，这样，我才能享受到如此好的阳光，如此美的风景。

想起德国伟大诗人海涅的那首诗：

"心，我的心，你不要忧郁，

快接受命运的安排，

寒冬从你那儿夺走的一切，新春将重新给你带来。"

原来，命运对每个人都是公平的。

记得在《读者》上看到过这样一句话："当上帝把所有的门都关上时，他还为你留了一扇窗。"

当我们身处绝境的时候，我们只需要静下心来，寻找那扇生命之窗，然后打开它。打开那扇窗，你就会看到明媚的阳光，绚烂的花朵和青葱的树林，生命的盎然尽收眼底。

原来，生命不是那暗涌的黑色，让人想到死亡，不是那沉重的灰色，让人感到郁闷。

生命原来是灿烂的红色，让人热血沸腾，给人以激情，给人以活力。

生命原来是生机勃勃的绿色，让人充满想象，给人以朝气，给人以希望。

生命，原来是这样的多姿多彩。

所以，当你身处绝境时，请别忘了打开那扇上帝为你留下的窗。

（节选自《中国青年报》，有改动）

## （一）判断正误（12分）

1. 去年的三月到五月，"我"有担心患上非典的恐惧。　　　　　　　　　　（　　）
2. 当时"我"觉得死是不容易的事，活着是很容易的事。　　　　　　　　（　　）

3. 相恋多年的男友在"我"南下找工作之前，和"我"分了手。（　　）
4. "我"选择活下去，是因为"我"认为只要有爱就有希望，只要活着就有可能会出现转机。（　　）
5. 现在的"我"已经有了工作，并且心情不错。（　　）
6. 作者引用海涅的诗来说明人生是很痛苦的。（　　）

（二）回答问题（3分）

作者是怎样理解生命的？

# 第一~十五课总测试题

答题参考时间：100 分钟　　　　　　　　　　　　　　分数：_____

### 一　给下列动词搭配适当的词语（18 分）

开拓_____　　　　向往_____

突破_____　　　　威胁_____

实施_____　　　　参与_____

筹集_____　　　　违背_____

改善_____　　　　传递_____

达成_____　　　　遵循_____

消除_____　　　　反映_____

推行_____　　　　淘汰_____

赢得_____　　　　透露_____

### 二　选词填空（10 分）

| 居然 | 以致 | 相当于 | 然而 | 分别 | 凭空 |
| 如……等等 | 对于……而言 | 到……地步 | 以……为例 | | |

1. 据国家统计局统计，目前我国电视机的社会保有量达到 3.5 亿台，冰箱、洗衣机也_____达到 1.3 亿台和 1.7 亿台。

2. 在电脑上工作的时间过长，会使操作者肌肉骨骼反复紧张，_____造成紧张性损伤，引起相应的病症。

3. _____北京市另一家民营公司_____，他们今年又招聘了几名外地高校的大学毕业生。

4. 与往年相比，今年大学毕业生就业难度加大虽是事实，但远没有难_____像一些媒体渲染的_____，实际上，大学毕业生就业难是被夸大了。

5. 拥有一个和平安定的生活环境，可以说是全世界所有热爱和平的人们的共同愿望。_____，在伊拉克问题上，美国最终还是选择了武力解决的方式。

6. 在选择对象时，男性往往比女性更注重对方是否具有身体上的吸引力，像漂亮、性感之类；而_____女性_____，男性是否具有经济能力更加重要。

7. 有的网友谈到，以前还很喜欢金庸，可是如今听到金庸的一些言论，可真是过了头了，_____说什么徐克不懂武侠，说什么张艺谋要为历史翻案，让人感到意外。

8. 据《南方都市报》报道，一项统计数据表明：中国每年因为信用缺失而导致的直接和间接经济损失高达5855亿元，_____中国年财政收入的37%。

9. 高校的合并，其实并不是谁_____想象出来的。早在20世纪90年代初期，江西的江西大学就和江西工业大学合并，成立了新的南昌大学。

10. 他的知识面很广，_____古今中外的经济、政治、哲学、文学、历史_____，不论什么话题，他都能说得头头是道。

## 三 将下列各句组成一段完整的话（7分）

1. A 做演员只是为了能够换位思考

   B 我没怎么想过做演员

   C 体会演员的心情

   正确的语序是：（　　）（　　）（　　）

2. A 并影响了数量最多的人

   B 但是他能够把学到的和悟到的深刻的东西

   C 金庸远没有鲁迅那么深刻

   D 用最精彩最感人的故事展现出来

   正确的语序是：（　　）（　　）（　　）（　　）

## 四 根据下面各段内容回答问题（10分）

1. 道德水平下降论的过于悲观，道德水平上升论的过于乐观，都会影响我们对道德重建实际上应该付出的努力。当今时代，我们应该更多地从道德转型论来正视道德的新质与道德的问题。

问题：作者是怎样看待当今社会的道德问题的？

2. 我从来没有上过大学，真的是一天都没上过。所以我觉得我特别不适合拍大学生题材的影片。自己完全没有体会，怎么能凭空想象生活呢？我只能说，我想拍令大学生满意的电影。

问题：冯小刚打算拍大学生题材的影片吗？为什么？

3. 在择业目标上，当今青年更关注开发自己的潜能、实现自己的价值。当今青年在选择职业时所考虑的主要标准上，职业能否为自己提供良好的发展前景这一条件常常被排列在第一位。

问题：在择业目标上，当今青年更关注什么？

4. 梅兰芳就是中国人艺术精神的代名词。20世纪30年代，梅兰芳访美，他的表演征服了无数好莱坞的演员，并对美国电影艺术的发展产生了积极影响；访问苏联，直接促进了布莱希特表演体系的形成。我国戏剧学家黄佐临先生认为，梅兰芳、斯坦尼斯拉夫斯基、布莱希特是世界三大表演体系的代表。

问题：梅兰芳对国外艺术发展产生了哪些影响？

5. 新中国成立初期根据我国当时短缺经济的现实，制定了城乡户籍分离的政策，这在当时有其合理性。但计划经济体制下对此政策近半个世纪的实施，似乎使人产生了一种误解：城里人天生是城里人，生在农村天生该种地。城乡户籍制度所造成的各种福利差异，又使本是不同职业的城市人和农村人，身份的差距日益扩大，于是城市居民有了优越感。

问题：城乡户籍制度所造成的各种福利差异给城市人和农村人带来了什么影响？

## 五 概括下面各段话的主要内容（字数不超过30个）（9分）

1. 孝敬父母仍是绝大多数青年人所遵循的道德行为规范。去年的一项调查结果显示：对于自己在孝敬父母方面的表现，分别有43.1%和41.4%的人认为"做得很好"和"做得较好"，承认"做得较差"和"做得很差"的人分别为1.3%和0.5%，另有13.7%的人表示"做得一般"。

2. 在职业流动方面，当今青年主动改变工作的意识进一步增强。"跳槽"心理实际上在一定程度上表现了自主择业意识的提高。自主择业带来的一个现象就是，职业流动的速度和范围的加快和扩大。其中人们自愿选择流动的情形占有很大比例。大多数青年在选择职业时，最倾向于接受意见的对象是自己，即他们更倾向于择业问题上的自立决策。

3. 民工对城市建设与城市居民的日常生活做出了许多贡献，然而户籍等限制使民工处于城市的被忽视地位。他们在住房、医疗、子女教育等方面与市民还不能享受同样待遇，无法真正融入城市，无法转化为真正意义上的市民，只能在城乡间来回迁徙。这些都使民工们在城市不能真正安置自身，找不到安定感。大多数进城民工收入不高，工作又太不稳定，有时一些不合理收费还降临到他们头上。更不幸的是，他们有时会遭遇工资被扣或不发的情形。

## 阅读：（46分）

### 阅读一（18分）

#### 大学生中谁更容易网恋

鱼对水说："你看不见我的眼泪，因为我在水里。"

水说："我能感觉到你的眼泪，因为你在我心里。"

这是一部描写网恋的小说中的经典对白，曾经广为流传。而如今，随着网络的迅速发展和普及，网恋这种特殊的恋爱方式，正在成为当代大学生的"缘分天空"。一项相关调查指出，超过40%的大学生相信网恋有成功的可能性，超过60%的大学生对网恋持中立态度。

#### "前卫"型大学生更可能网恋吗

大学生具有强烈的求知欲望，对任何新奇事物都有好奇心和勇于探索的精神。网恋作为一种新生事物，同样吸引了大学生。但是不是性格越"前卫"的人，选择这种恋爱方式的可能性越大？调查结果否定了我们的这种猜测。为了考察大学生的性格倾向，我们对他们的性格进行了大致归类：我们将选择"勇于尝试，敢为人先"的性格归为"前卫"型；选择"等其发展成熟，再作决断"的归为"理性"型；选择"别人怎么做，我就怎么做"的归为"从众"型。

调查数据显示：在有网恋经历的38名大学生中，"理性"型网恋者占53%，比例要略高于"前卫"型网恋者（45%）。可见，性格"前卫"并不一定更容易网恋。

### 曾经失恋的大学生更容易网恋吗

调查还发现，网恋大学生中有 55% 的人都曾有失恋经历，这说明曾经在感情方面受过创伤或是失恋过的大学生更容易尝试网恋。按照马斯洛的需求理论，人的需求从低到高分为五个层次：生理需求、安全需求、爱与隶属需求、尊重需求、自我实现需求。处于"爱与隶属"需求层次的大学生，更需要别人的接纳、关爱、欣赏和理解。当他们在现实生活中得不到这种需求或是在这方面遭受挫折和创伤时，就会将这种需求转移，寻找其他途径补偿。网络的适时出现恰好迎合了大学生的这种需求。

但与此同时，网络的虚拟性质使得网上的交往通常是一对一的线性关系，无法受到现实社会中发散型人际关系的有效约束，因而，在网上也就更容易受到欺骗。而大学生一旦有过在网络上遭受欺骗的经历，就会对网络提高警惕，也就不会轻易尝试网恋。这也从一个侧面解释了大多数（71%）网恋大学生并没有在网上受骗的经历的原因。

### 同龄群体的从众性促进了网恋

通常，同龄群体的行为具有从众性，在网恋问题上是否也如此呢？调查结果显示，绝大多数（92%）有过网恋经历的大学生，其周围也有人有过类似经历。从人际互动的角度上说，家庭背景、思想观念和兴趣爱好等方面具有较大相似性的同龄人之间，最容易彼此发生人际吸引和人际影响。大学生都是二十岁左右的年轻人，学习能力强，而且，彼此朝夕相处，周围环境特别是同龄群体的影响就会更加显著。看到自己周围的同学网恋，虽然主观上并没有刻意盲从，但网恋却占据了潜意识中的一定空间，一旦有机会，就更容易去尝试。正是这种同龄群体的示范作用，使得尝试网恋的大学生数量在不断增加。

另外，调查还发现，网恋大学生大多数来自城市。这个结论和我们的经验相符：毕竟，来自经济相对发达地区的大学生"触网"时间更长，对新兴事物有更少的排斥心理，网恋也就更有可能。而那些来自经济发展相对落后的乡村的大学生，则更容易受传统观念的束缚，思想保守，做事循规蹈矩，在情感问题上更倾向采用传统的方法。

### 多数大学生对网恋持中立态度

面对大学校园中越来越多的网恋现象，大学生们持什么态度？调查显示，多数（65%）大学生对网恋持中立态度，既不明确表示反对，也不公开表示赞成。而对网恋明确表示赞成（12%）或反对（24%）的都是少数。

但对于网恋是否有可能成功，受访者的回答分歧较大：8% 的被访者认为"很有可能"，认为"有一点可能"和"不确定"的分别占到 36% 和 28%，另外还有 25% 和 4% 的被访者选择了"不太可能"和"绝对不可能"。在整体上，对网恋成功持乐观态度的大学生要更多一些。乐观者认为，网恋更注重思想的交流，心灵的沟通，建立在此基础上的爱情应该更加牢固，成功的机会也比较大。而悲观者则认为，网上聊天是网恋初期相对单一的了解方式，这种方式使双方缺乏实际的真正的接触和了解，因此，很容易失败。

（节选自《中国青年报》，有改动）

### （一）判断正误（14分）

1. 为了考察大学生的性格倾向，我们把他们的性格大致分成三类。（　）
2. 调查结果显示，"前卫"型大学生比"理性"型大学生更容易网恋。（　）
3. 曾经在感情方面受过创伤或是失恋过的大学生不容易尝试网恋。（　）
4. 同龄群体的行为具有从众性，在网恋问题上也得到明显的体现。（　）
5. 来自城市的大学生比来自经济发展相对落后的乡村的大学生更容易发生网恋。（　）
6. 在对待网恋的三种态度中，反对网恋的人所占的比例最少。（　）
7. 在整体上，对网恋成功持乐观态度的大学生要多于对网恋成功持悲观态度的大学生。（　）

### （二）回答问题（4分）

对于网恋是否有可能成功，乐观者和悲观者分别是怎么认为的？

## 阅读二（11分）

### 教师帮助学生就业值得鼓励

据《南方都市报》1月8日载，近日，广州大学51名教师领到了学校颁发的12万元奖金。这些教师因为成功帮助学生就业，得到了学校的奖励。笔者以为，像广州大学这样调动教师的积极性帮助学生就业的做法，非常值得推广。

近两年来，如何帮助大学生就业，使本校的毕业生尽快找到工作、尽快上岗，是各大学面临的共同困难。主动找企业上门招聘，参加大型招聘会，建立就业指导中心，向毕业生发布就业信息，帮助毕业生解决心理上的各种问题，指导学生就业……为了帮助毕业生就业，各大学可谓八仙过海，各显神通。这些做法，虽然有一定效果，但是有限。

以我自己做教师的工作经验为例，我的学生毕业时，每届毕业生有一半以上的人是我帮助他们找到工作的。而我帮助毕业生找工作的信息，主要是从我以前教过的学生，也就是往届毕业生那儿得到的。往届毕业生工作以后，社会交往比较广泛，他们或者已成为某单位的负责人，直接负责招聘工作，或者知道本单位是否需要人，或者他们知道哪个单位需要招人，要招什么样的人，需要哪个专业、具有什么特长的人等。我从他们那儿搜集招聘与就业的信息，再将我的应届毕业生推荐出去面试，这样有的放矢，一般都可以成功。

相反，单靠学生自己找工作，有一些不便：一是学生信息比较闭塞，不知道哪里需要招人，需要招什么样的人，无的放矢，比较被动；二是学生容易上当受骗，如今骗子太多，手段非常狡猾，学生难以防范，导致不少学生上当受骗。而通过教师帮助学生找工作、推荐就业的做法，就能很好地防止这些问题的发生，从而可以有效地保护学生的合法权益。

发动教师为毕业生找工作，一需要教师平时注意搜集相关信息，特别要与以前的毕业生建立稳定的关系，随时掌握招聘信息；二需要教师对所掌握的招聘信息进行鉴别，去伪存真，避免浪费学生的时间和金钱；三是学校需要设法调动教师的积极性，推动学生就业工作。

（节选自《中国青年报》，有改动）

## （一）判断正误（8分）

1. 近日，广州大学51名教师因为教学成绩突出，得到了学校的奖励。（  ）
2. 作者赞成广州大学的这种做法。（  ）
3. 作者认为目前很多大学帮助毕业生就业的方式很有效。（  ）
4. "我"帮助毕业生找工作的信息，主要是从"我"以前教过的学生那儿得到的。
（  ）

## （二）回答问题（3分）

发动教师为毕业生找工作，需要教师怎么做？

## 阅读三（17分）

### 中国年，走"红"世界
#### ——从春节看民族传统文化的传承与发展

从热气腾腾的饺子，到人山人海的庙会；从异彩纷呈的文化市场，到时尚多样的过年方式……作为中华民族最隆重的传统佳节，春节历经千载，传承延续，尽管岁月更迭却依然保持着独特的韵味和无穷的魅力。

#### 新年：新气象新亮点频现

这是一个传统的节日，传统的年俗得到前所未有的重现。

茶汤李、炒肝赵，说相声、唱大戏……老北京的庙会展示着"中国年"的浓浓风情。在许多地方，赶集、灯会、秧歌，人们在狂欢和热烈中体味着年节的魅力。

这是一个文化的节日，丰富的文化积淀和旺盛的文化需求使春节更加色彩斑斓。

《手机》《地下铁》……十多部贺岁影片接连登场，令观众眼花缭乱；芭蕾、话剧、戏曲……新老剧目层出不穷。外国文艺表演团体竞相把"洋式大餐"推上中国节日文化的餐桌上。"逃脱大师"美国魔术师罗伯特·盖洛普春节期间在北京、上海、南京等地掀起了魔术热潮；俄罗斯国家大马戏团的狮子、狗熊、猴子们，给北京等地的市民带来无限欢乐。

这是一个现代的节日，现代生活赋予了过年新的内涵，新的年俗在继承中发展变化。

大年初一，在北京工作的吕小姐一早就陪着父母去逛天安门广场，赶地坛庙会，到王府井购物。"往年回家的时间太紧张，今年干脆把父母从内蒙古接过来，让他们也尽情享受一下在北京过年的乐趣。"

利用春节假期旅游的人更是空前高涨。北京市旅行社春节组织的北京市民出境游有2.8万人次参加，同比增长8%，创历次黄金周出境游的新高。今年自驾车春节游异常火爆，在一些旅游城市和景区，自驾车游客比例占到了散客的三成以上。

"嘀嘀"的手机短信提示音成为亿万家庭新春贺岁的祝福曲。农历大年三十中午到初一凌晨，仅北京的手机用户就发送超过1亿条手机短信。电信部门估算，春节7天假期全国短信发送量有望达到100亿条。民族传统习俗融入"信息时代"，并在追求传统与现代的和谐统一中，焕发出勃勃生机。

### 年俗：在传承中发展变化

民俗学家乌丙安的除夕是这样度过的：坐在电脑前，一边接着拜年电话，一边翻阅手机的拜年短信，还时不时查看邮箱里的电子贺年卡。

在76岁的乌丙安看来，现在过年是团圆饭照吃不误，但很多地点搬到了饭店；全家团圆习俗还有，但很多是全家出门旅游；拜年还是一种需要，但很多换成了更时尚的"信息化"手段。

河北省武强县盛产的年画，20世纪曾经年销数亿张，覆盖大半个中国，但如今正逐渐淡出人们的视线。武强年画博物馆副馆长马习钦对此颇感失落："今年武强年画才卖出几十万张，就连本地一些人家也不爱贴年画。"

乌丙安对类似的年俗变迁比较坦然："任何一种文化形式都有自身的发展规律，如果不适应现代社会就可以让它'安乐死'，这是自然而然的事情。对于这类失去生存基础的年俗，最好的办法就是进入博物馆。"

"对春节这一民族传统文化的发展不能放任自流，而是要加以适当、正确的引导。"中国艺术研究院研究员陈醉认为，任何时代的人们都需要传统，就像人们在太平日子爱好收藏古董以寻求旧时的记忆。他举例说，一项在北京、上海、广州等地对春节习俗的抽样调查表明，48.2%的被调查者愿意完全按照传统春节习俗过春节。

民俗学家们相信，新旧民俗的此消彼长是时代的生动写照，但春节的主题永远不会过时，那就是团圆和期盼。"世界各地过节都讲究团聚，但任何一个节日都没有像中国春节那样，因为团聚的渴望带来几亿人的大移动。"中国民俗学会副理事长王文宝认为，春节是民族亲情的黏合剂，通过共同的节日、共同的风俗增强了民族文化的认同感，增强了中华民族的凝聚力。

### 春节：文化交流的新使者

今年1月24日至28日，法国巴黎著名的埃菲尔铁塔披上象征喜庆吉祥的"中国红"，以欢庆中国猴年新春的到来。这座有着115年历史并作为法国象征的铁塔，此前从没有为一个外国节日而改变灯光的颜色。

今年是美国纽约市政府把中国农历新年纳入法定公共假日的第二年，曼哈顿的唐人街和布鲁克林的第八大道都举办了庆祝春节的盛大游行。帝国大厦顶部1327盏灯也换成寓意吉祥的金红两色。

联合国秘书长安南为庆祝中国农历新年发表电视讲话，向中国人民表达美好的祝福。他操着生涩中文说的"恭喜发财"，为中国猴年春节增添了国际化的色彩。

在许多国家，丰富多彩的春节欢庆活动，不仅吸引着华侨华人，更吸引着当地的本国民众。海外媒体认为，"年"已成为中华民族传统文化走向世界的新使者。

（节选自《中国青年报》，有改动）

### （一）判断正误（14分）

1. 北京的庙会有说相声、唱大戏等节目。　　　　　　　　　　（　　）
2. 春节期间，俄罗斯的大马戏团在北京等地表演了精彩的魔术。（　　）
3. 吕小姐的父母生活在内蒙古。　　　　　　　　　　　　　　（　　）
4. 今年春节在一些旅游城市和景区，自驾车游客比例占到了散客的三成左右。
　　　　　　　　　　　　　　　　　　　　　　　　　　　　　（　　）
5. 民俗学家乌丙安在除夕只用接电话的方式接受着别人的拜年。（　　）
6. 河北省武强县盛产的年画远没有以前那么好卖。　　　　　　（　　）
7. 民俗学家们认为，春节的主题就是团圆和期盼。　　　　　　（　　）

### （二）回答问题（3分）

今年法国巴黎、美国纽约是怎样庆祝春节的？

# 参考答案

## 第一课

二、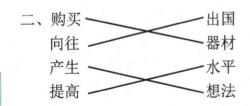

三、1. 以便  2. 在……看来  3. 正因如此  4. 促进  5. 培养  6. 开拓  7. 创办

四、因为中国日益发展、强大，许多韩国留学生选择来中国学汉语。现在在中国，来自韩国的留学生的数量是最多的。

五、1. BCA  2. CBA

六、1. D  2. B  3. D  4. C

阅读一

1. 外国留学生来中国高校学习，主要是来进行语言、中国文化的学习，专门为了攻读学位的人很少。

2. 杭州留学生的课余生活丰富多彩，有很多不同的活动。

3. 外国留学生在学习结束的时候需要一张HSK等级证书来证明自己的汉语水平。

阅读二

1. ① 福建农林大学有很好的平台，有很多高水平专家，丝毫不逊于美国、加拿大的。
   ② 福建天气跟巴基斯坦相近，夏天不热，冬天不太冷，空气也十分清新，很适合女儿的成长。

2. ① 校方提供的集体宿舍让萨迪尔母女难以接受。
   ② 语言障碍。授课老师用中文上课，这种方式让萨迪尔学习起来很费力；她也没办法跟同学进行很好的交流。

3. 萨迪尔希望自己带着女儿来中国求学的经历，能鼓励更多的巴基斯坦已婚女性敢于出来工作，更加自立自强。

阅读三

1. ×  2. ✓  3. ✓  4. ×  5. ×  6. ✓

## 第二课

二、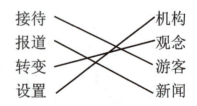

三、1. 对……来说　　2. 据……介绍　　3. 以……为例　　4. 接待　　5. 报道
　　6. 向往　　7. 购买

四、改革开放以前，因为收入少，中国人很少旅游，但随着生活水平的提高和生活观念的转变，旅游休闲成为城市人的新时尚。

五、1. BADC　　2. CBA

六、1. B　　2. C　　3. C　　4. D

阅读一

1. 景区要解决的新课题是：把观景、赏景与景区的文化内涵联系起来，让人们在游山赏景中体会文化，在体会景区文化中欣赏景观。

2. 游客们游览名山大川，却难以感受到此地的文化因素，仅是到此一游。这样的旅游缺了些深度，体验也大打折扣。

3. 一些景区组织了很多有意思的活动，如在旅游的淡季，让当地群众免费旅游；在寺庙的大典之日，免费向游人开放；背诵与景区相关的游记，就能免费登楼等等。

阅读二

1. 所谓"先旅游后付款"，指的是如果消费者对此次旅游不满意，可以拒绝向旅行社付款的消费模式。

2. 主要原因在于质量是很难主观评判的。它是一种满意度，这个满意度涉及很多的因素，因此很容易导致一些纠纷。

3. 要想让"先旅游后付款"行得通，满意度必须有一个可以量化的刚性的标准，以确保"先旅游后付款"真正有利于游客，并以此推进旅游市场的健康发展，从而提高旅游质量的整体水平。

阅读三

1. √　　2. ×　　3. √　　4. ×　　5. √

## 第三课

二、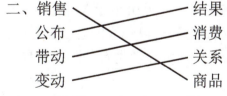

三、1. 以至　　2. 自……起　　3. 随着　　4. 拥有　　5. 公布　　6. 评价　　7. 销售
　　8. 是否　　9. 带动　　10. 突破

四、从上个世纪的50～70年代到90年代后期，"四大件"的类型多次发生变动。

五、CBADE

六、1. B　　2. B　　3. D　　4. C

阅读一

1. 为了满足更多市民在百货、汽车、家电、家居、旅游等行业不断提升的消费需求，不少银行相继推出了综合消费贷款产品。

2. 春节期间选择全家出境游已经成为一种时尚。虽然价格与平常相比上涨了

30%～50%，但今年春节境外游还是比往年火爆，已提前进入高峰期，出境游报名人数也比往年多出了50%。

3. "房抵贷"可以满足消费者按揭买房、购车、装修、教育、医疗、旅游等家庭生活用途的消费需求。

阅读二

1. 旅游的消费意愿增长明显，同比提高18.2%。
2. 因为随着城镇化的推进和农村的发展，农村消费潜力正在不断释放。
3. 专家认为，尽管消费方式发生变化，全民网购渐成趋势，但这并不能完全拉动消费升级。

阅读三

1. ✓　2. ✗　3. ✗　4. ✓　5. ✗　6. ✓　7. ✗

## 第四课

二、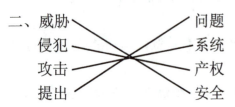

三、1. 截止到　2. 侵犯　3. 从而　4. 威胁　5. 造成　6. 然而　7. 反映

四、一方面，网络为人们展现了一种全新的文化空间；另一方面，网络文化也给以往的法律、道德带来种种难题。

五、1. CBA　2. BACED

六、1. D　2. C　3. A　4. C

阅读一

1. 他们认为，公文是在公务活动中进行交际、传递信息的文书，表达应准确、规范；网络语言对汉语是一种污染，中小学生语言基础还不牢固，学生、学校应远离网络词汇。
2. 网络语言的缺点是它不严密，不规范；优点是它简洁生动，能吸引年轻人。
3. 作者认为，对网络语言不要一棍子"打死"，应该在规范的前提下，以包容的态度去对待。政府机关的官员了解一些网络语言，有利于贴近群众；正确引导学生看待网络语言，才能去粗取精，去伪存真。

阅读二

1. 携程网在两小时内修复了安全漏洞，期间既没有出现信息泄露的情况，也没有出现用户信用卡被盗刷的情况。
2. ① 企业为了提高用户操作和消费的便捷性，往往忽略了互联网应用的安全性。
   ② 中国在制度上缺乏严格的责任界定。
3. 要保护网络信息安全，互联网企业要加强自律，立法部门要尽快出台统一的法律法规，监管部门要加大监管力度，网民要养成良好的信息安全习惯。

阅读三

1. ✓　2. ✗　3. ✗　4. ✗　5. ✓

## 第五课

三、1. 实施　　2. 与此同时　　3. 由此可见　　4. 注重　　5. 对于　　6. 责备　　7. 导致

四、1. ✓　　2. ✗　　3. ✓　　4. ✗

五、1. BADC　　2. DACB

六、1. C　　2. A　　3. B　　4. D

阅读一

1. ① 喜欢谈不固定对象的恋爱。
   ② 喜欢通过手机交友寻找对象。
2. 年轻人不太懂得处理冲突，在爱情上只讲感觉，但不懂包容、忍耐，所以关系难以维持。
3. 虽交友程序能扩大社交圈子，但光凭图像、文字沟通，难以深入了解对方。
4. ① 不想受到束缚。
   ② 没有经济基础去应付恋爱、结婚等的庞大开支。
5. ① 近20年香港离婚率急升100%，年轻人在这种"合则来，不合则去"的爱情气氛下成长，不易从父母辈找到成功的模仿对象。
   ② 随着科技的发展，大部分年轻人的恋爱是通过网络建立，更容易导致他们不相信爱情会一生一世，从而对婚姻失去信心。

阅读二

1. 每位参赛者都会与一位异性进行"浪漫五分钟"的"约会"。五分钟时间到了，就换到下一个位置，开始和下一位异性"约会"，直到活动结束。
2. 在活动结束后收上的表格中，双方均有意向继续接触的，则为速配成功，互换联系信息。
3. 对于海外华人来说，选择的范围更窄，个人婚恋问题的解决也更难。

阅读三

1. ✓　　2. ✗　　3. ✓　　4. ✓　　5. ✗　　6. ✗

## 第一～五课测试题

二、1. 据……介绍　　2. 正因如此　　3. 由此可见　　4. 以便　　5. 从而　　6. 截止到　　7. 自……起　　8. 随着　　9. 然而　　10. 在……看来

三、1. CBA　　2. BCAD

四、1. 中日两国在政治、经济、文化、历史上有着多方面的联系。
2. 双休日去市郊或周围的景点旅游，"五一""十一"以及春节的假日旅游已经成为人们休闲的主要方式。
3. "千元级"的"四大件"指"冰箱、彩电、洗衣机、录音机"。
4. 互联网的快速发展，对各国的政治、经济、社会、文化等领域产生了巨大而深远的影响。
5. 青年在隐私观念、财产公证以及对离婚的看法和处理婚姻关系等方面，表现出了鲜明的现代特征。

五、1. 进入新世纪以来，居民家庭消费更重视个性和享受。

2. 网络展现了全新的文化空间，同时也给以往的法律、道德带来难题。

3. 一项调查表明，当今青年一代对于性的态度表现得更加开放和宽容。

阅读一

(一) 1. ×　　2. √　　3. ×　　4. ×　　5. ×　　6. √　　7. ×　　8. √

(二) 1. 有一次"我"购物回家，她见"我"拿的是在商场用5分钱买的新塑料购物袋，就说："昨天你不是刚买过一个购物袋吗？干吗又买新的？购物袋可以反复用好多次呢。""我"随口道："反正也就5分钱。"贝尔丽竟毫不客气地说了"我"一通。她不理解"我"对5分钱表现出的不值一提的态度。她有一种观念：不该花的哪怕是一分钱也不要乱花。

2. 节省的德国人将钱用到了旅游上，不少德国年轻人对物质消费方面的比较毫无兴趣。

阅读二

(一) 1. √　　2. √　　3. ×　　4. √　　5. ×　　6. √　　7. √　　8. ×

(二) 1. 作者举了斑嘴鸭的例子，来说明"不管是动物还是植物，当外界条件发生改变时，分布也会随之发生变化"的观点。

2. 本文第4段的主要内容是：并不是每一个物种都能成功地适应气候变化，某些生物很可能因为气候变暖完全丧失适宜的生存环境，它们将面临不能及时进化而灭绝的危险。

## 第六课

三、1. 固然　　2. 减轻　　3. 分别　　4. 处于　　5. 尤其是　　6. 人均
　　7. 筹集　　8. 树立

四、1. ×　　2. √　　3. √　　4. ×

五、1. CAEBD　　2. EACBD

六、1. A　　2. C　　3. D　　4. B

阅读一

1. "你的选择，决定天空的颜色"。

2. 为了积极应对大气污染，倡导低碳、节能的生产生活方式。

3. 中国有包括北京、上海、重庆、成都、西安、深圳、广州、杭州等在内的一百多座城市参加了地球一小时活动。

阅读二

1. 70.8升。

2. 洗碗机在节水和节省劳动时间方面潜力较为突出。

3. 改变用流动水冲洗餐具的洗碗方式，改用洗碗机清洗。

阅读三

1. √　　2. ×　　3. √　　4. ×　　5. √

## 第七课

三、1. 取决　　2. 就……方面　　3. 从……来看　　4. 期待　　5. 面临　　6. 应付
　　7. 参与　　8. 预测

四、1. ×　　2. ✓　　3. ×　　4. ×

五、1. BAC　　2. DACB

六、1. C　　2. B　　3. D

阅读一

1. 近年来，中国对外贸易区域的布局更趋协调，广东、江苏等7省市在对外贸易中的比重下降，中西部地区贸易活跃。

2. 跨境电子商务成为近两年中国外贸发展的新亮点。

3. 长期以来，中国产品参与国际竞争主要依赖数量和价格优势，产品缺乏核心竞争力。另外，中国还存在出口产品附加值较低、拥有自主品牌较少、营销网络不健全、产品质量不高等问题。

阅读二

1. ① 在对外支出方面，人民币已可用于外贸进出口支付、境外直接投资、境外项目人民币贷款以及人民币QDII。

    ② 在回流渠道方面，有外贸出口收入、外商直接投资，境外一些机构还可以投资银行间的债券市场，QFII还可以投资境内证券市场。

2. 尽管人民币国际化正在平稳发展，但问题也很明显：

    ① 目前离岸市场人民币存款存量仅占全球离岸市场存量的1%不到。

    ② 人民币计价比重还较低，2013年人民币在货物贸易中所占比例已经超过10%，达到11.7%，但这11.7%中有一半不是以人民币计价。

    ③ 资本市场的深度和广度还不够，人民币资本还没有完全可兑换。

3. "家庭作业"是指在人民币国际化的过程中，解除不必要的限制，稳步推进、逐步实现人民币的资本项目可兑换，从而提升人民币国际使用的便利程度。

    做好"家庭作业"需要：

    ① 进一步扩大在跨境贸易和投资中使用人民币结算，进一步简化人民币使用的流程。

    ② 着力开展相关的人民币业务，包括支持境内机构到境外发人民币债券，推动个人跨境业务开展等。

    ③ 继续推动人民币计价，推动大宗商品和现货期货使用人民币结算。

    ④ 不断完善人民币业务基础设施建设，推动人民币跨境支付系统的建设，建立安全高效便捷的人民币跨境清算和结算网络。

阅读三

1. ×　　2. ×　　3. ✓　　4. ×　　5. ✓

## 第八课

三、1. 就是　转移　　2. 安置　　3. 与……相关　　4. 施加　　5. 在……基础上
　　6. 推动　　7. 兴建　　8. 运用　　9. 展开　　10. 违背

四、1. √　　2. ×　　3. √　　4. ×

五、1. DACB　　2. CEADB

六、1. D　　2. B　　3. D　　4. C

阅读一

1. ① 他的作品更多的是在表达他对当前中国人生存状态的思考。
   ② 他的作品充满观念性和社会性，同时还具有很强的心理暗示性。

2. 杜海军通常只描绘楼房的一个侧面，以此强化这种视觉效果：这些看似压倒一切的楼房，其实并不那么坚固，随时都有可能侧翻或者倒塌。

3. ① 在现代建筑的丛林中，人的生存方式已经被严格规定，余下的可供选择的可能性寥寥无几。
   ② 在杜海军的一些作品中，展现了生活在楼房中的人们的某些痕迹。我们既可以将这些痕迹视为多样性的人生对单一性的建筑的抵抗，也可以将它们视为单一性的建筑对多样性的人生的约束。

阅读二

1. 老城区依靠奥德河支流，西北部是大片的工业区，炼油厂和化工厂当初就建在那里，东北部河畔是造纸厂。

2. ① 施韦特原工业区的炼油厂仍然保留，与之相配套的服务行业、物流业、电信业等也成为城市主要产业。
   ② 施韦特还新建了音乐学院、剧院，拥有了自己的剧团，修复了历史建筑作为文化活动场地，还有综合购物中心、国家自然公园等。

3. 如今的施韦特拥有"国家公园之城"的美称。

4. 略。

阅读三

1. ×　　2. √　　3. ×　　4. ×　　5. √　　6. ×

## 第九课

三、1. 分割　　2. 不懈　　3. 实践　　4. 贡献　　5. 与时俱进
　　6. 觉醒　　7. 充分　　8. 深厚

四、1. ×　　2. √　　3. ×　　4. ×

五、1. ADBC　　2. BCDA

六、1. D　　2. C　　3. A　　4. B

阅读一

1. 中国梦的组成部分包括了国家富强、民族振兴和人民幸福。

2. 略。

3. 文章中提到了中国的两位领导人。中国改革开放的总设计师邓小平提出了小康社会的目标，将儒学中的"小康"概念与现实结合。中国国家主席习近平提出了实现中华民族伟大复兴的中国梦，承载着几辈中国人的共同愿望，为国家创造新的伟大成就指明了前进方向。

阅读二

1. 中国的现代化高楼大厦多了，普通民众的衣着、神情、与人接触的方式等细节也有变化，中国青年也和以前不一样，中国的经济成就让人佩服，在许多国际问题上的外交政策公正得当。中国国家主席习近平提出了中国梦。

2. 哈菲佐娃去年12月到北京参加了文化部主办的首届"汉学家与中外文化交流"座谈会，并到有"海上丝绸之路起点"美誉的泉州等城市参观。

3. 收集中国扇子，多去博物馆看看徐悲鸿、齐白石的画，多听听京剧，或者学做中国菜。

阅读三

1. √   2. ×   3. ×   4. ×   5. √   6. ×   7. √

# 第十课

三、1. 低迷   2. 倒闭   3. 一帆风顺   4. 分工   5. 稳定   6. 后备   7. 新兴

四、1. √   2. √   3. ×   4. √

五、1. DABC   2. CABD

六、1. A   2. C   3. B   4. D

阅读一

1. 根据"全民年度对账单"，沿海省份依然是网上支出的主力军。

2. 余额宝的门槛低，操作便捷。

3. 吃饭可以用手机AA付款，逛街购物可以用手机买单，打车也能用手机付车费。

阅读二

1. "中国大妈"抢购黄金，引起世界金价变动；她们占据了比特币贵宾用户40%的份额，花钱不眨眼，有些"土豪"的气魄；金价暴跌；她们待宰羔羊般被套牢的郁闷，又令人叹息。

2. ① 家庭是"中国大妈"最基本的活动场所，她们大都是家庭主妇，在物价的潮涨潮落中变得特别敏锐。

② 男女同样的工作领同样的工资为"中国大妈"打好了必要的经济基础，使她们有更多交流渠道，有了更多的信息，有了更多女性间的相互激励。

③ 曾经的"铁姑娘"榜样是"中国大妈"特殊的文化背景。她们接受了"妇女能顶半边天"的社会化教育，受到了"不爱红装爱武装"的审美教育。

阅读三

1. ×   2. √   3. ×   4. ×   5. √   6. ×   7. √   8. √

## 第六～十课测试题

二、1. 取决　　2. 在……基础上　　3. 尤其是　　4. 从……来看　　5. 不仅如此
　　6. 固然　　7. 并非　　8. 难以　　9. 呈……趋势　　10. 与……相关

三、1. BAC　　2. BADC

四、1. 长江流域及其以南地区水资源和耕地分布情况是地少水多。
　　2. 我国现行的经济体制还存在着不少不足,使我国不少企业更难以应付国际竞争的挑战。
　　3. 改革开放前,由于工农业生产落后、经济基础薄弱及与城市化相关的政策、制度等原因,中国城市化进程曲折缓慢。
　　4. 目前普通高等学校在校学习的本专科学生是1992年的2.3倍。
　　5. 目前意大利的经济居世界第七位。

五、1. 据统计资料显示,中国七大水系污染均比较严重。
　　2. 我国城市化已进入快速发展的阶段。
　　3. 中国经济发展水平刚刚从低收入国家进入中下收入国家行列。

阅读一
　　（一）1. ×　　2. ×　　3. √　　4. √　　5. ×　　6. √　　7. √
　　（二）最近一次招聘会上,中国人民大学经济学院几位研究生用彩色打印纸制作的简历,标新立异,大胆创新的风格得到不少用人单位的关注。

阅读二
　　（一）1. ×　　2. ×　　3. √　　4. √　　5. ×　　6. √　　7. ×
　　（二）如果你有一个大大的坏消息和一个小小的好消息,应该分别公布。这样的话,好消息带来的快乐不至于被坏消息带来的痛苦所淹没,人们还是可以享受好消息带来的快乐。

阅读三
　　1. ×　　2. ×　　3. √　　4. √　　5. √

## 第十一课

三、1. 欣赏　　2. 体现　　3. 也就是说　　4. 继承　　5. 以及　　6. 引人注目
　　7. 孝敬　　8. 达成　　9. 遵循　　10. 对于……而言

四、1. √　　2. ×　　3. √　　4. ×

五、1. BAECD　　2. CAB

六、1. D　　2. D　　3. C　　4. B

阅读一
1. 那时,从老人们眼中流露出的喜悦,我依然清晰地记得。他们常年在敬老院生活,真的太孤独了,渴望常常有人来关心和看望,哪怕只是有人来陪他们说说话。
2. 蔡观超在一次与盲人婆婆彭德欣聊天时得知,老人最大的心愿就是在她80岁生日时能有人专门为她庆祝生日。在彭婆婆80岁生日时,蔡观超特地带上了一个精美的蛋糕和敬老院的老人们一起为彭婆婆庆祝生日。

3. 蔡观超常说:"小时候,邻居们都很关心照顾我,让我感受到了社会的温暖。如今,我有能力帮助别人,就应该付出自己的爱心,尽力去帮助别人。况且,我只是做了一些小事。"
4. 略。

阅读二

1. 如果一只猴子看到另外一只猴子用一个筹码换到了一颗葡萄,它就不愿意用自己的那个筹码去换黄瓜片了。而当它看到另外一只猴子没有使用任何筹码就得到了一颗葡萄时,它就会把手中的筹码扔向实验者来表示抗议,并且拒绝接受黄瓜片。
2. 不论是黑猩猩还是儿童,他们都会选择把代表公平的筹码交给实验人员,这样奖品可以平分。说明了成年黑猩猩有公平感。
3. 在《人类的由来》一书中,达尔文就已经论述过道德感、审美感甚至宗教感在其他生物中的萌芽和表现。

阅读三

1. ×　2. √　3. √　4. ×　5. ×　6. √

## 第十二课

三、1. 拍　2. 为……而……　3. 有意　4. 未必　5. 迷　6. 凭空

四、1. ×　2. √　3. ×　4. √

五、1. 冯小刚认为导演不应该为迎合电影市场而拍片。导演要领着观众走才对。
2. 冯小刚出演《阳光灿烂的日子》是个意外。当初那个角色本来姜文是想找葛优演的,后来刘晓庆跟姜文说"冯小刚也挺合适的",于是姜文就找了冯小刚。
3. 冯小刚是因为看《顽主》与葛优相识的,很喜欢这部片子。拍《编辑部的故事》时立刻想找他演。一来二去两人就熟了,并亲密合作。
4. 冯小刚去年写的新书是《我把青春献给你》。

六、1. B　2. C　3. D　4. A

阅读一

1. 洪涛在很小的时候就表现出对音乐的热爱。洪涛家庭条件并不好,为了能听自己喜欢的歌,他把所有的钱都攒下来买磁带。
2. 关注所有人都会关心的亲子关系问题和真实展现生活。
3. 《我是歌手》聚焦"真正的歌手"。在挑选歌手上,洪涛挑人唯一标准就是他们的实力和感染力。观众能吸取他们身上的正能量。
4. 洪涛认为起用明星是让大家有机会看到他们普通人的一面。在节目拍摄中,明星身上的光环一点点褪去,爸爸身上爱的力量却越来越壮大。洪涛希望观众从真实的节目中得到正能量。

阅读二

1. 他的愿望是要做一个"慈祥的爸爸"。
2. 田亮的放下用了两年的时间。退役后,田亮攻读了清华大学的硕士学位,然后正式转型演艺圈。2007~2008年,对于田亮来说,是人生中重要的年份,退役、读书、

演戏、结婚和生子。也正是因为如此，35岁的田亮虽然外表依然萌态十足，但是内心早已经淡定从容。他说："该经历的都经历了，娱乐圈这点事都是小事儿，比起比赛失败对我的打击，这都不算什么。"

3. 他打算先让Cindy好好儿学习，学习文化知识，学习画画，学习乐器。先打好基础，不管未来做什么，先培养一个学习方向、学习习惯和学习态度，让她学会热爱、坚持不放弃。

4. 他认为自己现在幸福快乐着，满意但不满足，还有很多目标和愿望要实现。

阅读三

1. ✓    2. ✗    3. ✗    4. ✓    5. ✗    6. ✗

## 第十三课

三、1. 自愿    2. 开发    3. 即    4. 淘汰    5. 假如    6. 推行
　　7. 居然    8. 铁饭碗

四、1. ✓    2. ✗    3. ✗    4. ✓

五、1. EACBFD    2. BACED

六、1. B    2. B    3. A    4. D

阅读一

1. 因为他们"不敢休、不肯休、不能休"。

2. 小刘说，周末加班的人不在少数。"同事们干活儿都很努力，我也担心自己会落后。"一年到头忙忙碌碌的工作状态，她已经习惯了。

3. 在吴俊芳的工厂，加班都要排队，有限的加班名额一般只分给老员工，新来的只能一边待着。

4. 路鑫说："在我们这行，通常都没有正式合同，虽然餐馆允许我每年休5天，可现在餐饮行业求职的人有很多。最怕是一请假，就很难回来了。"

阅读二

1. 黄先生希望在北京定居，他希望自己的孩子拥有一个更好的教育环境，这也是他再次冲击中央公务员的动力。

2. 张华及其同学希望借攻读MBA、EMBA来达到拓展人脉和职场提升的目的，趁着还年轻赶紧多接触些人脉。

3. 在他们看来，留学读博是其晋升加薪的重要基础，无论是日后评教授副教授，还是拿到更多津贴和课题费都大有益处。

4. 事实上，无论是当下"考碗热"，还是正流行的"留学热"，职场青年对投资自身的尝试值得肯定，但实际效果低于预期的情况也值得引起注意。个人身价的提高，最终仍需勤奋和努力。

阅读三

1. ✓    2. ✗    3. ✗    4. ✓    5. ✓    6. ✗

## 第十四课

三、1. 评选　　2. 到……地步　　3. 透露　　4. 征服　　5. 赢得
　　6. 以……为……　　7. 仅次于

四、1. √　　2. √　　3. ×　　4. ×

五、1. 他远没有鲁迅那么深刻，但是他能够把学到的和悟到的深刻的东西，用最精彩最感人的故事展现出来，并影响了数量最多的人。

2. 《激流三部曲》和《随想录》。

3. 社会上一直有一种广泛流传的说法，如果老舍不是投太平湖自尽，当年的诺贝尔文学奖就将授予他。

4. 梅兰芳访美，他的表演征服了无数好莱坞的演员，并对美国电影艺术的发展产生了积极影响；访问苏联，直接促进了布莱希特表演体系的形成。

六、1. B　　2. C　　3. A　　4. B

阅读一

1. 一个作家要勇于写灵魂深处最痛的地方。也只有真正关注人的问题、人的命运，这样的文学作品才能具有普遍意义，能让全世界各个民族、各个国家的人都能接受。

2. 文学并非没有标准，一代一代读者的肯定就是标准。

3. 第一，蒲松龄的故乡离莫言的家乡山东高密很近；第二，蒲松龄所使用的写作素材，跟莫言所掌握的素材十分类似。蒲松龄写《聊斋》时听过的故事，一直流传到现在，莫言小时候都听过。

4. 莫言认为自己就是这么个人，他的低调不是装出来的，而是发自内心的。他狂不起来，因为他认为自己没有狂的资格。诺贝尔文学奖让莫言一下子成为众人注意的焦点；但是从莫言内心来讲，没什么变化，反而更加提醒自己一定要谦虚。

5. 略。

阅读二

1. 作者梦想有一天能来中国，和中国人交朋友，知道更多有关中国的事情。

2. 第一次到达北京，作者就被中国首都的伟大震惊了，那是他生命中最开心的时刻。在这里，他和来自世界各国的朋友一起学习汉语，他们非常友好，成了好朋友。学校的老师也很棒，他们的教学非常有趣和实用，课堂充满了乐趣。周末，他喜欢和同学们一起出去逛逛，品尝中国食物，了解中国人的生活。他交了许多中国朋友，他们给了作者不少帮助。

3. 作者希望成为一名教师，毕业后回到自己的祖国教汉语。希望通过作者的工作，让更多的巴基斯坦人学习汉语，了解中国，加强中国和巴基斯坦之间的友谊。同时，他也希望有更多的中国人对巴基斯坦感兴趣，去那里旅游或工作。

阅读三

1. ×　　2. ×　　3. √　　4. √　　5. ×　　6. ×

## 第十五课

三、1. 供应　　2. 阻止　　3. 计划经济　　4. 以致　　5. 消除　　6. 户籍制度
　　7. 并没有因为……而……　　8. 忽视　　9. 颁布　　10. 依然　　11. 健全

四、1. √　　2. ×　　3. ×　　4. √

五、1. CADB　　2. DBAEC

六、1. C　　2. D　　3. B　　4. D

阅读一

1. 不同于老一辈的吃苦耐劳，新生代农民工更渴望享受，用于娱乐方面的消费比例在逐渐增加，新生代农民工的储蓄意识也比较淡薄，因此手头结余也在减少。

2. 随着户籍概念和城乡界线的模糊，新生代农民工在工作过程中容易交往到异性朋友，但社交圈子仍比较单一。他们无法在短时期融入城市社交圈，对乡情、亲情和友情的依赖特别大，社会交往范围局限于农民工群体之内，与市民之间缺少互动与对话。

3. 不断频繁换工作也和当今青年农民工较低的容忍度有一定关系。与老一辈农民工相比较，青年农民工显得更为浮躁，他们不再像老一辈一样做着稳定的工作，更希望能凭自己的能力去获取更好的就业机会，因此他们不愿意忍受艰苦而又没有发展空间的工作。

4. 应逐渐改革户籍制度，适当放宽农民工落户条件，完善相关政策，督促企业进行薪资制度改革，提高新生代农民工的工资水平，缩小本地的贫富差距。企业积极完善新生代农民工的娱乐设施的同时，可以多增加和员工之间的互动交流，让其感受到人文环境下的温暖。

阅读二

1. 她们向往爱情却常被阻碍，她们寻找幸福却充满无奈。对情感、婚姻的强烈渴望难以得到满足，是困扰新生代女务工人员的重要难题。

2. 张晴相亲五六次，不少相亲对象看不起她的学历和身份。她所在的圈子很窄，接触城市异性的机会很少，最后还是找老乡的多。

3. "候鸟"式的生活，让新生代农民工群体中闪婚现象普遍。

4. 外来工"临时夫妻"现象不仅触碰法律红线，而且会带来一系列问题，例如各种妇科病、婚前怀孕、多次流产、家庭夫妻关系破裂、甚至影响到下一代的健康成长。

阅读三

1. ×　　2. √　　3. √　　4. ×　　5. ×　　6. √

## 第十一～十五课测试题

二、1. 未必　　2. 以……为……　　3. 为……而……　　4. 并没有因为……而……
　　5. 以及　　6. 即　　7. 也就是说　　8. 依然　　9. 假如

三、1. CBA　　2. CADB

四、1. 对这一问题的调查结果说明了，大多数人对于道德所具有的特殊社会意义和规范作用给予了极大的强调。

2. 冯小刚认为他的孩子应该自己去闯，能闯到什么样，就算什么样。
3. 择业心理的多样化趋势有着特定的合理性：其一，它是社会结构分化、社会职业类型多样化的一种主观反映；其二，它是价值观念多样化的一种必然选择结果。
4. 更多人喜欢的是她自由乐观的人生态度。
5. 一纸户口不仅限制了人口的流动，还带来了城乡的重大差别问题。

五、1. 节俭观念仍然为较大比例的青年所认同。
2. 随着"铁饭碗"意识的减弱，职业风险意识正在提高。
3. 对民工的歧视及各种限制依然存在。

阅读一
（一）1. ×　2. ×　3. √　4. √　5. ×　6. √　7. ×
（二）调查中，水污染、大气污染和土地荒漠化、垃圾回收利用、野生物种减少、臭氧层遭到破坏等环境问题受到的关注程度都超过了半数。

阅读二
（一）1. ×　2. ×　3. √　4. √　5. √　6. ×
（二）本文为了说明父母和我们之间可能存在的"代沟"问题，举了6个例子。本文为了说明我们一生中没有多少时间可以去孝顺父母，举了5个例子。

阅读三
（一）1. √　2. ×　3. ×　4. √　5. √　6. ×
（二）原来，生命不是那暗涌的黑色，让人想到死亡，不是那沉重的灰色，让人感到郁闷。
生命原来是灿烂的红色，让人热血沸腾，给人以激情，给人以活力。
生命原来是生机勃勃的绿色，让人充满想象，给人以朝气，给人以希望。
生命，原来是这样的多姿多彩。
所以，当你身处绝境时，请别忘了打开那扇上帝为你留下的窗。

## 第一～十五课总测试题

二、1. 分别　2. 以致　3. 以……为例　4. 到……地步　5. 然而
6. 对于……而言　7. 居然　8. 相当于　9. 凭空　10. 如……等等

三、1. BAC　2. CBDA

四、1. 我们应该更多地从道德转型论来正视当今社会道德的新质与道德的问题。
2. 不打算，因为他从来没有上过大学，所以他觉得自己特别不适合拍大学生题材的影片。
3. 在择业目标上，当今青年更关注开发自己的潜能、实现自己的价值。
4. 20世纪30年代，梅兰芳访美，他的表演征服了无数好莱坞的演员，并对美国电影艺术的发展产生了积极影响；访问苏联，直接促进了布莱希特表演体系的形成。
5. 城乡户籍制度所造成的各种福利差异，又使本是不同职业的城市人和农村人，身份差距扩大，于是城市居民有了优越感。

五、1. 孝敬父母仍是大多数青年人所认同的道德行为规范。
2. 在职业流动方面，当今青年主动改变工作的意识进一步增强。

3. 户籍等限制使民工处于城市的被忽视地位。

阅读一

（一） 1. √　　2. ×　　3. ×　　4. √　　5. √　　6. ×　　7. √

（二）乐观者认为，网恋更注重思想的交流，心灵的沟通，建立在此基础上的爱情应该更加牢固，成功的机会也比较大。而悲观者则认为，网上聊天是网恋初期相对单一的了解方式，这种方式使双方缺乏实际的真正的接触和了解，因此，很容易失败。

阅读二

（一） 1. ×　　2. √　　3. ×　　4. √

（二）发动教师为毕业生找工作，一需要教师平时注意搜集相关信息，特别要与以前的毕业生建立稳定的关系，随时掌握招聘信息；二需要教师对所掌握的招聘信息进行鉴别，去伪存真，避免浪费学生的时间和金钱；三是学校需要设法调动教师的积极性，推动学生就业工作。

阅读三

（一） 1. √　　2. ×　　3. √　　4. ×　　5. ×　　6. √　　7. √

（二）今年1月24日至28日，法国巴黎著名的埃菲尔铁塔披上象征喜庆吉祥的"中国红"，以欢庆中国猴年新春的到来。今年是美国纽约市政府把中国农历新年纳入法定公共假日的第二年，曼哈顿的唐人街和布鲁克林的第八大道都举办了庆祝春节的盛大游行。帝国大厦顶部1327盏灯也换成寓意吉祥的金红两色。

# 词语总表

| 序号 | 生词 | 拼音 | 词性 | 课数 |
|---|---|---|---|---|
| **A** | | | | |
| 1 | 安定 | āndìng | （形） | 15 |
| 2 | 安置 | ānzhì | （动） | 8 |
| **B** | | | | |
| 3 | 百分点 | bǎifēndiǎn | （名） | 5 |
| 4 | 摆脱 | bǎituō | （动） | 5 |
| 5 | 颁布 | bānbù | （动） | 15 |
| 6 | 榜样 | bǎngyàng | （名） | 11 |
| 7 | 报道 | bàodào | （动） | 2 |
| 8 | 报效 | bàoxiào | （动） | 14 |
| 9 | 暴力 | bàolì | （名） | 4 |
| 10 | 必需 | bìxū | （动） | 2 |
| 11 | 编辑 | biānjí | （动） | 12 |
| 12 | 变动 | biàndòng | （动） | 3 |
| 13 | 薄弱 | bóruò | （形） | 8 |
| 14 | 补贴 | bǔtiē | （名） | 15 |
| 15 | 不懈 | búxiè | （形） | 9 |
| 16 | 不幸 | búxìng | （形） | 15 |
| 17 | 不足 | bùzú | （动） | 6 |
| **C** | | | | |
| 18 | 财产 | cáichǎn | （名） | 5 |
| 19 | 参与 | cānyù | （动） | 7 |
| 20 | 灿烂 | cànlàn | （形） | 12 |
| 21 | 差别 | chābié | （名） | 15 |
| 22 | 产权 | chǎnquán | （名） | 4 |
| 23 | 产物 | chǎnwù | （名） | 15 |
| 24 | 产业 | chǎnyè | （名） | 10 |
| 25 | 畅销 | chàngxiāo | （动） | 13 |
| 26 | 倡导 | chàngdǎo | （动） | 9 |
| 27 | 彻底 | chèdǐ | （形） | 15 |
| 28 | 闯 | chuǎng | （动） | 12 |
| 29 | 成 | chéng | （量） | 5 |
| 30 | 成员 | chéngyuán | （名） | 13 |
| 31 | 城区 | chéngqū | （名） | 6 |
| 32 | 城市化 | chéngshìhuà | | 8 |
| 33 | 充分 | chōngfèn | （形） | 9 |
| 34 | 崇拜 | chóngbài | （动） | 11 |
| 35 | 仇恨 | chóuhèn | （动） | 14 |
| 36 | 筹集 | chóují | （动） | 6 |
| 37 | 处于 | chǔyú | （动） | 6 |
| 38 | 传递 | chuándì | （动） | 9 |
| 39 | 创办 | chuàngbàn | （动） | 1 |
| 40 | 吹捧 | chuīpěng | （动） | 12 |
| 41 | 刺激 | cìjī | （动） | 10 |
| 42 | 从而 | cóng'ér | （连） | 4 |
| 43 | 凑 | còu | （动） | 14 |
| 44 | 促进 | cùjìn | （动） | 1 |
| 45 | 措施 | cuòshī | （名） | 6 |
| **D** | | | | |
| 46 | 搭 | dā | （动） | 8 |
| 47 | 搭档 | dādàng | （名） | 12 |
| 48 | 达标 | dá biāo | | 6 |
| 49 | 达成 | dáchéng | （动） | 11 |
| 50 | 打工 | dǎ gōng | | 13 |
| 51 | 大致 | dàzhì | （副） | 8 |
| 52 | 大众 | dàzhòng | （名） | 5 |
| 53 | 带动 | dàidòng | （动） | 3 |
| 54 | 待遇 | dàiyù | （名） | 15 |
| 55 | 单纯 | dānchún | （形） | 14 |
| 56 | 挡 | dǎng | （动） | 15 |

| 序号 | 生词 | 拼音 | 词性 | 课数 |
|---|---|---|---|---|
| 57 | 导演 | dǎoyǎn | （名） | 12 |
| 58 | 导致 | dǎozhì | （动） | 5 |
| 59 | 倒闭 | dǎobì | （动） | 10 |
| 60 | 低迷 | dīmí | （形） | 10 |
| 61 | 底蕴 | dǐyùn | （名） | 9 |
| 62 | 地步 | dìbù | （名） | 14 |
| 63 | 第三产业 | dì-sān chǎnyè | | 2 |
| 64 | 典范 | diǎnfàn | （名） | 14 |
| 65 | 典型 | diǎnxíng | （形） | 11 |
| 66 | 订单 | dìngdān | （名） | 10 |
| 67 | 动力 | dònglì | （名） | 10 |
| 68 | 堵 | dǔ | （量） | 15 |
| 69 | 短缺经济 | duǎnquē jīngjì | | 15 |
| 70 | 对话 | duìhuà | （动） | 12 |
| 71 | 对象 | duìxiàng | （名） | 1 |

**E**

| 序号 | 生词 | 拼音 | 词性 | 课数 |
|---|---|---|---|---|
| 72 | 额 | é | （名） | 3 |

**F**

| 序号 | 生词 | 拼音 | 词性 | 课数 |
|---|---|---|---|---|
| 73 | 发达 | fādá | （形） | 2 |
| 74 | 发扬 | fāyáng | （动） | 11 |
| 75 | 发展中国家 | fāzhǎn zhōng guójiā | | 8 |
| 76 | 法制 | fǎzhì | （名） | 15 |
| 77 | 反映 | fǎnyìng | （动） | 4 |
| 78 | 返 | fǎn | （动） | 15 |
| 79 | 犯罪 | fànzuì | （动） | 4 |
| 80 | 房地产 | fángdìchǎn | （名） | 10 |
| 81 | 飞跃 | fēiyuè | （动） | 14 |
| 82 | 分割 | fēngē | （动） | 9 |
| 83 | 分工 | fēngōng | （动） | 10 |
| 84 | 风险 | fēngxiǎn | （名） | 10 |
| 85 | 疯 | fēng | （形） | 2 |
| 86 | 缝纫机 | féngrènjī | （名） | 3 |
| 87 | 否认 | fǒurèn | （动） | 14 |

| 序号 | 生词 | 拼音 | 词性 | 课数 |
|---|---|---|---|---|
| 88 | 幅度 | fúdù | （名） | 3 |
| 89 | 福利 | fúlì | （名） | 15 |
| 90 | 附加值 | fùjiāzhí | （名） | 10 |
| 91 | 复苏 | fùsū | （动） | 10 |
| 92 | 复兴 | fùxīng | （动） | 9 |
| 93 | 富强 | fùqiáng | （形） | 9 |

**G**

| 序号 | 生词 | 拼音 | 词性 | 课数 |
|---|---|---|---|---|
| 94 | 改善 | gǎishàn | （动） | 10 |
| 95 | 概括 | gàikuò | （动） | 3 |
| 96 | 干流 | gànliú | （名） | 6 |
| 97 | 高等 | gāoděng | （形） | 5 |
| 98 | 高峰 | gāofēng | （名） | 14 |
| 99 | 高速 | gāosù | （形） | 10 |
| 100 | 高中 | gāozhōng | （名） | 5 |
| 101 | 格局 | géjú | （名） | 9 |
| 102 | 个性 | gèxìng | （名） | 3 |
| 103 | 各界 | gè jiè | | 6 |
| 104 | 各自 | gèzì | （代） | 2 |
| 105 | 耕地 | gēngdì | （名） | 6 |
| 106 | 工程 | gōngchéng | （名） | 6 |
| 107 | 工农业 | gōngnóngyè | （名） | 6 |
| 108 | 公布 | gōngbù | （动） | 3 |
| 109 | 公民 | gōngmín | （名） | 15 |
| 110 | 公证 | gōngzhèng | （动） | 5 |
| 111 | 功能 | gōngnéng | （名） | 13 |
| 112 | 攻击 | gōngjī | （动） | 4 |
| 113 | 供应 | gōngyìng | （动） | 15 |
| 114 | 巩固 | gǒnggù | （动） | 5 |
| 115 | 共识 | gòngshí | （名） | 11 |
| 116 | 共赢 | gòngyíng | （动） | 10 |
| 117 | 贡献 | gòngxiàn | （名） | 9 |
| 118 | 购买 | gòumǎi | （动） | 2 |
| 119 | 鼓励 | gǔlì | （动） | 12 |

| 序号 | 生词 | 拼音 | 词性 | 课数 | 序号 | 生词 | 拼音 | 词性 | 课数 |
|---|---|---|---|---|---|---|---|---|---|
| 120 | 鼓舞 | gǔwǔ | (动) | 9 | 150 | 机构 | jīgòu | (名) | 1 |
| 121 | 固然 | gùrán | (连) | 6 | 151 | 激烈 | jīliè | (形) | 7 |
| 122 | 官本位 | guānběnwèi | (名) | 13 | 152 | 急需 | jíxū | (动) | 7 |
| 123 | 灌溉 | guàngài | (动) | 6 | 153 | 记忆 | jìyì | (名) | 2 |
| 124 | 广泛 | guǎngfàn | (形) | 15 | 154 | 计划经济 | jìhuà jīngjì | | 15 |
| 125 | 归来 | guīlái | (动) | 1 | 155 | 迹象 | jìxiàng | (名) | 10 |
| 126 | 规范 | guīfàn | (动) | 11 | 156 | 继承 | jìchéng | (动) | 11 |
| 127 | 规律 | guīlǜ | (名) | 8 | 157 | 加强 | jiāqiáng | (动) | 1 |
| 128 | 轨道 | guǐdào | (名) | 8 | 158 | 加速 | jiāsù | (动) | 8 |
| 129 | 国策 | guócè | (名) | 5 | 159 | 加以 | jiāyǐ | (动) | 11 |
| 130 | 国民经济 | guómín jīngjì | | 8 | 160 | 假如 | jiǎrú | (连) | 13 |
| 131 | 国内生产总值 | guónèi shēngchǎn zǒngzhí | | 8 | 161 | 假日经济 | jiàrì jīngjì | | 2 |
| | | | | | 162 | 嫁 | jià | (动) | 5 |
| 132 | 国情 | guóqíng | (名) | 9 | 163 | 监测 | jiāncè | (动) | 7 |
| | | | | | 164 | 简直 | jiǎnzhí | (副) | 2 |
| | **H** | | | | 165 | 建交 | jiàn jiāo | | 1 |
| 133 | 行列 | hángliè | (名) | 8 | 166 | 健全 | jiànquán | (动) | 15 |
| 134 | 核心 | héxīn | (名) | 9 | 167 | 降临 | jiànglín | (动) | 15 |
| 135 | 黑客 | hēikè | (名) | 4 | 168 | 阶段 | jiēduàn | (名) | 8 |
| 136 | 红利 | hónglì | (名) | 10 | 169 | 接待 | jiēdài | (动) | 2 |
| 137 | 后备 | hòubèi | (形) | 10 | 170 | 揭晓 | jiēxiǎo | (动) | 14 |
| 138 | 后单位制时代 | hòu dānwèizhì shídài | | 13 | 171 | 节俭 | jiéjiǎn | (形) | 11 |
| 139 | 户籍 | hùjí | (名) | 15 | 172 | 结构 | jiégòu | (名) | 4 |
| 140 | 户口 | hùkǒu | (名) | 13 | 173 | 结婚 | jié hūn | | 2 |
| 141 | 话剧 | huàjù | (名) | 14 | 174 | 截止 | jiézhǐ | (动) | 4 |
| 142 | 欢喜 | huānxǐ | (形) | 7 | 175 | 紧密 | jǐnmì | (形) | 8 |
| 143 | 缓慢 | huǎnmàn | (形) | 8 | 176 | 紧迫 | jǐnpò | (形) | 8 |
| 144 | 回顾 | huígù | (动) | 12 | 177 | 紧缩 | jǐnsuō | (动) | 10 |
| 145 | 婚恋 | hūnliàn | (名) | 5 | 178 | 尽快 | jǐnkuài | (副) | 4 |
| 146 | 混 | hùn | (动) | 12 | 179 | 进程 | jìnchéng | (名) | 8 |
| 147 | 伙伴 | huǒbàn | (名) | 1 | 180 | 经贸 | jīngmào | (名) | 1 |
| 148 | 货物 | huòwù | (名) | 9 | 181 | 景气 | jǐngqì | (形) | 7 |
| | **J** | | | | 182 | 居民 | jūmín | (名) | 3 |
| 149 | 几乎 | jīhū | (副) | 2 | 183 | 居然 | jūrán | (副) | 13 |

| 序号 | 生词 | 拼音 | 词性 | 课数 |
|---|---|---|---|---|
| 184 | 局面 | júmiàn | （名） | 7 |
| 185 | 剧增 | jùzēng | （动） | 2 |
| 186 | 据 | jù | （介） | 2 |
| 187 | 决策 | juécè | （动） | 13 |
| 188 | 绝对 | juéduì | （形） | 11 |
| 189 | 觉醒 | juéxǐng | （动） | 9 |

**K**

| 序号 | 生词 | 拼音 | 词性 | 课数 |
|---|---|---|---|---|
| 190 | 开创 | kāichuàng | （动） | 9 |
| 191 | 开发 | kāifā | （动） | 13 |
| 192 | 开拓 | kāituò | （动） | 1 |
| 193 | 渴望 | kěwàng | （动） | 6 |
| 194 | 客观 | kèguān | （形） | 8 |
| 195 | 空白 | kòngbái | （名） | 11 |
| 196 | 控制 | kòngzhì | （动） | 10 |
| 197 | 扣 | kòu | （动） | 15 |
| 198 | 宽容 | kuānróng | （形） | 5 |

**L**

| 序号 | 生词 | 拼音 | 词性 | 课数 |
|---|---|---|---|---|
| 199 | 来回 | láihuí | （副） | 15 |
| 200 | 劳动密集型 | láodòng mìjíxíng | | 7 |
| 201 | 乐意 | lèyì | （动） | 13 |
| 202 | 类型 | lèixíng | （名） | 3 |
| 203 | 理念 | lǐniàn | （名） | 9 |
| 204 | 力度 | lìdù | （名） | 6 |
| 205 | 利率 | lìlǜ | （名） | 10 |
| 206 | 链 | liàn | （名） | 10 |
| 207 | 良心 | liángxīn | （名） | 14 |
| 208 | 列车 | lièchē | （名） | 8 |
| 209 | 领衔 | lǐngxián | （动） | 10 |
| 210 | 领域 | lǐngyù | （名） | 1 |
| 211 | 流动 | liúdòng | （动） | 13 |
| 212 | 流失 | liúshī | （动） | 6 |
| 213 | 流域 | liúyù | （名） | 6 |
| 214 | 轮 | lún | （量） | 10 |
| 215 | 逻辑 | luójí | （名） | 11 |

**M**

| 序号 | 生词 | 拼音 | 词性 | 课数 |
|---|---|---|---|---|
| 216 | 贸易 | màoyì | （名） | 1 |
| 217 | 媒体 | méitǐ | （名） | 2 |
| 218 | 蒙 | méng | （动） | 14 |
| 219 | 迷 | mí | （动） | 12 |
| 220 | 面临 | miànlín | （动） | 7 |
| 221 | 民工 | míngōng | （名） | 15 |
| 222 | 模式 | móshì | （名） | 9 |

**N**

| 序号 | 生词 | 拼音 | 词性 | 课数 |
|---|---|---|---|---|
| 223 | 内地 | nèidì | （名） | 2 |
| 224 | 奶酪哲学 | nǎilào zhéxué | | 13 |
| 225 | 南水北调 | nán shuǐ běi diào | | 6 |
| 226 | 难免 | nánmiǎn | （形） | 11 |
| 227 | 农药 | nóngyào | （名） | 6 |
| 228 | 浓厚 | nónghòu | （形） | 9 |

**O**

| 序号 | 生词 | 拼音 | 词性 | 课数 |
|---|---|---|---|---|
| 229 | 偶像 | ǒuxiàng | （名） | 11 |

**P**

| 序号 | 生词 | 拼音 | 词性 | 课数 |
|---|---|---|---|---|
| 230 | 拍 | pāi | （动） | 12 |
| 231 | 拍摄 | pāishè | （动） | 12 |
| 232 | 庞大 | pángdà | （形） | 8 |
| 233 | 泡沫 | pàomò | （名） | 10 |
| 234 | 培养 | péiyǎng | （动） | 1 |
| 235 | 赔 | péi | （动） | 12 |
| 236 | 拼 | pīn | （动） | 10 |
| 237 | 贫苦 | pínkǔ | （形） | 2 |
| 238 | 贫困 | pínkùn | （形） | 2 |
| 239 | 频繁 | pínfán | （形） | 1 |
| 240 | 品质 | pǐnzhì | （名） | 3 |
| 241 | 聘请 | pìnqǐng | （动） | 1 |
| 242 | 评价 | píngjià | （动） | 3 |
| 243 | 评选 | píngxuǎn | （动） | 14 |

| 序号 | 生词 | 拼音 | 词性 | 课数 |
|---|---|---|---|---|
| 244 | 凭空 | píngkōng | （副） | 12 |
| 245 | 迫切 | pòqiè | （形） | 10 |
| 246 | 破裂 | pòliè | （动） | 5 |

**Q**

| 序号 | 生词 | 拼音 | 词性 | 课数 |
|---|---|---|---|---|
| 247 | 期待 | qīdài | （动） | 7 |
| 248 | 奇迹 | qíjì | （名） | 9 |
| 249 | 歧视 | qíshì | （动） | 15 |
| 250 | 恰好 | qiàhǎo | （副） | 6 |
| 251 | 迁徙 | qiānxǐ | （动） | 15 |
| 252 | 前景 | qiánjǐng | （名） | 1 |
| 253 | 前提 | qiántí | （名） | 14 |
| 254 | 前夕 | qiánxī | （名） | 15 |
| 255 | 潜力 | qiánlì | （名） | 3 |
| 256 | 欠 | qiàn | （动） | 6 |
| 257 | 侵犯 | qīnfàn | （动） | 4 |
| 258 | 青春 | qīngchūn | （名） | 12 |
| 259 | 倾向 | qīngxiàng | （动） | 11 |
| 260 | 情怀 | qínghuái | （名） | 9 |
| 261 | 情结 | qíngjié | （名） | 9 |
| 262 | 区域 | qūyù | （名） | 15 |
| 263 | 曲折 | qūzhé | （形） | 8 |
| 264 | 取决 | qǔjué | （动） | 7 |
| 265 | 娶 | qǔ | （动） | 5 |
| 266 | 权利 | quánlì | （名） | 9 |

**R**

| 序号 | 生词 | 拼音 | 词性 | 课数 |
|---|---|---|---|---|
| 267 | 然而 | rán'ér | （连） | 4 |
| 268 | 人格 | réngé | （名） | 11 |
| 269 | 人均 | rénjūn | （动） | 6 |
| 270 | 认同 | rèntóng | （动） | 9 |
| 271 | 仍旧 | réngjiù | （副） | 11 |
| 272 | 日益 | rìyì | （副） | 1 |
| 273 | 荣誉 | róngyù | （名） | 14 |
| 274 | 融入 | róngrù | （动） | 15 |
| 275 | 如此 | rúcǐ | （代） | 1 |
| 276 | 如同 | rútóng | （动） | 6 |

**S**

| 序号 | 生词 | 拼音 | 词性 | 课数 |
|---|---|---|---|---|
| 277 | 散布 | sànbù | （动） | 12 |
| 278 | 色彩 | sècǎi | （名） | 15 |
| 279 | 上升 | shàngshēng | （动） | 3 |
| 280 | 上述 | shàngshù | （形） | 5 |
| 281 | 尚 | shàng | （副） | 5 |
| 282 | 设施 | shèshī | （名） | 6 |
| 283 | 设置 | shèzhì | （动） | 2 |
| 284 | 社会主义 | shèhuì zhǔyì | | 8 |
| 285 | 涉及 | shèjí | （动） | 3 |
| 286 | 深厚 | shēnhòu | （形） | 9 |
| 287 | 生育 | shēngyù | （动） | 5 |
| 288 | 施加 | shījiā | （动） | 8 |
| 289 | 时机 | shíjī | （名） | 7 |
| 290 | 时髦 | shímáo | （形） | 4 |
| 291 | 时尚 | shíshàng | （名） | 2 |
| 292 | 实践 | shíjiàn | （动） | 9 |
| 293 | 实力 | shílì | （名） | 4 |
| 294 | 实施 | shíshī | （动） | 5 |
| 295 | 始终 | shǐzhōng | （副） | 13 |
| 296 | 市场经济 | shìchǎng jīngjì | | 8 |
| 297 | 是否 | shìfǒu | （副） | 3 |
| 298 | 适龄 | shìlíng | （形） | 15 |
| 299 | 授予 | shòuyǔ | （动） | 14 |
| 300 | 束缚 | shùfù | （动） | 12 |
| 301 | 树立 | shùlì | （动） | 6 |
| 302 | 双休日 | shuāngxiūrì | （名） | 2 |
| 303 | 水库 | shuǐkù | （名） | 6 |
| 304 | 私家车 | sījiāchē | （名） | 3 |
| 305 | 死亡 | sǐwáng | （动） | 6 |
| 306 | 四大件 | sìdàjiàn | | 3 |
| 307 | 似是而非 | sì shì ér fēi | | 12 |
| 308 | 缩影 | suōyǐng | （名） | 14 |

| 序号 | 生词 | 拼音 | 词性 | 课数 |
|---|---|---|---|---|
| **T** | | | | |
| 309 | 探索 | tànsuǒ | （动） | 9 |
| 310 | 淘汰 | táotài | （动） | 13 |
| 311 | 特色 | tèsè | （名） | 9 |
| 312 | 特殊 | tèshū | （形） | 11 |
| 313 | 特征 | tèzhēng | （名） | 9 |
| 314 | 提速 | tísù | （动） | 10 |
| 315 | 题材 | tícái | （名） | 12 |
| 316 | 体现 | tǐxiàn | （动） | 11 |
| 317 | 体制 | tǐzhì | （名） | 7 |
| 318 | 天生 | tiānshēng | （形） | 15 |
| 319 | 挑战 | tiǎozhàn | （动） | 7 |
| 320 | 跳槽 | tiào cáo | | 13 |
| 321 | 铁饭碗 | tiěfànwǎn | （名） | 13 |
| 322 | 统计 | tǒngjì | （动） | 3 |
| 323 | 投资 | tóu zī | | 1 |
| 324 | 透露 | tòulù | （动） | 14 |
| 325 | 突破 | tūpò | （动） | 3 |
| 326 | 推动 | tuīdòng | （动） | 8 |
| 327 | 推翻 | tuīfān | （动） | 9 |
| 328 | 推行 | tuīxíng | （动） | 13 |
| 329 | 妥善 | tuǒshàn | （形） | 15 |
| **W** | | | | |
| 330 | 网吧 | wǎngbā | （名） | 4 |
| 331 | 往事 | wǎngshì | （名） | 12 |
| 332 | 威胁 | wēixié | （动） | 4 |
| 333 | 违背 | wéibèi | （动） | 8 |
| 334 | 未必 | wèibì | （副） | 12 |
| 335 | 稳定 | wěndìng | （形） | 10 |
| 336 | 问卷 | wènjuàn | （名） | 7 |
| 337 | 污蔑 | wūmiè | （动） | 14 |
| 338 | 物质 | wùzhì | （名） | 9 |
| 339 | 误解 | wùjiě | （名） | 15 |
| 340 | 悟性 | wùxìng | （名） | 12 |
| **X** | | | | |
| 341 | 戏剧 | xìjù | （名） | 14 |
| 342 | 瞎 | xiā | （副） | 12 |
| 343 | 鲜明 | xiānmíng | （形） | 5 |
| 344 | 显著 | xiǎnzhù | （形） | 8 |
| 345 | 宪法 | xiànfǎ | （名） | 15 |
| 346 | 相当 | xiāngdāng | （副） | 6 |
| 347 | 相识 | xiāngshí | （动） | 12 |
| 348 | 向往 | xiàngwǎng | （动） | 2 |
| 349 | 消除 | xiāochú | （动） | 15 |
| 350 | 消极 | xiāojí | （形） | 4 |
| 351 | 销售 | xiāoshòu | （动） | 3 |
| 352 | 小康 | xiǎokāng | （形） | 2 |
| 353 | 孝敬 | xiàojìng | （动） | 11 |
| 354 | 效益 | xiàoyì | （名） | 10 |
| 355 | 协定 | xiédìng | （动） | 7 |
| 356 | 心思 | xīnsi | （名） | 15 |
| 357 | 欣赏 | xīnshǎng | （动） | 11 |
| 358 | 新新人类 | xīnxīnrénlèi | （名） | 4 |
| 359 | 新兴 | xīnxīng | （形） | 10 |
| 360 | 新型 | xīnxíng | （形） | 3 |
| 361 | 信息 | xìnxī | （名） | 3 |
| 362 | 信仰 | xìnyǎng | （名） | 9 |
| 363 | 兴建 | xīngjiàn | （动） | 8 |
| 364 | 兴起 | xīngqǐ | （动） | 7 |
| **Y** | | | | |
| 365 | 养老 | yǎnglǎo | （动） | 13 |
| 366 | 一再 | yízài | （副） | 11 |
| 367 | 一帆风顺 | yì fān fēng shùn | | 10 |
| 368 | 医疗 | yīliáo | （动） | 13 |
| 369 | 依旧 | yījiù | （副） | 11 |
| 370 | 依赖 | yīlài | （动） | 13 |
| 371 | 依然 | yīrán | （副） | 15 |
| 372 | 以便 | yǐbiàn | （连） | 1 |

| 序号 | 生词 | 拼音 | 词性 | 课数 |
|---|---|---|---|---|
| 373 | 以及 | yǐjí | （连） | 2 |
| 374 | 以至 | yǐzhì | （连） | 3 |
| 375 | 以致 | yǐzhì | （连） | 15 |
| 376 | 异常 | yìcháng | （副） | 1 |
| 377 | 意识 | yìshí | （名） | 11 |
| 378 | 毅然 | yìrán | （副） | 14 |
| 379 | 引起 | yǐnqǐ | （动） | 4 |
| 380 | 引人注目 | yǐn rén zhù mù | | 11 |
| 381 | 隐私 | yǐnsī | （名） | 4 |
| 382 | 应变 | yìngbiàn | （动） | 13 |
| 383 | 应付 | yìngfu | （动） | 7 |
| 384 | 迎合 | yínghé | （动） | 12 |
| 385 | 赢得 | yíngdé | （动） | 9 |
| 386 | 影片 | yǐngpiàn | （名） | 14 |
| 387 | 拥挤 | yōngjǐ | （形） | 8 |
| 388 | 拥有 | yōngyǒu | （动） | 3 |
| 389 | 优势 | yōushì | （名） | 11 |
| 390 | 优越 | yōuyuè | （形） | 15 |
| 391 | 优质 | yōuzhì | （形） | 3 |
| 392 | 游客 | yóukè | （名） | 2 |
| 393 | 游戏 | yóuxì | （名） | 4 |
| 394 | 有限 | yǒuxiàn | （形） | 3 |
| 395 | 有益 | yǒuyì | （形） | 4 |
| 396 | 有意 | yǒuyì | （副） | 12 |
| 397 | 与时俱进 | yǔ shí jù jìn | | 9 |
| 398 | 预测 | yùcè | （动） | 7 |
| 399 | 预期 | yùqī | （动） | 7 |
| 400 | 原先 | yuánxiān | （名） | 15 |
| 401 | 原型 | yuánxíng | （名） | 14 |
| 402 | 愿 | yuàn | （动） | 13 |
| 403 | 运行 | yùnxíng | （动） | 4 |
| 404 | 运用 | yùnyòng | （动） | 8 |
| 405 | 运转 | yùnzhuǎn | （动） | 10 |

## Z

| 序号 | 生词 | 拼音 | 词性 | 课数 |
|---|---|---|---|---|
| 406 | 暂行 | zànxíng | （形） | 15 |
| 407 | 赞扬 | zànyáng | （动） | 11 |
| 408 | 遭遇 | zāoyù | （动） | 15 |
| 409 | 造成 | zàochéng | （动） | 4 |
| 410 | 责备 | zébèi | （动） | 5 |
| 411 | 增强 | zēngqiáng | （动） | 1 |
| 412 | 展开 | zhǎnkāi | （动） | 8 |
| 413 | 展望 | zhǎnwàng | （动） | 10 |
| 414 | 展现 | zhǎnxiàn | （动） | 4 |
| 415 | 崭新 | zhǎnxīn | （形） | 4 |
| 416 | 障碍 | zhàng'ài | （名） | 15 |
| 417 | 珍贵 | zhēnguì | （形） | 14 |
| 418 | 振兴 | zhènxīng | （动） | 9 |
| 419 | 争论 | zhēnglùn | （动） | 4 |
| 420 | 争议 | zhēngyì | （动） | 14 |
| 421 | 征服 | zhēngfú | （动） | 14 |
| 422 | 支出 | zhīchū | （名） | 2 |
| 423 | 知足 | zhīzú | （形） | 12 |
| 424 | 执行 | zhíxíng | （形） | 10 |
| 425 | 指标 | zhǐbiāo | （名） | 4 |
| 426 | 智慧 | zhìhuì | （名） | 14 |
| 427 | 中等 | zhōngděng | （形） | 5 |
| 428 | 众多 | zhòngduō | （形） | 1 |
| 429 | 逐步 | zhúbù | （副） | 1 |
| 430 | 主动 | zhǔdòng | （形） | 13 |
| 431 | 注释 | zhùshì | （名） | 14 |
| 432 | 注重 | zhùzhòng | （动） | 5 |
| 433 | 转移 | zhuǎnyí | （动） | 8 |
| 434 | 转折 | zhuǎnzhé | （动） | 14 |
| 435 | 赚 | zhuàn | （动） | 12 |
| 436 | 资金 | zījīn | （名） | 6 |
| 437 | 资源 | zīyuán | （名） | 6 |

269

| 序号 | 生词 | 拼音 | 词性 | 课数 | 序号 | 生词 | 拼音 | 词性 | 课数 |
|---|---|---|---|---|---|---|---|---|---|
| 438 | 自立 | zìlì | （动） | 9 | 442 | 总体 | zǒngtǐ | （名） | 6 |
| 439 | 自身 | zìshēn | （名） | 4 | 443 | 阻止 | zǔzhǐ | （动） | 15 |
| 440 | 自愿 | zìyuàn | （动） | 13 | 444 | 遵循 | zūnxún | （动） | 11 |
| 441 | 自主 | zìzhǔ | （动） | 5 | 445 | 做主 | zuò zhǔ |  | 5 |

## 专名

| 序号 | 生词 | 拼音 | 课数 |
|---|---|---|---|
| | **F** | | |
| 1 | 封建君主专制 | fēngjiàn jūnzhǔ zhuānzhì | 9 |
| 2 | 冯小刚 | Féng Xiǎogāng | 12 |
| | **G** | | |
| 3 | 葛优 | Gě Yōu | 12 |
| | **H** | | |
| 4 | 淮河 | Huái Hé | 6 |
| | **J** | | |
| 5 | 姜文 | Jiāng Wén | 12 |
| | **L** | | |
| 6 | 刘晓庆 | Liú Xiǎoqìng | 12 |
| | **T** | | |
| 7 | 太湖 | Tài Hú | 6 |
| 8 | 泰国 | Tàiguó | 1 |
| | **W** | | |
| 9 | 王朔 | Wáng Shuò | 12 |
| | **X** | | |
| 10 | 辛亥革命 | Xīnhài Gémìng | 9 |
| 11 | 新民主主义革命 | Xīn Mínzhǔ Zhǔyì Gémìng | 9 |
| 12 | 徐帆 | Xú Fān | 12 |
| | **Z** | | |
| 13 | 浙江 | Zhèjiāng | 12 |
| 14 | 周星驰 | Zhōu Xīngchí | 12 |
| 15 | 珠江 | Zhū Jiāng | 6 |